図説 日本民俗学

福田アジオ 古家信平 上野和男
倉石忠彦 高桑守史 編

吉川弘文館

まえがき

　日本の民俗学は，遠くは近世の文人による民俗の発見や明治中期の人類学の土俗調査に始まる。1908年に柳田国男が，九州椎葉(しいば)村を訪問し，また遠野(とおの)出身の佐々木喜善(きぜん)と出会うことで本格化した。そして，多くの人たちが柳田国男の刺激を受けて，民俗の世界に関心を抱き，調査研究を行ってきた。生活の実感のなかから民俗に対する疑問を形成し，その疑問を解決すべく自己流に研究に取り組んだ。そのような「野」の学問として成長してきた民俗学が大学で専門教育を開始したのは，50年を経た1958年のことであった。それ以降，民俗学も，他の社会科学・人文科学と同じように，学術研究のスタイルで学び，研究することが基本となった。大学教育に必要な民俗学概論書や民俗学辞典も編纂され，民俗学の内容を理解するための環境も整ってきた。

　大学教育を軸とする民俗学に転換した時期は，日本社会が大きく変わる時期であった。いわゆる高度経済成長によって，それまでの農村中心の生活が，都市中心の生活へ変化した。「都市化」は，都市への人口集中，また農村における都市的生活様式の一般化によってもたらされ，他方山間部や島嶼部では「過疎化」が急激に進んだ。それらはそれまで当たり前に思っていた地域における生活を変化させ，あるものは消滅に，あるものは大きな変貌を余儀なくされた。21世紀を迎えるころから，世界規模での変化が日本列島の隅々まで浸透してきた。グローバル化が地域を飲み込んだ。大学における民俗学専門教育の半世紀はこのような時期であった。

　民俗学の専門教育を始めた当初は，講義を担当する教員は自己の体験として地域社会を知っており，またいわゆる民俗にも触れていた。民俗を己の言葉で実感として語ることができた。柳田国男をはじめ先達たちの研究を具体的なイメージをもって解説することができた。ところが，いまや民俗学を研究し，教育する教師の多くが，1950年代以降の生まれであり，特に都会で育った若い世代の人たちは，生きた民俗を経験することもなければ，見ることもないというのが当たり前になってきた。自己の体験や見聞を基礎に民俗を語ることができ

なくなってきている。日常的経験として民俗を知らない研究者が民俗学の講義を担当する事態となった。

　本書は，ごく当たり前の民俗事象を写真を中心とした図版で示そうとした。日常的に民俗を見ることも経験することもできない若い人たちに，民俗を具体的なイメージをもって理解してもらうための案内書であり，かつて民俗事象を自分の経験や見聞に基づいて記述し，研究してきた先輩たちの著作を読む際の参考書の役割を果たすことを期待しての図説である。また，大学の講義などにおいて，講義内容に示された民俗について具体的なイメージを得るための座右の書である。ここには特別に珍しい民俗，変わった民俗の写真はほとんどない。大部分が日本各地でごく普通に見られたものである。民俗学が珍奇な事象を扱うという誤解を拭うための入門書でもある。

　民俗資料は，柳田国男によれば，目によって把握でき，旅人でも調査できる有形文化，耳によって把握でき，一時的な滞在者にも調査できる言語芸術，そして以心伝心によって把握できる，同郷人のみが調査可能な心意現象の３つに分類される。図版で示すことができるのは，当然のことながら，この３分類のうちの有形文化ということになる。その点で本書は限界を有している。しかし，民俗資料の３分類といっても，研究してきた事象は圧倒的に有形文化である。したがって，本書によって，日本の民俗事象を理解し，日本の民俗学の全体像も把握することが可能であると考えている。

　民俗は今や滅びて存在せず，過去の記述のなかにしか見られないと思いこんでいる人たちに，本書を手にすることで，民俗が生きて存在することを実感してほしい。これから民俗学を学ぼうとする若い人々が本書を座右に置いて，民俗事象を具体的にイメージし，その基礎の上に民俗学の研究を進められることを願っている。

　　　2009年９月

　　　　　　　　　　　　　　　　　　　　編者代表　福田アジオ

　　　　　　　　　　　　　　　　　　　　　　　　　古　家　信　平

目　　次

まえがき

Ⅰ　ヒ　　ト …………………………………………………………1

1　身体を包む ………………………………………………2
髪形と儀礼　　かぶり物　　農漁民の仕事着　　商人・職人の仕事着　　普段着と晴着　　履物

2　身体に施す ……………………………………………12
身体を読む　　化粧　　通過儀礼と墨つけ　　鉄漿　　入墨　　耳たぶの穴　　片目・片足

3　身体を守る ……………………………………………20
共通の願い　　米の飯　　救荒食物　　食物禁忌　　食事のしきたりと道具　　病因と病気観　　さまざまな民間療法　　ケガレ観と護身　　非日常世界と守り　　現代社会とお守り

4　ヒトの願い ……………………………………………31
さまざまな願いごと―祈願と呪い―　　願いごとのかたち　　絵馬にみる祈願　　占い―占と兆―　　種々の占い　　易と陰陽五行説

Ⅱ　イ　　エ …………………………………………………………43

5　住まいの空間 …………………………………………44
民家の見方　　屋敷と家屋の配置　　間取りと機能　　間取りの性格　　屋敷内に祀られるカミ　　生業形態との関係　　民家の変化

6 イエと家族 …………………………………………………54
　　イエ　イエの継承　姉家督相続　末子相続　家族
　　の理念と地域性　大家族と小家族　兄弟同居の大家族
　　白川村の大家族　奉公人を含む大家族　隠居制　嫁
　　の天国　隠居制の理念　主婦　里帰りと生家　変
　　容する家族

7 親類と本家・分家 …………………………………………64
　　親族を指すことば　親族の構成単位　同族と親類
　　同族の構成と内部序列　本家の統制　親方子方関係
　　親類間の互助協力

8 出産と育児 …………………………………………………72
　　新しい命の誕生　妊娠と帯祝い　産屋　産神　産
　　婆　産後の儀礼

9 結婚の祝い …………………………………………………82
　　婚姻の民俗研究の意義と課題　婿入婚・嫁入婚・足入れ
　　婚　婚姻の開始と完了　婚姻の承認　結納と初婿入
　　り　婚礼と披露　嫁の里帰りと生家への依存　婚姻
　　研究の動向と現代の結婚式

10 死 の 儀 礼 ………………………………………………91
　　死への対処　臨終　葬儀の準備　葬送　忌明け・
　　弔上げ　米の霊力　モガリの伝統　血縁・地縁・無
　　縁　両墓制と単墓制

Ⅲ　ム　　　ラ ………………………………………………105

11 ムラの空間 ………………………………………………106
　　ムラの見方　ムラの領域　ムラの姿　ムラの公共施
　　設　ムラザカイの標識　耕地　山林原野

12 ムラの社会構成 …………………………………………120
　　ムラと村　ムラの成員　ムラ入り　家格と階層

　　　　寄合と意志決定　　規約　　ムラハチブ　　言い継ぎ・太
　　　　鼓・鐘

13　ムラの交際 ……………………………………………………… *130*
　　　　交際とは　　交際の範囲　　日常的な交際　　互助共同
　　　　一人前　　祭礼　　交際の変化

14　農 と 生 活 …………………………………………………… *143*
　　　　農耕の条件　　農耕のサイクル　　稲作の基盤と技術
　　　　畑作の技術　　農具の変化　　農耕儀礼

15　海と山の生活 ………………………………………………… *157*
　　　　海と山の生活と自然　　海に生きる仕事と技術　　漁村の
　　　　暮らし　　山に生きる仕事　　山村の暮らし　　海と山
　　　　のカミと儀礼　　漁村と山村の変容

16　さまざまな職業 ……………………………………………… *168*
　　　　渡り職人　　海（漁）村の職業　　農村の職業　　山村の
　　　　職業　　都市近郊の職業

17　ムラとマチ …………………………………………………… *177*
　　　　マチの成立　　ムラから見たマチ　　望郷　　都市と都市
　　　　化　　作り出された季節　　盛り場　　さまざまな集団

Ⅳ　カ　　　　　ミ ……………………………………………………… *191*

18　霊魂の行方と先祖 …………………………………………… *192*
　　　　霊魂の観念　　生霊　　死霊　　祖霊　　盆と正月　　御
　　　　霊　　仏教と祖先祭祀

19　イエを訪れるカミ …………………………………………… *200*
　　　　去来するカミ　　小正月の訪問者　　田の神・山の神・家
　　　　の神　　外部からもたらされるカミ

20　カミを求めて ………………………………………………… *209*
　　　　山の信仰　　富士山（富士講）　　大山（大山・石尊講）

目　　次　　*7*

　　　　　　石鎚山（石鎚講）　　巡拝　　金毘羅講　　接待

21　カミとの交流 …………………………………………………220
　　　　　　正月の清い火　　新年のホタ　　田遊びの聖なる火　　田
　　　　　　楽　　神楽　　聖火による交流

22　氏神と氏子 ……………………………………………………228
　　　　　　日本のカミ祭祀　　氏神　　氏子　　祭礼　　宮座　　当
　　　　　　屋制　　宮座の諸形態

23　他界と結ぶもの ………………………………………………237
　　　　　　人の生死と犬　　伝説に登場する犬　　霊的職能者の名称・
　　　　　　機能　　職能者となる過程　　つきものとは　　つきもの
　　　　　　もち　　つきもの落とし

24　ふしぎな世界と空間 …………………………………………243
　　　　　　異界　　異界との接点―辻・橋・井戸―　　妖怪のいると
　　　　　　ころ　　昔話のなかの異郷　　学校の不思議空間

特論　南　　　　島 ………………………………………………250
　（1）　ヒ　　　ト
　　　　　　南島の範囲　　身体を包む　　服飾の変化　　身体を守
　　　　　　る・身体に施す　　ヒトの願い
　（2）　イ　　　エ
　　　　　　住生活の空間　　家族・親族　　位牌継承をめぐって
　（3）　ム　　　ラ
　　　　　　ムラの空間　　ムラの社会構成と暮らし　　土地収用の影
　　　　　　響
　（4）　カ　　　ミ
　　　　　　カミとムラ　　神願いと神人

索　　　引

執筆者紹介

ヒ　ト

　ヒトは生まれながらに世間との関係を持ちながら生きている。生みの親，家族，親族，そして広く世間とのさまざまな関わりは，いろいろなかたちに現れている。

　どんなに遠く離れていても親の子を思う気持ち，そして子が親元に帰ったときの安心感はかけがえのないものであろう。

　産着(うぶぎ)ひとつとっても，そこには血縁者の思いが込められており，亡くなった後も勝手に葬儀をすませることが難しく，時期になれば追悼の催しもしなければならない。観点をかえると，ヒトは自己を表現するためにさまざまな意匠をこらし，個人を主張することもできる。奇抜さや受けをねらうばかりでなく，そこには今まで培われたものを再解釈することもあろう。

　ヒトの創意と繰り返される伝統との対比は，いつの時代にも生活を豊かにしていく原動力となりうる。こうした点をみていくことにしよう。

農村歌舞伎の化粧　歌舞伎の化粧，ことに隈取りは荒事芸に属する超人的英雄・鬼畜・神仏などの化身に際しておこなわれる。（福島県檜枝岐村の歌舞伎，福島県立博物館提供）

田植をする女性 かすりの襦袢に股引をはき，腕には手甲（てっこう）をしている。（埼玉県さいたま市，埼玉県立文書館提供）

1　身体を包む

髪形と儀礼　ここで髪形を取り上げたのは，人間の成長の度合いや社会的地位を表すものとして，髪形を服装の一部と見なすことができるためである。その髪形は時代とともに変化してきた。現代の髪形も微妙に変わり続けており，その変化はグローバルなものといいうる。明治5年（1872）の断髪令は，男性の髪形を法の力で変えさせようとしたものであり，また女性の場合は，特に明治時代以降は流行という名の変化が著しい。しかし，都市を離れれば，日常の仕事の場での髪形には，流行にとらわれない昔ながらのものを見ることができた。かつては赤子と子供，女性なら未婚と既婚の区別が髪形で表現されていた。生後すぐに産毛をそっても，盆のくぼの毛を残しておけば，赤子が危険な目に

女性の髪形① 髪形は時代とともに変わり,特に明治以降はその変化が激しい。これは大正初期の記念写真から。(埼玉県さいたま市)

子供たちの髪形② 1893年(明治26)に奉納された絵馬の一部分。髪の形が一様でないことがわかる。(埼玉県戸田市)

竹皮笠 竹の皮を細い竹ひごで押さえたもので,西日本に多くみられた。(徳島県藍住町)

檜　笠 薄くはいだ檜を網代(あじろ)模様に編んであり,雨よけ日よけとして菅笠とともに広く使われた。(埼玉県東秩父村)

遭ったときに荒神様がこの毛を持って助けてくれるといった呪術的な意味合いもあった。忌中まげとか精進まげといって,葬式のときだけ女性が特別な髪形に結い替える例もある。

　　かぶり物　かぶり物は頭部に着装するものの総称で,冠,帽子,笠,簑帽子などのように一定の形態をもつものと,頭巾や手拭のように自由な形で使用できるものとがある。雨雪を防ぎ,寒暑から頭を保護するのが最大の目的であるが,一方,儀礼の場において装飾のため,あるいは社会的地位の表現方法として使われるかぶり物もみられる。そうしたなかで最も民俗性豊かなのが笠

手　拭　㋑2枚の手拭で頭部を覆った農婦。㋺普段ほとんどはずすことがないという。㋩オキテヌグイと呼び、改まった席でのかぶり方で、手拭がハレの場で用いられることもあった。(㋑埼玉県さいたま市、㋺東京都新島村、㋩香川県三豊市、宮本記念財団提供)

ハンコタナ①　東北地方の日本海側にみられる覆面状のかぶり物。女性が日よけ汗よけにかぶった。(山形県庄内地方、天野武氏提供)

ゴザボウシ②　雪よけのかぶり物の種類は多い。この写真とは別に頭部だけを覆うものもあり、藁やシュロでこしらえた。(新潟県十日町市、天野武氏提供)

と手拭であろう。笠は唐傘や洋傘が普及する以前の雨具として多用されたほか、日よけ目的の使用は今なお存続している。その種類は非常に多く、名称のつけ方も材料（菅笠、藺笠など）や製法（網代笠、塗笠など）によるもののほか、形状（平笠など）、用途（陣笠など）、使用者（虚無僧笠など）、産地（尾張笠など）から命名されたものがある。笠の産地は全国各地にあり、早くから商品化されていたようである。なお、儀礼の場にも笠は登場し、婚家に入る花嫁に笠をさしかける風習はよく知られている。手拭も農山漁村なら必ず目にするかぶり物である。

 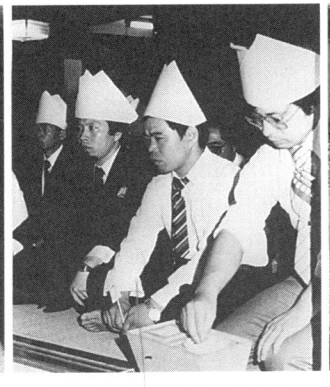 

神に仕える子供　「新野の雪祭り」に参加する子供の頭には，御幣をつけた藁の輪が載せられていた。(長野県阿南町)

会葬者のかぶり物　故人に近しい男性は，半紙を三角に折ったものを頭につけて別れの場に臨む。(埼玉県寄居町)

身を守る蓑　雨風を防ぐための蓑は早くすたれたが，背中に降り注ぐ太陽の熱を防ぐ背中あては現在も夏の必需品になっている。(愛知県犬山市)

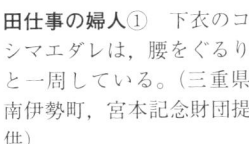

田仕事の婦人①　下衣のコシマエダレは，腰をぐるりと一周している。(三重県南伊勢町，宮本記念財団提供)

木挽きの服装②　ミジカギモンに股引をはき，足まわりをしっかりさせている。(富山県上市町，宮本記念財団提供)

手を拭く以上にかぶり物としての用途が広く，しかも性別や年齢によってさまざまなかぶり方がなされてきた。ねじり鉢巻，頬かぶりといった一般的な着装方法のほか，特殊なかぶり方を伝える土地もある。また，単なる布片と見なさず，時には霊力・呪力をもつものとして，人生儀礼や祭事に使われることもあった。染色を施した定形の木綿布になったのは江戸時代になってのことという。

　　農漁民の仕事着　　労働着ともいい，農林業や漁業にたずさわるのに適した

裂織りの上衣 ツーリと呼ばれるこの上衣は、寒風から身を守ってくれる。(石川県七尾市、宮本記念財団提供)

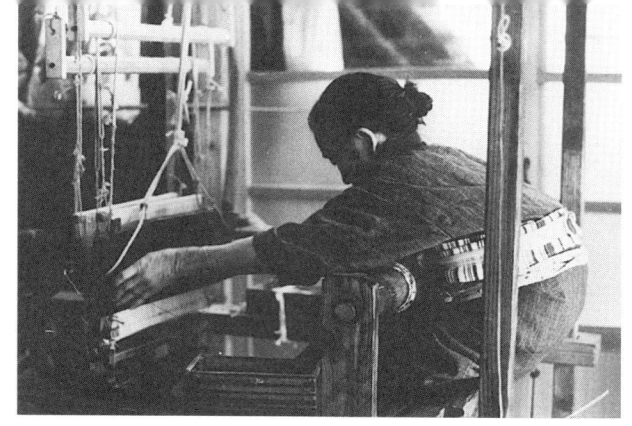

機を織る老人 屋内での労働は長着が普通だった。(東京都八丈町)

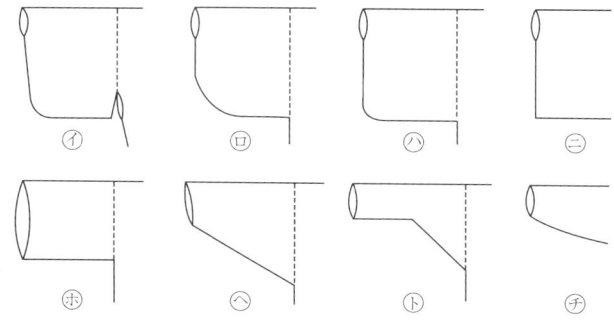

袖の種類 ㋑袂袖，㋺元禄袖，㋩銭丸袖，㋥角袖，㋭広袖・平袖，㋬もじり袖，㋣鉄砲袖，㋷筒袖。

材料や形態になるよう、さまざまな工夫がみられた。農業の場合は、男女とも上衣と下衣とに分かれる服装が原則であるが、女性の仕事着は長着とされることもあった。田仕事と畑仕事とで身なりを変えることもあり、特に田植にのぞむ早乙女(さおとめ)の服装は、一種の晴着(はれぎ)であった。山に入る際の服装では、林業の場合は農作業のそれとあまり変わるところはないが、狩猟、特に積雪期の行動には独特なものがみられた。一方、漁村の人たちは男女とも下衣をつけることは少なく、身丈(みたけ)がひざぐらいの着物1枚ですますのが普通だった。海辺での作業のため、真夏ならば褌(ふんどし)1本が男の仕事着となることもある。こうした仕事着の材料は、まず丈夫でなければならないので、古くは麻や藤、江戸時代になってからは木綿(もめん)が最も適した用布として普及した。単(ひとえ)で用いるだけでなく、防寒のために袷(あわせ)や綿入れにしたり、より丈夫にするために刺子(さしこ)や裂織り(さきお)といった技術も取り入れられた。刺子や裂織りの仕事着は、防風・防寒を目的に特に漁

印半纏 竹細工職人が着ていたもので，籠目の模様があしらってある。（埼玉県皆野町，埼玉県立歴史と民俗の博物館提供）

綿入れのモジリバンテン 防寒用の普段着。もじり袖なのでこの名がついた。（埼玉県秩父市，埼玉県立歴史と民俗の博物館提供）

腹　掛 胸にポケットがついている。夏場はこれ1着で済ますことも多い。（埼玉県皆野町，埼玉県立歴史と民俗の博物館提供）

絵馬に描かれた杣職人 印半纏に股引の姿で，草鞋を履いている。1902年（明治35）奉納。（埼玉県飯能市）

村で多用されている。形態の上での仕事着の特徴は，身丈の長短と袖の形にある。特に袖の形は，作業能率の向上のために工夫がこらされ，仕事内容や性別による変化もみられた。ツツソデ，ハンソデのように仕事着の呼称が袖の名をもって呼ばれているのも，袖の形が重視されていたからに他ならない。なお，袖の部分のない袖無も，軽快さから仕事着に仲間入りしている。下衣は男性が褌だけ，女性が腰巻だけという場合もあるが，普通はその上に山袴とか股引

老人の普段着 男女の違いはあまりなく、長着にフンゴミと称する山袴をはいている。(新潟県糸魚川市)

麻の葉模様の産着 丈夫に育つことを願い、男児には浅黄色、女児には赤色の麻の葉模様を着せた。(埼玉県狭山市、井上浩氏提供)

をはいていた。山袴の種類は非常に豊富で、形態上の違いからタッツケ・ハカマ・モンペ・カルサンなどと呼ばれ、ゆったりとしたはき心地を1つの特徴とする。これに対して股引は、体にぴったりしたものが多く、主に男性が着用した。このほか襷、手甲、帯、前掛、脚絆なども仕事着の一部であり、前記の上衣・下衣との組み合わせは、より活動しやすい姿を求める庶民の知恵でもあった。

商人・職人の仕事着 商人や職人にも、それぞれの職業に適した仕事着があった。野良着に比べて地方差というものはあまりないが、一見して商人あるいは職人と判別できる服装がみられた。町場の商人の場合は、四季を問わず長着を基本とする。大店では主人、番頭、手代、小僧といった上下の差が着物や帯の材質の違いとなってみられ、また前掛は商人の仕事着としてなくてはならないものであった。一方、職人の場合は印半纏、腹掛、股引の組み合わせを基本とし、職種による大きな違いはなかった。印半纏は厚手の紺木綿の上衣で、

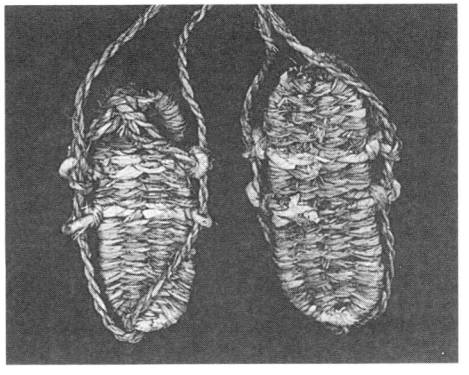

草履と草鞋　ともに藁製。草鞋の左右に付いている耳状のものを乳(ち)と呼び、写真のような4乳が一般的だが2乳の草鞋もある。(埼玉県桶川市、埼玉県立歴史と民俗の博物館提供)

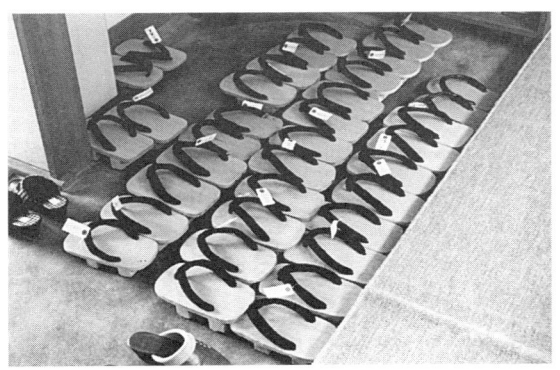

下　駄　祭礼には、若者たちが羽織、下駄履きで公民館に集まり、神事を行う。玄関に揃えられた下駄には、間違えないように、名前を記した荷札が付けられている。(福井県美浜町、若狭宇波西神社祭礼)

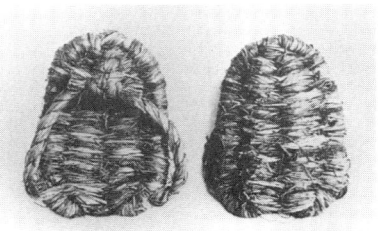

足　半　長さが10センチくらいしかなく、鼻緒の結び目も丈夫で激しい労働に耐えられる形をしている。(広島市、宮本記念財団提供)

背中に屋号や記号を白く染め抜いてある。出入りの家から正月にあてがわれる例が多く、職人にとっては礼装としても通用していた。腹掛と股引は薄手の紺木綿で作り、同様の生地で作った手甲・はばきを手足につけることもあった。履物は商人が下駄か草履、職人は草履か草鞋が一般的だった。

　　普段着と晴着　普段着とは仕事着と晴着の中間にあたるものをさし、ツネギ（常着）とかアワイノキモノ（アワイは間のこと）と呼ばれた。夜間や農閑期のくつろぎのための着物で、麻や木綿の長着が普通である。しかし、それだけの余裕のない家も多く、仕事着のままくつろぐこともあって、普段着と仕事着を

雪下駄 歯の形に特徴があり，底に雪が付きにくくなっている。(新潟県上越市，宮本記念財団提供)

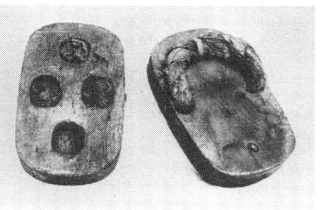
浜下駄 砂浜用で歯がない。前がすり減ったときに鼻緒の位置を変えられるよう，4個の穴をもつ珍しいもの。(新潟県柏崎市，宮本記念財団提供)

藁製のスリッパ これも土地による形態差が大きいが，藁の利用という点では共通している。(長野県白馬村)

爪掛けの付いた草鞋と脛巾 これなら雪中の激しい活動にも耐えられる。脛巾(はばき)の材料はガマ。(長野県白馬村)

雪上の足ごしらえ 雪沓を履いて脛巾を巻き，かんじきを付けた姿。山仕事にもこの格好で出掛けた。(長野県大町市)

区別することはむずかしい。晴着は，年中行事や人生儀礼などの改まったときに身につける特別な着物をさす。晴着を着ることで気分を新たにする目的もあるが，本来はカミに仕え，カミと共食する際の神聖なる服装であった。ボンゴとかマツリゴというのは，盆や祭りのときに着るゴ(着物)のことである。より晴着の意味合いが強いのは，人生儀礼の場における当人の服装で，初宮参り，七五三，成人式，婚姻，年祝いといった儀礼には，特定の装束を身につけることが求められた。なお，不幸の場合の礼装は，今日では黒が当然のこととなっているが，かつては凶事でも白を正色とする風が強かったようである。

履物　履物を履く目的は，まず第1に足の保護にある。草履，草鞋，下

2種類のかんじき 雪質や地形で使い分け，㋑は平地用のワカン，㋺は山地や凍結した雪上で用いるツメカンジキ。(長野県大町市)

田下駄 深田の稲刈りに使用。土地改良以前はひざから腰ぐらいまでもぐる田が少なくなく，田下駄なしでは作業がおぼつかなかった。(埼玉県上尾市，埼玉県立歴史と民俗の博物館提供)

駄などは，主としてこの目的のために用いられる。鼻緒の取り付け方や材料の面でさまざまなものがみられ，たとえば草履の材料では，藁のほか竹皮，藤皮，藺草，茗荷の葉，唐黍など身近なものが利用された。形態上では，台部の長さを短くして農漁業の作業に適した形にした足半と呼ばれる草履や，砂浜や雪上で履く下駄など，特殊なものがみられた。第2の目的が防寒である。雪国では藁を用いた履物の種類が豊富で，これはひとえに藁の保温性の高さをうまく利用したものといえる。すべり止めの効果も藁は大きい。猟師や樵などは，鹿，猪，羚羊などの毛皮を利用した皮沓を自分でこしらえて履くこともあった。このほか，爪掛けや踵当てのように部分的・補助的に使う防寒用の履物もある。第3の目的は，特定の作業のためである。雪上のかんじき，深田で使う田下駄，海苔採取用の海苔下駄などがあり，豊かな地方色をみることができる。なお，作業によっては裸足を最適とし，裸足にかなう履物はないとされる場合もある。

(大久根　茂)

祭りのための子供の化粧 旧城下町の白河市で9月13, 14, 15日に行われる提灯祭りに, 山車（太鼓台）に乗る子供たちの顔にオシロイ（白粉）が施される。（福島県白河市）

2　身体に施す

身体を読む　われわれは顔のホクロの位置を気にする。目の周辺にあれば泣きボクロといい不幸になり, 口の周辺にあれば食うに困らないという。顔という身体の表面のわずかな黒い点が吉凶を占う呪術を生み出している。このようなホクロによる占いは人工的な入れボクロによって自由に操作することが可能である。つまり入れボクロによって身体の表面にいろいろな意味が生まれ, そこにいろいろな読み込みが行われる。身体は多様な可能性をはらんだ意味生成の場なのである。

　「身体に施す」とは身体に装飾的に変化と変更をあたえ, そこに非日常的な文化的, 社会的意味を生じさせる仕掛けである。「身体に施す」民俗は次のように分類できる。1つは化粧や彩色によって身体の表面に一時的に変化と変更

提灯祭りの化粧 ㋑母親が山車に乗る子供にオシロイを施す。㋺町の神輿を担ぐ若者たちも顔に化粧をする。(福島県白河市)

化粧池 ムラの入口にある化粧池には，小野小町が化粧をしたという伝説がある。その時，小町の美しさにヨシは片葉になり，ドジョウは目が見えなくなり，ツブの尻がぬけたという。(福島県白河市)

をあたえること，もう1つは身体の表面に傷をつけたり，身体の一部分を切断したり貫通することである。後者の場合，傷や切断，貫通は身体に永久に残る。具体的には入墨，死者を悲しみ身体に傷をつけること(哀悼傷身)，人柱の片目片足，耳環，抜歯や研歯，そして鉄漿(お歯黒)などがある。

化　粧　歌舞伎の化粧に隈取りがある。白・赤・青・黒を使うが，荒事芸の超人的な力の持ち主や鬼など，いずれも異常能力の体現者を演ずる場合の化粧である。またカミ祭りの際，子供の顔に白粉をぬることがあるが，こうすると子供は寝てしまう。そしてカミ祭りが終り白粉を落とすと目を覚ます。眠り気を催すのはカミがよりつく前兆であり，眠りから覚めることはカミが去ることをあらわしている。

　このように化粧は単にキレイに美しく見せるということではなく，ヒトをヒト以上の存在やカミに変身させる聖なる仕掛けであったのだ。全国各地に化粧坂(ケショウではなくケハイといわれることがある)・化粧池・化粧清水・化粧塚など

2　身体に施す

花嫁の通らない化粧坂 静御前が義経に会えると思い化粧したという(実際は会えなかった)。この坂を化粧した女性が通ると主人や思う人に会えないといい,ことに花嫁が通ると離婚になるため通らなかった。(福島県郡山市)

城下町の化粧坂 旧城下町三春の東のはずれにあり,近くには遊廓があった。ここは城下町の内と外の境であり,旅に出る者を守る護讃地蔵も祀られていた。(福島県三春町)

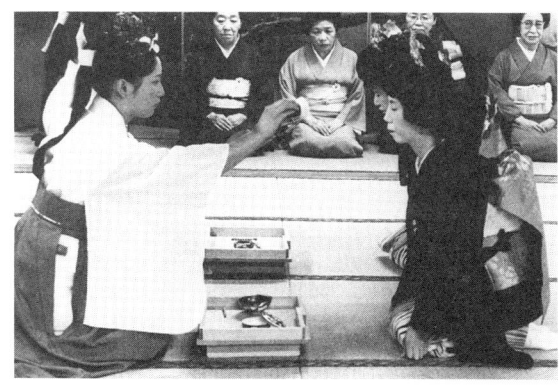

住吉のお田植の粉黛戴盃式 住吉神社のお田植祭りに,植女になる新町の芸者衆に化粧を施す。田の神に仕える巫女になるための化粧で,近世には堺の乳守町の遊女が植女になった。(大阪市,山崎義洋氏提供)

化粧のつく地名がある。それらの場所はたいていムラザカイにあり,小野小町などの歴史上名の知れた美女が化粧したという伝説がともなっている。女性の化粧以外に芝居や神楽の演者が化粧したとか,祭りに神輿を洗ったなどともいう。

　化粧坂などの伝説が全国的に分布している背景には近世以前,全国を漂泊していた巫女や遊女の存在があった。漂泊する巫女や遊女はムラでカミを祀り,歌舞を行ったが,ムラに入る際,ムラザカイで化粧しヒトでない存在となり村人に迎えられた。化粧した巫女や遊女が,村内にカミとして迎え入れられた背景には,異界からムラザカイを越えて来訪する人神信仰があったのである。

松例祭の火男の化粧 出羽三山神社で大晦日から元旦に掛けて行われる松例祭に火をつける験力の競争が行われるが、その火をつける火男は異様な化粧をする。(山形県羽黒町)

ケンケト祭りの化粧 八坂神社で5月3日に行われるケンケト祭りの際、小踊りをする男の子はオシロイをぬり女の着物をつける。性の転換か、あるいは双生の巫者の誕生であるとも考えられる。(滋賀県東近江市、長谷川嘉和氏提供)

化粧とパフォーマンス 大学祭での女子学生のファッション・パフォーマンス。日常の衣裳からの脱出をめざした異様な衣裳と異様な化粧。(福島県郡山市)

通過儀礼と墨つけ 　生後30日目前後に行われる宮参りの際、赤ん坊の額に鍋墨(なべずみ)や墨・紅で、犬・大・小・×・＋・●などの文字や記号が施される。古くは鍋墨であり、施される印は単純なものから複雑な記号や文字になったといわれる。

　宮参りは赤ん坊が氏神から、この世の者として認められるための通過儀礼である。いいかえれば赤ん坊があの世の者から、この世の者に移行する中間状態をあらわしている。このどっちつかず中途半端な状況は赤ん坊にとっては危険

化粧室 便所のことを化粧室というのは，便所の空間が化粧のように変身できる空間であったからである。セッチンマイリで赤ん坊をこの世の者にしたり，便所にいる人を呼ぶと鬼ババになるなど便所は移行，変身の空間として伝承されてきた。

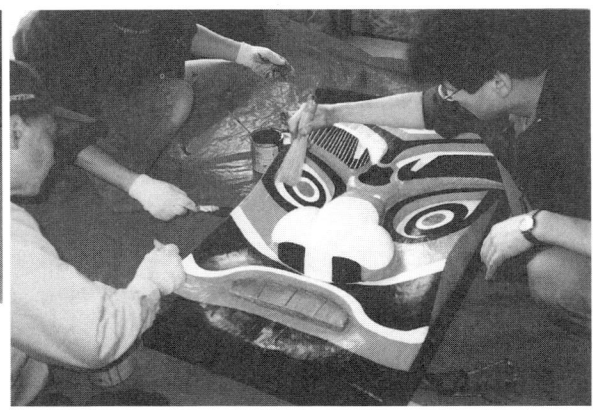

化粧される仮面 阿武隈山地のムラでは，ムラザカイにオニンギョウサマ（お人形様）を立てムラを守るが，オニンギョウサマの仮面は毎年，新しく化粧され，お人形様は再生する。（福島県田村市）

なわけである。この危険な状況を乗り越えるために額に鍋墨で記号や文字が施される。×印はアヤツコといわれ，占める，つまりカミが占めることであり，イミ（忌）の状態にあり，誰もがふれることができないと考えられている。

また鍋墨には呪力があった。鍋墨をつけた子供が河童（かっぱ）の害からまぬがれたという伝承がある。鍋墨の呪力の源泉は鍋墨を作り出す火にある。

結婚式に墨祝儀といい嫁の顔に鍋墨をつける。結婚式をケガレとする所があるが，その場合のケガレは汚い，不浄であるということではなく，娘から嫁へ移行させる結婚式がもつあいまいな時間がもたらす危機や不安を意味する。墨祝儀はこの危険な状況を乗り越えるために行われる。

厄払（やくばら）いの墨つけも同じ意味がある。2月1日を年重（としがさ）ねといい1つ年齢を加え額に墨をぬる。小正月（こしょうがつ）のドンドやサイノカミなどの火祭りに厄年の人を胴上げして厄を払うが，その際，集まった人々も灰を顔につけ1年間の厄払いをする。

小正月や2月1日は時間の変わり目であり，そこでは時間が再生する。この時間の再生と，人々の再生である厄払いが重ね合わされるのである。この再生の過程に火の呪力を宿した鍋墨や灰が人々の顔に施されるのである。

鉄漿（かね） 子供が大人になった印として身体に装飾が施される。1つは頭部，

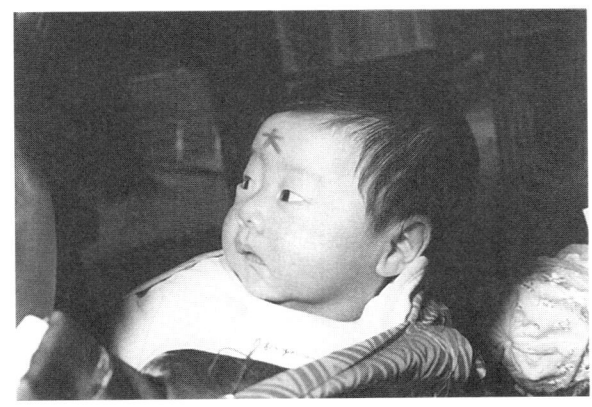

宮参りの墨つけ 生後30日前後に宮参りが行われる。男の子は額に紅で大の字，女の子は小の字を書く。（大阪府堺市，大鳥神社，近藤直也氏提供）

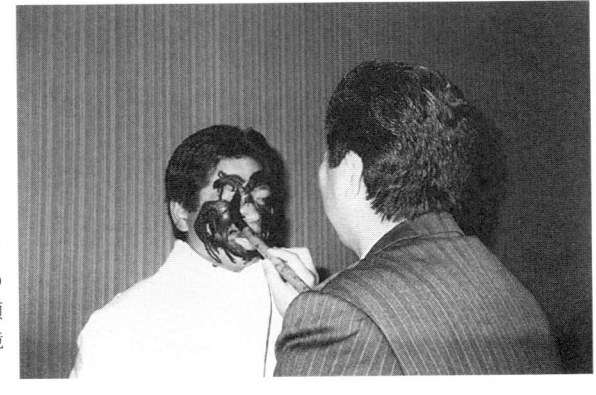

厄払いの墨つけ 2月1日に正月をして歳を重ね厄を払う。その際，42歳の厄年の人は友人から顔に墨を塗ってもらう。（福島県鏡石町，円谷光行氏提供）

つまり髪への装飾で男子の烏帽子着や女子のふかそぎやびんそぎなどである。2つは腰部の装飾で男子が褌を，女子が腰巻をつけることである。そして3つは歯および手の部分に対する装飾で，歯の装飾は鉄漿，手の部分の装飾は入墨である。鉄漿と入墨は女性のみにみられる。

　鉄漿は女性の既婚の印とみなされがちであるが，本来は初潮をむかえ結婚できる条件ができた女性の印であった。十三ガネ，十七ガネは鉄漿を13歳，17歳につけたからである。対馬ではかつて17歳前後に鉄漿つけをしたが，その祝いは女性にとって一生一代の大祝いであり，嫁入り衣裳はなかったが鉄漿つけ衣裳があった。

　また鉄漿つけの際，鉄漿をつけてくれた人を仮親にした。鉄漿親，鉄漿つけ親といい娘の将来への援助者になる。さらに鉄漿と同時に娘組に入り若者組と

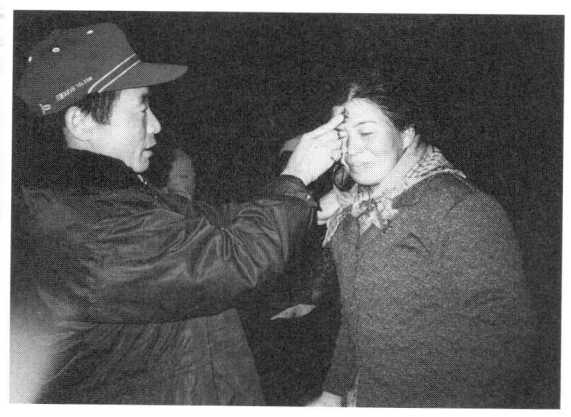

オテハンニャの墨つけ 旧暦3月15日，オテハンニャ様こと不動様の祭りに大般若経600巻の転読を行いケガレを払う。転読する人々は額に墨をつける。（福島県三春町，三春町歴史民俗資料館提供）

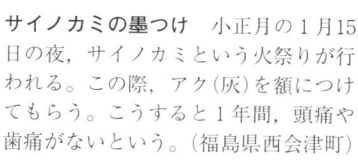

サイノカミの墨つけ 小正月の1月15日の夜，サイノカミという火祭りが行われる。この際，アク（灰）を額につけてもらう。こうすると1年間，頭痛や歯痛がないという。（福島県西会津町）

のつきあいが始まる。

入　墨　入墨は3世紀末の『魏志倭人伝』に文身とあり，潜水漁民が海中で大魚などから身を守るために行っていた。8世紀ごろになると猪飼や鳥飼，そして海人などの職業者や非農業者の間で行われ，近世では刑罰の印となった。ヤクザの入墨は彼らが差別と禁止の対象であったからであり，自分たちは社会と相容れない存在であることの自己表示であった。

　一方，差別と禁止ではない入墨がアイヌと奄美大島以南の島々で行われていた。南西諸島ではハヅキといわれていたが，いずれの入墨も女性に限られていた。しかも入墨の目的は成女儀礼の意味があり，一人前の印であった。また入墨をしないで死ぬと，あの世で不幸になるといわれていた。

耳たぶの穴　耳たぶに穴をあけ，そこに耳環を通すことは世界各地の先住民族の間だけではなく，現代の若い女性の間ではピアスというファッションに

タトゥーステッカー ファッションとして一時的に入墨ができるタトゥーステッカーが売られている。使いたい絵柄を切り取り、貼りたいところに軽く押し当てて水を含ませたティシュなどで湿らせ、ゆっくり横にすべらせて剥がすとできあがり。

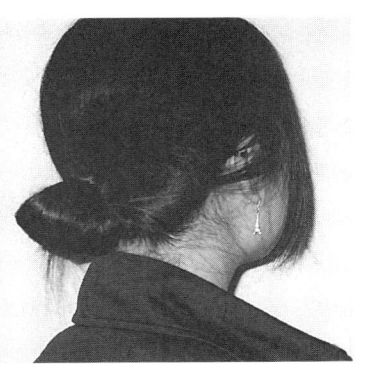

ピアス 若い女性のファッションになっているが、ピアスをする機会は成人式を迎えたとか、大学生になってからとか、人生の節目に合わせて行われる傾向がある。

なっている。柳田国男は「耳たぶの穴」という小論の中で興味深い指摘をしている。奈良県吉野郡天川村のT家の人々は耳たぶに針でついたほどの穴がある。これは昔、T家の子孫が河童(かっぱ)を捕らぬことを河童と約束した時、その約束の印として耳たぶに穴をあけたのである。柳田国男によれば、かつて呪術や祈禱に従事していた人々は耳たぶに金属の環をしていた。しかもその職は世襲であったので耳たぶに穴が後天的に残ったという。

遺伝はともかく耳たぶの穴の不可思議な伝承の背景に霊的能力の秀でたヒトには身体にある特徴が現れるという信仰があったのである。

片目・片足 田の神は片足、山の神は片目で片足であるという、カミの伝承がある。また氏神が植物で目をついたり、矢で射られたので氏子の片目が小さいという伝承もある。このような伝承からうかがえるのは片目・片足という身体の障害は信仰の世界ではカミの印、聖なる印であるということだ。

柳田国男は「一目小僧その他」のなかで、片目(一目)片足(一本足)のカミや妖怪の伝承の背景に人身供儀(じんしんくぎ)を想定した。人身供儀に選ばれた者は、あらかじめ聖別のための印を身体に施されたが、それが片目をつぶし、片足を折ることであった。人身供儀の実態は不明なところがあるが、身体の障害はカミの聖なる印であり、それが人間に現れるとき、聖痕になるのである。　（野沢謙治）

さまざまな願い 人々は願いを実現するために、さまざまな神仏に祈願をしてきた。その方法も多様であり、願いをする神仏に応じて決まっているが、近年は小さい絵馬に統一されつつある。(静岡県森町)

3　身体を守る

共通の願い　親から授かった身体を傷つけず、天寿を全うし、やがて子孫から先祖として祀られることが民俗社会に生きる人々の共通の願いであった。

共同体的色彩の強いかつての村落生活においては、ヒトは家族やムラの構成員として、「個人」を発現するには大きな制約があった。しかし、「一人前」としての個人の数が、イエやムラの盛衰に直接かかわり、個体(個人の身体)を守ることは広く社会性を持つことになった。

ここでは、個体維持にとって日常的に必須な栄養摂取—食制(しょくせい)と、時として

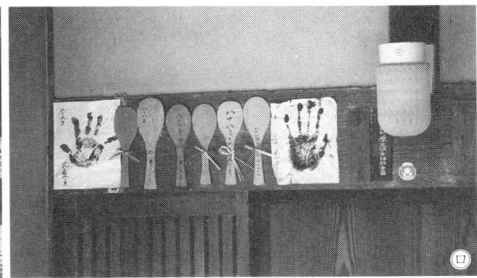

八十八歳の年祝い 近畿地方を中心に88歳になった人の手形や名前を書いたシャモジを親戚，知人に配る。貰ったイエでは，長寿にあやかろうとして，イエの入口に掲げる。(㋑和歌山県橋本市，㋺奈良県田原本町，㋩三重県名張市)

「弘法大師願掛け守り」納所 (神奈川県川崎市)

襲い来る病気・災害・戦争などにかかわる防災の民俗から，身体をそれぞれ，自強する，防御により守る側面からみてみよう。

米の飯　「一年食える百姓はない」といわれ，春先には多くのイエは米櫃が空になった。日本人は米食民族といわれるが，それはおおむね高度経済成長以後のことであり，それ以前は麦・粟・稗などを混ぜて炊くカテメシが米どころを除く多くの地方では主食であった。

飛騨地方には三混ぜ飯といわれ「稗大将，麦中将，米少将 (少々)」という炊き方があった。節供などに麦飯を食べる地方が多いのは，かつての旧習を物語る。戦時の配給により，米を初めて食した地方もあるほどであった。米をふやすため，粥・雑炊・混ぜ飯など地方ごとの工夫があった。餅・団子・そば・うどんなど粉食は，ハレの日，特別な日に食したが，白飯，米だけの飯が食せたのは正月や盆，法要のときぐらいだった。

カテモノ 米の常食は近年のことであり、橡（とち）や楢（なら）の実などを混ぜたカテメシが食された。⑦橡の実の皮を剥ぎ、㋺アクを取るためにさらす。（会津只見町『会津只見の民具』より）

雑穀を粉食にする① 粟・稗・蕎麦（そば）などは、粉にして食べるものが多い。

ハヤの飯鮨（すし）つけ② 日本の各地では、ハヤ・フナ・マスなどをご飯とともに発酵させ保存食としていた。

箱膳③ 各自の日常に使用する膳で、中には茶碗・箸などが入れてある。（①②③『会津只見の民具』より）

救荒食物　米沢藩には「かてもの」（天保2，1831年）という土の食べ方まで記した非常食の本があった。ハレの日の食べ物のなかにはかつての常食であったもの、楢・橡の実の利用など前代の食習慣をしのばせるものがある。彼岸花・蕨根などの救荒食物、どじょう・鮒・鯉・鴨・混布・貝などの動物タンパク質の獲得を含め、食物の選択と生業の変遷を合わせ考える必要がある。米食主体ではないのに米食志向に彩られる民俗文化を狩猟・漁撈・焼畑などの生

玄関入口のお札 イエの内外を区切る入口には、幸いを招くためのお札、逆に災いを防ぐためのお札など、さまざまなお札が掲げられる。（山梨県忍野村）

蘇民将来の子孫 宿を請うたカミに対して、富む弟は断り、貧しい兄の蘇民将来が親切に応対したので、カミは蘇民将来とその子孫を疫病から守ることを約束したという。それにもとづき、各地で「蘇民将来子孫之家」と書いてイエの入口に掲げることが行われている。（三重県伊勢市）

ムラザカイの大草鞋 ムラの中に巨大な生き物がいるように見せる大草鞋である。ムラを平和で安全な状態にするために、外から危険な人間や霊が侵入してくるのを防ぐ。（山梨県山梨市）

業複合の面から再考する契機となる。

　　食物禁忌　特定の動物・植物・餅を正月に食べないイエ、ムラ、地域がある。単に作ってはならないだけのところも多い。胡瓜・胡麻・南瓜など外来の畑作物の例が多い。

　　また、その年初めての収穫物を神仏に奉じて後、食することは広くみられた。天王様と胡瓜の関係や、初鮭の儀礼などはとくに注意される。

　　産婦や幼児・老人が食してはならない食物、逆に養生のための食べ物もあ

百度石と千度石 カミに祈願して望みを実現しようとする際、願いの強さを一度に拝む回数の多さで表現した。その起点の場所を示し、また時には拝んだ回数を数えるための装置を設けている。(㋑香川県高松市、㋺新潟県佐渡市、㋩滋賀県長浜市、㋥奈良市)

った。日常の食事が、身体自強のための栄養摂取であるため、食物摂取と労働量は深く結びついていた。もとは労働量を表した「一人前」という言葉が、現代において食事量に零落(れいらく)したのも理由があるのである。

食事のしきたりと道具 かつての食事は栄養摂取だけでなく同じ火で煮炊(にた)きをしたものを一同で食べることの精神的一体化が重要であった。食事の回数、時間、食事のしつけ、飯米の量とやりくり、供物(くもつ)の贈答などにみられる食習慣には「食べ物と霊」との関係が背後にある。

米櫃(こめびつ)に米寿(べいじゅ)の人の手形を貼ったり、瀕死者の枕辺での振(ふ)り米(ごめ)、食べ物を粗末にすると目が潰れるなどのさまざまな諺(ことわざ)、外食のときは箸を使用後折るなどの作法まで多様である。食べ物の摂取と霊の盛衰が重なるので自己の食物摂取と、盆に先祖より先に餓鬼(がき)仏(ほとけ)にまず供物を供えるなど、外部の霊との関係を意識しなければならない。

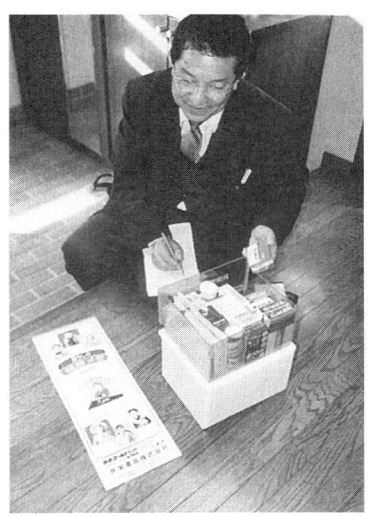

越中富山の置薬 かつては、富山や奈良から薬の行商が全国を回り、各家には常備薬を配置していた。(神奈川県秦野市『秦野』より)

絵　馬　神仏に祈願する際のもっとも一般的な方法が小絵馬を奉納することである。絵馬に祈願内容が示されるが、具体的ではなく、内容を暗示するような図柄や文字である。「め」を対照させて2つ書いた絵馬は、眼病治癒の祈願である。(㋑神奈川県横浜市、㋺埼玉県秩父市)

　食事用具には、炊事・食事・加工・計量・運搬・嗜好・収納・保管用具があるが、なかでも霊が宿りやすい関係から凹のある形態、お玉杓子・臼・椀、目のある笊などの呪術性に注意しなければならない。臼など必ず伏せて保管しなければならなかった。

　病因と病気観　稲を育て、ヒトの生命を維持する根源的エネルギー「気」が止まった状態、ケヤミ(気止み)の状態が病気であり、稲の気枯レ(ケガレ)によりケガチ(飢饉)が起こるという、ヒト・稲の生命力をパラレルに捉える、民俗的病気観がある。

3　身体を守る　25

辻の地蔵尊 地蔵縁起には，地獄の責め苦を罪人に代わって受けるとあり，ムラの入口や辻などに建立された。(⑦埼玉県白岡町，㊀埼玉県秩父市)

賓頭盧尊と撫で仏 躰の痛いところやわずらっているところを撫で，病気の平癒を祈る。(⑦栃木県足利市，㊀東京都台東区)

　一方，風邪というように外部の空気の運動により，外の邪悪なものが身体に入り健康を冒すとの考えがある。民俗社会においては，災難・疫病・不幸などは外から可視であれ，不可視であれ鬼や異人，外国人によってもたらされると信じられていた。

　病気は病源・病因から起こるとする近代医学的解釈ではなく，民俗・文化的に定義づけられる病因論があり，そこでは個人の病気は病名でなく，事件・物語の脈絡の中で語られる。

　病気から身を守るということは外からの災厄を防ぎ，制御し，それでも及ばぬときは，これを慰撫し，負を正に変換して祀り上げる。

茅の輪　旧暦の6月晦日に行われる夏越（なごし）の祓えは、神社境内に茅の輪を設けて、そこを通り抜けると身が清まるという。日本各地にみられる。(㋑滋賀県長浜市、㋺神奈川県秦野市『秦野』より)

　病気を治すには民間療法も含め実際的な対症療法と、祟りなど病因を克服する宗教者による祈禱などが合わせて行われた。

　さまざまな民間療法　かつては各家の箪笥の上などに富山や奈良の配置薬があった。製薬が仏教や道教の施薬や不老不死の思想に発し、その伝統のなかで、今日でも寺院や修験道関係の寺堂での製薬・売薬がみられる。とくに修験者は草木・動物・鉱物などの本草の知識にすぐれ、民間の呪法祈願による療法などに大きな影響を与えた。

　民間療法には実効的な薬物・薬草にたよる方法、さまざまな呪術的療法、地蔵・薬師などを対象とする神仏祈願、灸・指圧・温泉など物理的療法などがある。みみず・どじょう・田螺・沢蟹から稀少な熊の胆など動物的薬物、薬草の入手法、使用などに地域的特長がある。また、河童が授けたというような家伝薬が特定の家に伝わり、その来歴には興味深いものがある。霊験水、神明水、出乳に利験のある銀杏の霊木、霊山の姥石など特定の樹木・石・水などを薬物とする信仰もある。

　慢性病・原因不明の病気なおしには土地土地の祈禱師をたよったり、巡礼などに出るなどした。四国札所などには業病回復の奇蹟譚が多く伝わる。地蔵信仰には代受苦に根ざした病気なおしの霊験譚が多く語られる。また、寺院には賓頭盧尊の撫で仏信仰が伝わる。

　ケガレ観と護身　夏越の茅の輪などのミソギ、ハライなどにより身を潔めることで、身に災厄がかかることを防ぐ一方、ケガレの状態のときに身を慎ん

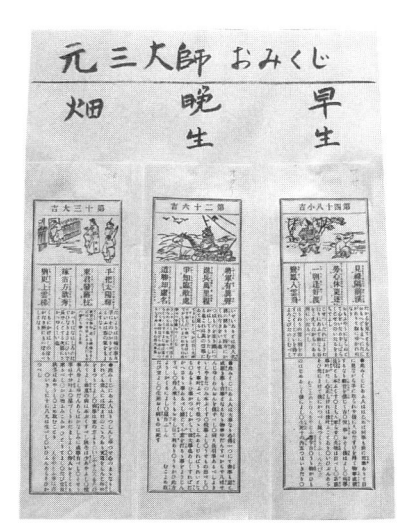

元三大師のおみくじ その年の田畑などの作柄の豊凶を占う年占は様々な方法で行われる。滋賀県では元三大師のおみくじで占うところがある。元三大師は平安時代の僧良源のこと。(滋賀県野洲市)

寺院発行の護符 身を守るためいろいろな「護身札」が発行された。(㋑角大師，島根県安来市。㋺豆大師，東京都台東区)

で身を守ることが行われた。

女性が生理時に血盆経（けつぼんきょう）の札を小箱に入れ懐中にすることや，耳塞ぎ餅によって忌（いみ）の感染を最小限にすることも行なわれた。

その一方で，威力ある呪物によるおどし，威嚇（いかく）もみられる。生児の初外出に額にアヤツコなどと称し犬と書いた字や黒点などを鍋墨でつけ，幼児の衣服の背中には背守りを縫いつけるなどして，身心ともに弱体な乳幼児（にゅうようじ）を魔物（まもの）から守った。

死者の枕元・胸元に守り刀をおき，また，墓には草刈鎌を置き死霊を魔物から守るなど，ヒトの一生の節目にはさまざまな護身の呪いによって身が守られる。

呪物による魔除けは危険な作業をともなう生業面においてもみられ，伊勢志摩の海女の使用する磯手拭に縫いつけられた呪符や，山仕事で使う斧（おの）には星象や七ツ目（北斗七星を表す）が刻まれ魔物から身を守る。これらの図案はその解説や伝播（でんぱ）に修験者・陰陽師（おんみょうじ）など宗教者の関与があったことを物語っている。

28　Ⅰ　ヒト

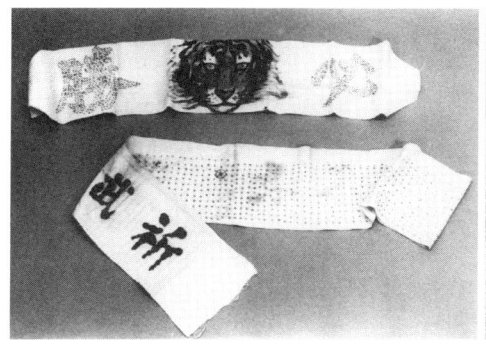

千人針 戦時期には，千人の女性に赤糸で一針ずつ縫ってもらい結び玉を作り，武運長久と身の安全を願った。

水子供養 流産や妊娠中絶した胎児の霊を供養する水子供養は，この数十年の間に急速に普及し，各地の寺院が水子地蔵を設けた。（京都市）

非日常世界と守り　日常とは異なった状況・場所におかれることは，大いなる身の危険であり，一層の緊張が要請された。

『旅行用心集』（文化7年刊，1810）には，船酔・駕籠酔への対症療法，毒虫・蚤の駆除，道中所持すべき薬のことなど実際的効用が記されている。旅中では追いはぎなどから身を守るとともに，「護身札」などを懐中にして目に見えぬもろもろの悪霊から身を守る必要があった。

戦争時には戦勝祈願の掛け声とは別に出征兵士の武運長久を願う千人針（千人の合力）や五銭玉（死線を越える）が身を守るとされ，銃後では，陰膳とともに床の間にアクト石（兵士の踵の疲れを癒す），氏神に豆袋（マメでくらす）などが奉納され戦地での兵士の安全が祈られた。戦争という最も身体に対する危機的状況における民俗は今後の研究が待たれる分野である。

現代社会とお守り　昔話「雨夜のモリ」は，雨がもること，米櫃が空になることが最も恐いとの農民の心情をよく反映している。

現代社会はこわい話に満ちている。その一因には，先祖として死後に祀られることをイメージできた民俗社会と違い，現代人にとって生きるとは誕生から死までであり，死後の世界をイメージできないことが不安の根底にある。生命は，人工受精，試験管ベビーや脳死判定など機械論的に扱われる一方，水子の祟りなどが婦人病の病因として語られる。生老病死からの解脱を説く仏教家の自死も耳にする。

3　身体を守る

神社の交通安全祓所 交通事故に遭わないよう，神社で自動車のお祓いを祈願してもらう。(埼玉県さいたま市)

自動車内のお守り 自動車内には，多くの寺社のお守りをつるしている。

　逆にこの世での生（個体）への執着は，各種の，自強・防御の民俗を再生産している。健康食品ブーム，エアロビクスやスイミング・クラブの盛況，交通事故や病気・火災などさまざまな災害に備えての各種保険への加入などは個人の現代社会における守りの姿勢といえよう。交通事故保険つきのランドセルを背負った小学生の列に現代社会の一面を見ると同時に，そのランドセルにはまた，成田山新勝寺の伝統的なお守りなどがつるされているのである。

〔佐野賢治〕

筒粥の神事 粥の中に竹筒を入れて，その中に入った粥の量によって，その年の農作物の豊凶その他を占う。（山梨県河口湖町）

4　ヒトの願い

さまざまな願いごと―祈願と呪い―　生きてゆく過程でヒトはさまざまな困難にであい，さまざまな願いを抱く。そのようなときヒトは，見えない存在や見えない力にすがり，あるいはそうしたものを操って，願いを実現しようとすることがある。「祈願」とか「呪い」などと呼ばれる行為がそれである。

きわめて多岐にわたるこの種の行為を，いまいくつかの二項対立的な指標によって示してみよう。まず，それらのうちには，人生の重要な通過地点や生業の節目，暦のうえの特定の時季など，あらかじめ定められたときに行われるものがある一方，ある状況（多くは好ましからざる状況である）に対処するために臨

神前で願をかける参拝者 さまざまな願いごとを祈る。（埼玉県さいたま市）

招き猫 招き猫は，客商売の店では来客があるように置く縁起物であるが，さまざまな福を招き寄せるということで，祈願のための奉納物となっている。（徳島市）

心願成就の奉納鳥居 神社に願い事をし，願いが叶ったときに，そのお礼の意味をこめて鳥居を奉納する。（新潟県佐渡市）

虫送り 杉の葉で葺いた神輿を担ぎ，旗を持って鉦・太鼓ではやしながら田の間を回り，最後に神輿を川に流して害虫を送り出す。（神奈川県大磯町）

時に行われるものがある。また，たとえば虫送りや雨乞いのような地域共同体全体がかかわる願いごとの一方には，病気平癒や良縁の祈願のようにまったく個人に属するものがある。対象となる超自然的存在のイメージやそれに対する態度にも，2つの異なるあり様が認められる。1つはカミやホトケといった高位の存在に対して懇願的な態度でのぞむもので，「祈願」とか「願かけ」「立願」などという場合は多くこれにあたる。これに対し，「呪い」「呪法」は，低位の霊的存在や非人格的な力を操作ないし統制することによって目的を達しようとするものである。じつは，以上のような指標は，〈宗教〉と〈呪術〉というものを理念型的に対立させてとらえるときに，それぞれに関連づけられる特徴である。願いごとの習俗は，呪術＝宗教的領域全般にわたってきわめて多様

32　Ⅰ　ヒ　ト

畑に立てた七夕飾り 七夕が終ってから飾りを畑に立てると虫除けになるといわれている。(埼玉県さいたま市)

マチの虫送り 水田はすべて消えて住宅地となった地域で、かつて行われていた虫送りが新しいマチの行事として復活した。(神奈川県横浜市)

なあり方を示しているといえる。

　願いごとのかたち　願いごとは、単に祈りや思いをこめるだけでなく、具体的な行為、つまり儀礼によって表現される。呪術的儀礼はもとより、礼拝、参詣、参籠、経文や祝詞の読誦・奏上、供物の奉納、禁忌の遵守等々、あらゆる宗教儀礼が実利的な結果を求めて用いられるといってよい。

　さまざまな宗教儀礼がとくに願いごとのために行われるときには、あえて肉体的・心理的負荷を課し、苦行性を高めることで効果を得ようとすることが多い。お百度参り・千社参り・千垢離などのように、極端な繰り返しを強調す

雨乞いの龍 麦からや笹竹などで大きな竜を作り，担って池に運んで沈める。(埼玉県鶴ヶ島市)

雨乞い地蔵 雨が少ない年には，この地蔵を川の中に漬けて念仏をする。(神奈川県平塚市)

住吉大社初辰参り 特定の日に神仏に参ると特に願がよくかなう，という信仰がある。(大阪市住吉区)

百度石 「お百度を踏む」といい，神仏への参拝は数が多いほどよいとされる。そのための数とりの装置が百度石である。(香川県高松市)

るのもその1つである。また，茶断ち・塩断ちなどのいわゆる断ちものは，みずから好物や必需品を禁忌の対象とするもので，願かけの方法としてよく用いられる。場合によっては，断食や滝行，腕香のような極端な苦行が行われることもある。時間と労力を費やして遠方の霊場に参ったり，いくつもの寺社を経巡ったりする巡礼も，真剣な祈願の方法の1つであった。

　もっと直截に願いを実現しようとするのが呪い，つまり呪術的儀礼である。道切り・門守り・肌守りなどは，ムラ・イエあるいは身体に災いをもたらす悪

子供のお籠り 8月に行われる御射山（みさやま）祭りには、少年たちがムラから遙か離れた山中の御射山社に行き、一晩オコモリをする。（長野県小海町）

千羽鶴とよだれかけ 千羽鶴とよだれかけは、神仏に願をかける際の奉納品としてもっともポピュラーである。（福岡県篠栗町）

手形・足形の奉納 手形・足形に願を託して神仏に奉納する習俗もある。（福岡県篠栗町）

水垢離 山随（さんずい）祭りと呼ばれるムラの祭りを執行する若者たちは、川に下りて、水垢離をとり、身を清める。（静岡県下田市）

しきものに対し、呪符（護符）や呪物の力で対抗し、その侵入を防ごうとするものである。すでに侵入してしまった災厄に対しては、なんらかの呪物にそれをつけて送り出す鎮送の儀礼が行われる。夏越の祓えに用いる人形はそれであり、雛人形やてるてる坊主の原型もこの種の形代であったと考えられる。

麦粒腫（モノモライ）を治すために他人から食べ物をもらったり、厄年の者が大きな宴を張るなど、食を利用した願いごとの方法もある。これも、食を共にすることで力の結集をはかるという呪術的な思考が根底にあるとみられる。

絵馬にみる祈願 さまざまな願いごとのかたちのなかで、現代の若い世代にまで人気のあるものに、絵馬の奉納がある。絵馬は神仏に奉納する板絵で、その形状から扁額状の大絵馬と吊り懸け式の小絵馬に分けられるが、そもそも

ムラザカイを守るセキフダ ここでは竹の先に村氏神の護符と桟俵(さんだわら)をつけたものを立てて、集落の外部から災厄が侵入するのを防いでいる。(岡山県新庄村)

イエの中にまつられる護符 旧家では、神棚などに村氏神・檀那寺をはじめとする各地の神仏のお札が祀られ、イエを守護している。(川崎市麻生区)

門守りの護符 イエの内・外を分ける境界である戸口には、悪しきものが侵入しないよう、護符が貼られる。(㋑岡山県笠岡市、㋺広島県府中市)

こうしたものを「絵馬」と呼ぶことは、生きた馬をカミに捧げることに由来する。馬はカミの乗り物であった。もっとも、現実の絵馬の図柄は馬とはかぎらず、祈願内容や祈願対象にちなんださまざまな絵が描かれており、その意匠や祈願文から、人々の願いがどういったものであるかを知ることができる。

  占い—占と兆— 超自然的な存在や力によって、未来のこと、隠された事実を知ろうとするのが占いである。超自然的・神秘的方法をとる点では祈願や呪いと同様であるが、祈願や呪いが具体的な結果を求めるものであるのに対し、未知の情報を得ようとするのが占いである。後述のように、占いの行われる機会や、その目的・方法も多岐にわたっている。また、人為的な手段を用いてす

門守りの呪物 悪しきものの侵入を防ぐために，さまざまな呪物も用いられる。ここでは花火の殻を使っている。（徳島県美波町）

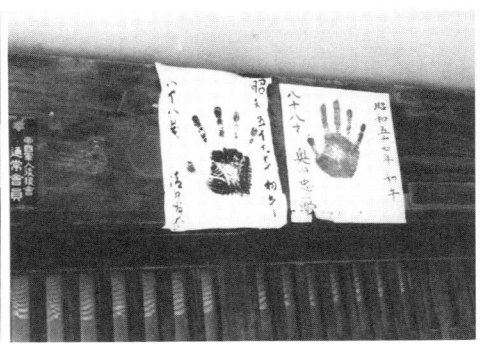

米寿の老人の手形 長命の老人の手形も，境界を守る護符となる。（奈良県葛城市）

屋根の上の鍾馗さま 京都の町屋では，軒に鍾馗像をまつる。これも悪霊の侵入を防ごうとするものである。（京都市下京区）

六算除け 六算（六三）除けは治病の呪法で，一種の占いによって患部を明らかにし，病を形代につけて辻やムラはずれに送る。（千葉県成田市）

すんで知ろうとするのではなく，たとえば「茶柱が立ったから今日は良いことがある」というように，自然におこった現象からなんらかの情報を引き出そうとする心意を「兆」と呼んで，「占」と区別する考え方もある。「兆」と「占」は，「受動的占い」「能動的占い」ととらえることもできる。なお，柳田国男以来，「兆」と「占」は「禁」（禁忌）・「呪」（呪い）とともに，「俗信」という習俗の領域の中心部分をなすとされてきた。ただ，兆・占・禁・呪という4つの心意現象は民俗全般あるいは呪術＝宗教的現象全般にわたって広くみられるものであり，これらをもってある限られた慣習や伝承だけを「俗信」として取り出すことは困難である。

神仏の使いを描いた絵馬 山の神のミサキ（使者）としてのカラスを描いたもの。（福島県南相馬市）

婦人病の祈願 淡島さまは，女性の下の病に霊験あらたかなカミであり，それに関連した祈願が多い。下着が一緒に奉納される。（和歌山市）

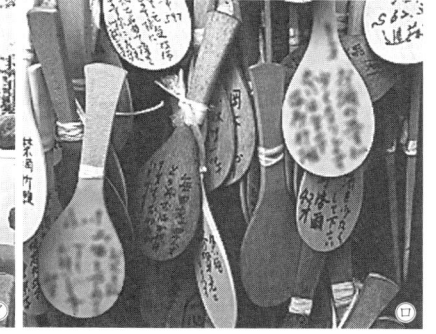

酒封じ祈願 ㊑生前なにかに苦しんだ人は，死後その苦を救うカミとなることがある。酒で身を誤った武将・本多忠朝は，酒封じのカミとなっている。㊨杓子に願をこめて奉納することも，広く行われている。（大阪市天王寺区）

種々の占い　占いにも，時を定めて行うもの／臨時に行うもの，共同体にかかわるもの／個人的なもの，情報の送り手としてカミやホトケが意識されているもの／いないもの，専門家が行うもの／非専門家が行うもの，などといった種々の区別を立てることができ，実際にも，専門家が行う高度に体系的なものやムラの重要な行事に組み込まれているものから，子供の遊びとなっているものまで，さまざまなあり様をみることができる。

　かつては，小正月（こしょうがつ）や節分といった年頭に，1年間の天候や諸作物の豊凶を占う年占（としうら）が広く行われた。イロリの灰に並べた豆の焼け具合で占うものを豆占（まめうら），釜の中に入れた竹筒に粥がどのくらい入りこむかで占うものを粥占（かゆうら）という。ま

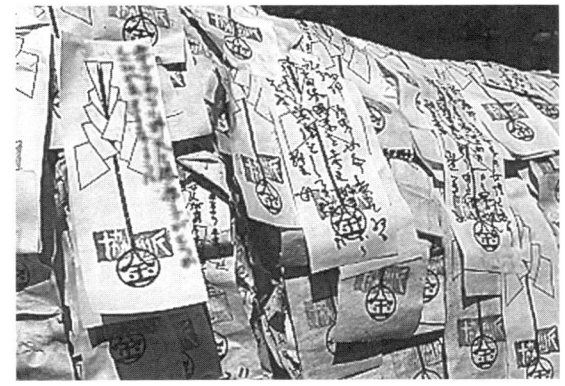

縁切り祈願 縁切りも，重要な願いごとである。男女の仲だけでなく，悪い成績や病気との縁切りも望まれる。（京都市東山区）

結びつけられたおみくじ （㋑埼玉県さいたま市，㋺埼玉県鷲宮町）

た，綱引き・船競漕・競馬・相撲など，祭りの場での競技が年占としての意味を持つことも少なくない。

個人で行う占いは，願いがかなうかどうかを知ろうとするものが多い。アゲボトケ（上げ仏）とかオモカルイシ（重軽石）という占いは，特定の仏像や石をもちあげてみて，もちあがれば（軽ければ）願いがかなう，あがらなければ（重ければ）かなわない，というものである。神社の鳥居に石を投げあげるのも，乗れば願いがかなうとされるからで，占いの一種といえる。履物をほうりあげる天気占いや力石など，遊戯化・競技化した占いも多い。

憑霊や脱魂によって超自然的存在と接触してその意志を知ろうとするシャーマニズムの儀礼もまた，占いのひとつの形態に分類されることがある（客観的・非霊感的占いに対する主観的・霊感的占いとされる）。東北地方のハヤマの祭りや中国地方の神楽は憑霊による託宣をともなう祭りであり，カゴメカゴメ型の遊

4 ヒトの願い 39

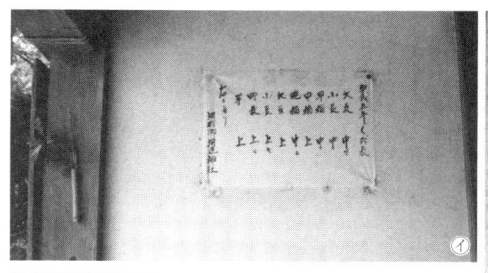

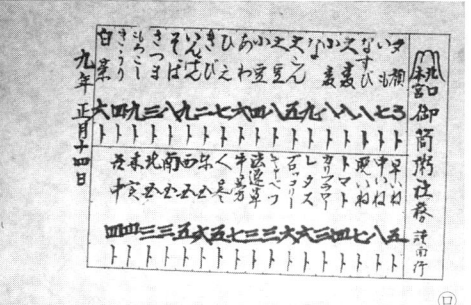

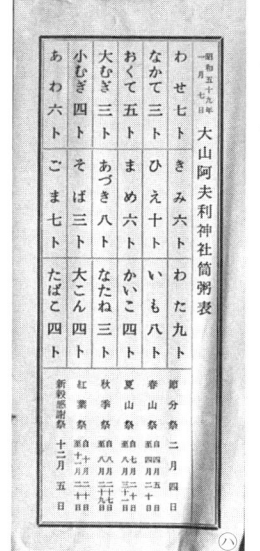

筒粥表 年頭に行われる筒粥の神事（粥占）の結果を氏子・信者に知らせるもの。（㋑滋賀県八日市市，㋺山梨県富士吉田市，㋩神奈川県伊勢原市）

鳥居に石を投げ上げる なかば遊戯化しているが，鳥居に石を投げ上げるのも，願いがかなうかどうかを知ろうという占いである。（岡山市）

アゲボトケ 病人が出たときは，7日間参って平癒を祈願し，7日目にこのホトケをもちあげてみる。もちあがれば病人はなおる，あがらなければ危ない，という。（千葉県成田市）

力　石　若者らが力だめしにかかげる石だが，元来は神意を占うものであったとされる。
（㋑東京都江戸川区，㋺埼玉県和光市，㋩京都府長岡京市，㊁埼玉県鷲宮町）

び（地蔵遊び・地蔵憑けなど）や狐狗狸さんなども託宣儀礼の遊戯化である。巷間のシャーマン的祈禱師の仕事においても，病気・縁談・事業・失せもの等々に関わる占いは大きな部分を占めている。夢を，通常では知りえない情報をもたらしてくれるものとして扱う夢占も，シャーマニズムと通じる霊魂観念に立つものである。

易と陰陽五行説　専門家が行う占いの代表が「易」である。これを行う者を易者・八卦見などと呼ぶ。筮竹によって陰・陽の組合せ（卦）を求め，それによって運勢を占う易の根本思想は，自然界・人間界の事象すべてが陰と陽の2つの気の消長からなるという古代中国に発する陰陽説である。陰陽説はのち

荒神神楽の託宣 岡山県下の荒神神楽（備中神楽）では，神楽の最後，布舞あるいは綱舞いのなかで荒神が神楽太夫に憑依し，氏子社会の吉凶などを託宣する。（岡山県井原市）

街頭の易者（東京台東区）

に，宇宙の万物の生成は木・火・土・金・水という5つの元素のはたらきによると考える五行説とむすびついて陰陽五行説となり，日本にもたらされて陰陽道として展開した。こうした思想が占いの原理となるのは，大宇宙の運行と小宇宙としての人間の運命との間に呼応しあう関係を認めるからである。

（小嶋博巳）

II

イ　エ

　日本社会はイエを編成単位としてきた。個人が直接社会編成の単位にならずに、衣食住をともにするイエを基礎に、すべての秩序がつくられてきた。イエは、個人の生死を超えて存続すべきものと考えられた。

　イエは、一組の夫婦とその子供のうちの一人が結婚後も同居する一子残留を基本とした。結婚によって社会関係を広げ、また分家によって協力・共同する範囲を形成してきた。イエは、日常生活を送る人々の集団としての意味を持つと同時に、その生活空間としての施設をも指し示している。

　イエで人々は生まれ、成長し、結婚し、子供を育て、老人となり、この世を去る。その人生の階段を上る過程で、それぞれ重要な儀礼がイエで行われた。

　しかし、イエは急速に弱まってきている。イエ永続の願いは大きく後退し、それにともない民俗にも変化が見られる。そして、結婚式も葬式もイエの外に儀礼の舞台が移され、商品化した人生儀礼が展開することとなった。

イロリと古老　イロリには年中火が燃やされ、家族生活の中心に存在した。ヨコザという正面の席は家の主人の座るべき場所であった。（徳島県三好市）

代表的な養蚕農家 北関東の典型的な養蚕農家で，2階が蚕室として設けられているのが特色。北の季節風を防ぐために屋敷林が設けられている。(群馬県伊勢崎市)

5 住まいの空間

民家の見方 一軒の民家には，その時代その土地の人々の生活が凝縮されている。ここでは母屋と付属の家屋を含めた屋敷の空間を取り上げて，大黒柱，炉，神棚，仏壇などが人々にどう意識され，そしてどのように空間が分割されているのかといった，その非物質的側面についても検討してみよう。

屋敷と家屋の配置 農家を例にとると，屋敷は複数の家屋と小規模の畑で構成される。家屋は母屋，蔵，木小屋，家畜小屋，風呂，便所などで，それらの配置は屋敷への出入口との関係で決まってくる。屋敷には門柱などをかまえた主たる出入口と，野良仕事など日常の用に供する出入口の2ヵ所が設けられる。動線（人の動き）に着目すれば蔵は主たる出入口から遠ざけられており，外来者は母屋へまず導かれるはずである。奈良県の垣内のような農家では，長

さまざまな屋敷 ⑦前に田が広がる旧家で，左から木小屋，蔵，母屋，家畜小屋の順に並ぶ。山裾の水の確保しやすいところの屋敷。㋺前面に畑を有する平地の農家で，左が屋敷の入口，そこから母屋，小屋，蔵と並び背後に林を有する屋敷。㋩屋敷林に囲まれた農家で，政策によるともいわれる砺波平野の散居集落。(⑦山口県岩国市，㋺福島県須賀川市，㋩富山県砺波市)

養蚕農家の造り 養蚕は農家の造りに大きな影響を及ぼした。南側の屋根を切り取り，屋根に通気をよくする喚気口を設けている。(茨城県勝田市)

屋門，母屋，蔵の順に道路側から配されており，店舗，母屋，離れ座敷や蔵の順で並ぶ表屋造りといわれる商家の構造と似ている。母屋の前面に広がる庭はカド（門）とよばれ，背後のセド（背戸）と対比させる。ここは農作業の場となるほか門松を立てたり，盆の迎え火，送り火を焚くなど，祭場としての機能もはたす。さらにカミ（上）とシモ（下）の対比が，カドとセドの対比に直交してみとめられ，この場合には，集落全体やもっと広い範囲との関連づけに拡張されることもある。これらとは別の方位観念として陰陽五行思想にもとづ

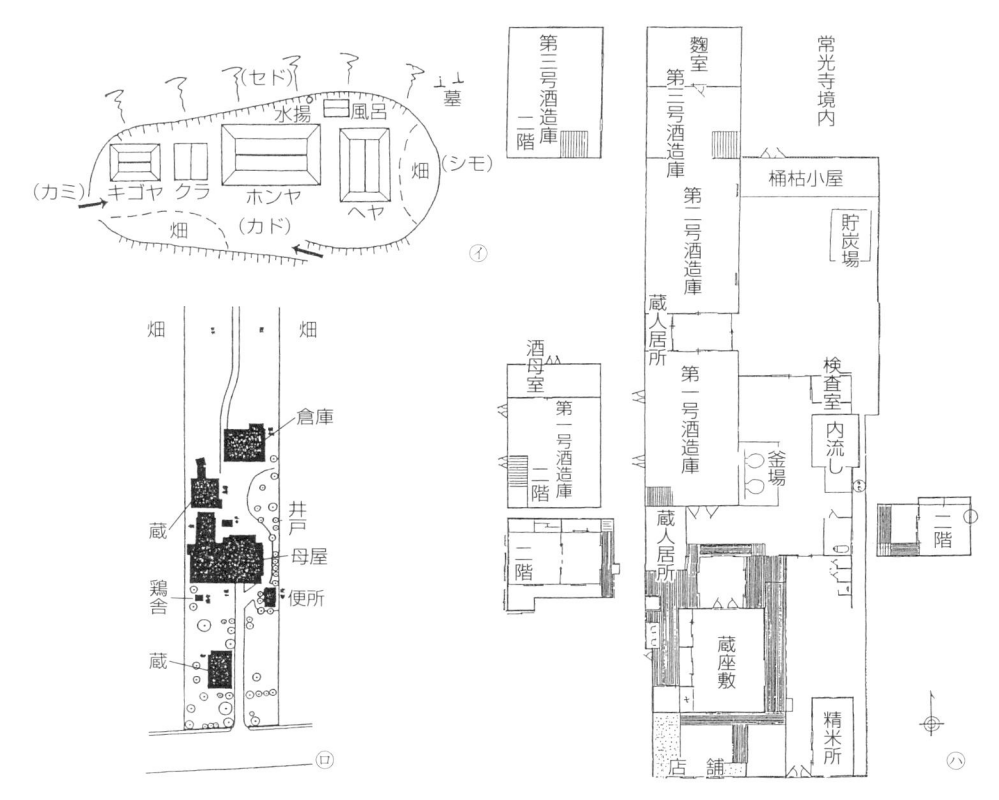

屋敷の家屋配置図 ㋑右側の矢印が主要な出入口で，左側は野良への出入口である農家の家屋配置図。㋺道路から，蔵，母屋，蔵，倉庫，畑と並ぶ，南北に長い敷地に規制された農家の家屋配置図。㋩造り酒屋の配置図で，店，蔵座敷，茶の間，居室（中2階，2階），酒蔵所と並び，ほぼ敷地いっぱいに建てられている。（㋑山口県岩国市，㋺東京都立川市，㋩福島県会津若松市）

いた家相図があり，屋敷内の樹林の位置さらには間取り自体にも影響している。屋敷内およびそれに付属する畑では，多品種少量の野菜を栽培して，自家用の消費にあて，屋敷の外の耕地とは性格が異なる。一画には屋敷の守護神として屋敷神が祀られる場合がある。

間取りと機能　農家の間取りの標準的な型として，北陸から東北地方に濃厚に広がる広間型，その他の地方の田の字型の四間取りをあげることができよう。柳田国男の民家への関心の一つも間取りに注がれており，それらの指摘のうちで注目されるのは，つぎのような点であろう。（1）ヘヤ（部屋）という言

サシ＝差鴨居，イト＝板戸，イカ＝板堺，根天＝根太天井，サオ＝棹縁天井，ミフ＝溝・襖，ミシ＝溝・障子。たとえば「サシ2ミイト」は「差鴨居に2本溝の板戸」，「サシ2ミガト」は「差鴨居に2本溝のガラス戸」，「サシ3ミン」は「差鴨居に3本溝の障子」を示す。

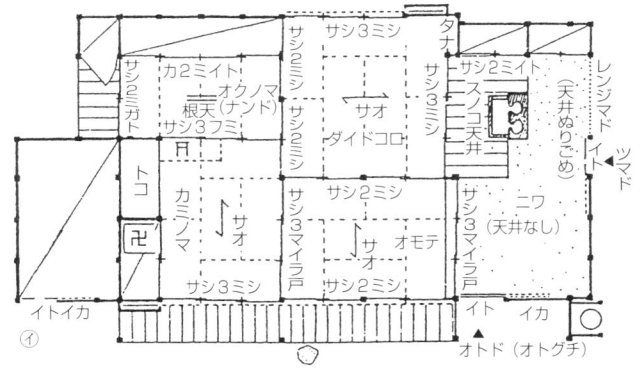

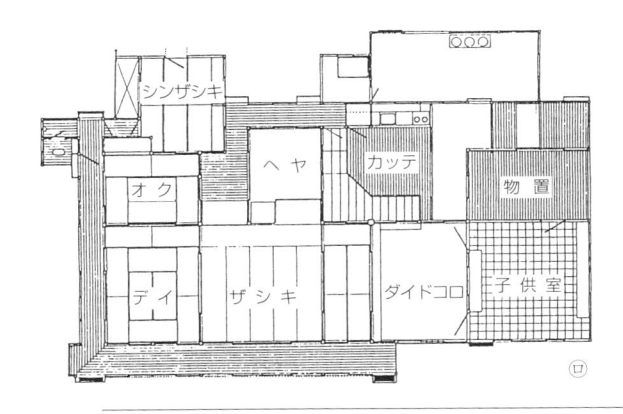

母屋の間取りと名称 ㋑ニワにはオトド（大戸）とツマド（妻戸）の2ヵ所の出入口があり，間仕切りの素材の違いが注目される（山口県岩国市）。㋺かつて広い作業場であったダイドコロの一部が応接間または子供部屋に改造され，イロリのあった板敷きの部屋は物置になっているが，かつては養蚕に適した間取りであったことがうかがえる。

葉はもともと小屋の一種のことで，常民の家には中じきりがなかった。（2）一家に火を使うところは1ヵ所のみで，その管理者をアルジ（主）といい，管理権の所在を具体化したのが炉のヨコザ（横座）であった。（3）明かり障子，ガラスの普及により，家の造りが大きく変わり，照明の機能から生じていた火の神の信仰も変化していった。（1）は一間限りの小屋から機能的に分化され，じょじょに仕切られていく史的事実によって裏付けられよう。（2）と（3）は相互に関連する問題で，炉に祀られるカミの性格づけとともにさかんに議論されてきた。柳田の住居論は『明治大正史世相篇』でもっともよく展開されている。ニワ（庭）は土間であり，それ以外の居住部分は床張りである。作業空間として重要であったニワは固くつきかためられていて，公式の出入口である大戸と，私的な妻戸が設けられている。大戸は普段は閉じてあって，この敷居は主人の頭などといわれて特別視され，屋敷の主要な出入口と関連づけられ，妻戸は日

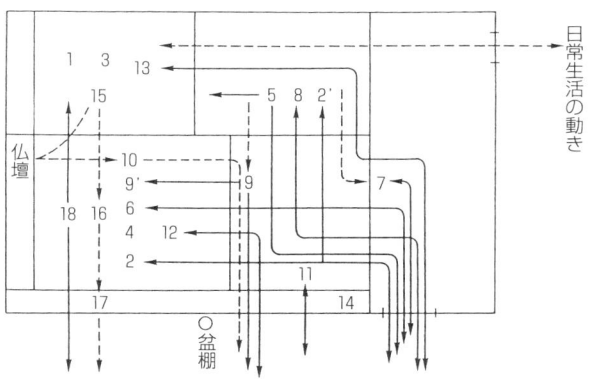

日常生活の動き

1 ハラオビをまく（妊娠，ヒキアゲバアサン）
2 オビイワイ（双方のシンセキ，ヒキアゲバアサン）
2'は第2子以下
3 出産
4 ウブメシ
5 ヨロコビ（シンセキと近隣）
6 ナツケ（〃）
7 ヨロコビガエシ（小姑など）
8 ハナシ（セワニン）
9 オビタイを渡す（ナカホド）
9' 会食
10 出家（ヨメ）
11 ナカヤド（〃）
12 嫁入（ヨメ）
13 クヤミ（コウの成員）
14 コウマイ，コウデン
15 ユイ，ユカン，入棺（近親者）
16 葬儀（ムラ人，その他）
17 ガンホドキ，マキゴメ（コウ成員）
18 坊主・神主の動線

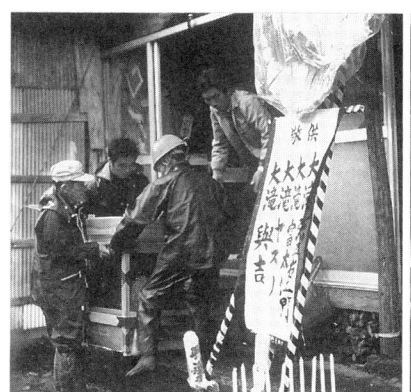

民家におけるヒトの動き ヒトの一生のさまざまな祝いごとや不祝儀では，人々は決まった経路によった動きをする。ヒトの動き（動線）が決まっていることから，人々の空間の秩序をうかがうことができる。

出 棺 棺は玄関から出さず，座敷の縁から出る。（新潟県村上市）

仏 壇 盆には位牌を仏壇から全部取り出し，盆棚に並べ人々の供養を受ける。表の長い空間が利用される。（長野県川上村）

常的に開放されて屋敷の野良への出入口と対応する。儀礼的な面ではこの区別はさらに明確で，あたかもニワの中央が見えない壁で仕切られているかのようである。ニワの一画には竈と流しが設けてあった。ダイドコロ（台所）には炉が切ってあり，ヨコザ，カカザ（嬶座），キャクザ（客座），キジリ（木尻）というような名称で座席の格式があったことが知られている。ナンド（納戸）は寝

神棚と位牌① 神葬祭のイエでも仏壇に相当するものがあり，白木の位牌が祀られている。(福島県須賀川市)
恵比寿・大黒② 台所に祀られたもの。(三重県志摩市)
火の神③ 竃の脇には火伏せのお札が貼られている。(石川県金沢市)
便所神④ 便所にカミに見立てた人形が祀られている。(群馬県渋川市)
(②④萩原秀三郎氏提供)

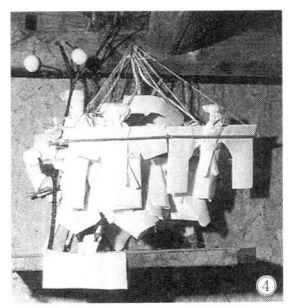

室，出産，葬儀の際の湯灌(ゆかん)などに，カミノマ（上の間）は婚礼や葬儀など来客の接待の際にオモテ（表）との仕切りを取り外して広い空間として用いられた。生活改善運動でもっとも改めるよう指摘されたのは土間の部分で，床を張ったり台所の改良と併行して改築されることが多い。

間取りの性格 非日常的な用途から間取りの性格をみていくと，ダイドコロは婚姻が成立するまでの予備交渉，出産後の産見(さんみ)舞いが行われる場であり，曖昧な状態にあることと結びついている。大戸からオモテにあがり，ダイドコロにすすむ動線もそれに対応する。カミノマは帯祝(おびいわ)い，名付け，結納(ゆいのう)，婚礼，葬儀が行われる場であり，曖昧さが払拭され，外部に開かれた空間であり，オモテはカミノマが拡張されたり婚礼のナカヤド（中宿）として使われ，予備的な色彩が強い。オモテからまっすぐにカミノマにすすむ動線がそれに対応する。カミノマあるいはオモテの縁から僧侶，嫁が出入りし，出棺することや盆棚(ぼんだな)が設けられることはそこが霊の出入口と関連づけられていることを示す。障子，

5 住まいの空間 49

正月の飾り物 屋敷への出入口に張られた注連縄(しめなわ)で，里芋が用いられているのは焼畑の作物だからである。(熊本県五木村)

小正月の飾り物 仏壇の前のものであるが，屋根裏の鼠に対するものまで，大小さまざまに造られている。(熊本県五木村)

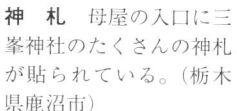

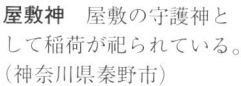

神札 母屋の入口に三峯神社のたくさんの神札が貼られている。(栃木県鹿沼市)

屋敷神 屋敷の守護神として稲荷が祀られている。(神奈川県秦野市)

ふすま，まえらといった家屋内部の間仕切りの素材が違っていることも，間取りの性格づけと関連する。日常的にはニワ，ダイドコロ，ナンドが使われるだけで，妻戸から入り，ニワ，ダイドコロ，ナンドにいたるほぼ一直線の動線がこれに対応する。炉の座席のヨコザとキャクザが表側で，公的な男の空間であるカミノマとオモテに対応し，カカザとキジリが裏側で，私的な女の空間であるナンドとダイドコロに対応する。

屋敷内に祀られるカミ そのような表側には大神宮様(だいじんぐうさま)，八幡(はちまん)，諏訪(すわ)といった公的に認められた高貴なカミを祀り，直接の先祖とともにずっと以前の宗祖が祀られている。裏側には火の神，水の神，便所の神といった在来の名もなく

オシラサマ （岩手県遠野市）

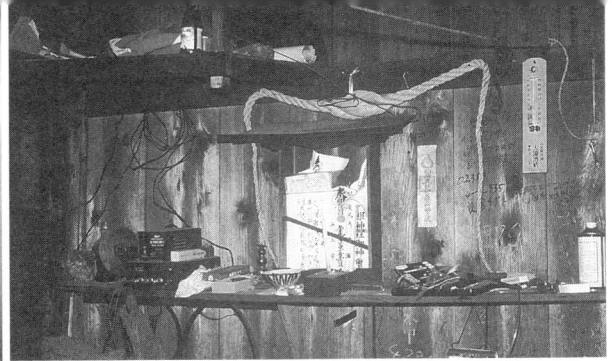

豊漁を祈願する神　鮭の番屋に祀られた神棚である。（新潟県村上市）

火防の神①　絵蝋燭の作業場に祀られている古峯神社の札。（福島県会津若松市）

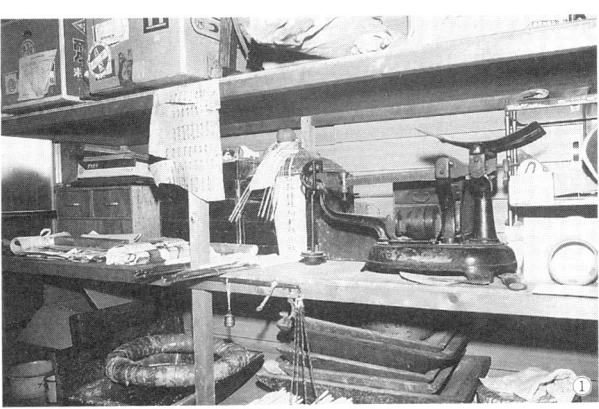

火防の神②　左は繭を蒸すムロ（火口から見たところ）と反対側の繭を出し入れする戸口に貼られた火防の神札。（福島県須賀川市）

　神無月にも出雲に出掛けて行かないようなカミが祀られている。仏壇と神棚は寺檀制、氏子制度の成立する近世期に表に置かれるようになり、社寺参詣の流行によって広い信仰を集めた大社の札や掛軸、神像が津々浦々までもたらされたのである。裏に祀られるカミは、名称が同じでも機能がさまざまであり、とくに神棚や神体もないことが多い。正月に餅や飾り物をすることから、そこに

5　住まいの空間　51

山村の出作り小屋 ⑦山仕事の現場近くに，一時期を過ごせる小屋をかけることがよくある。㋺出作り小屋では，自給のため周囲に小規模の畑を作っており，ヒエの乾燥をしているところである。（熊本県五木村）

町屋の造り 家並みが街路に面して連なり，2階屋には隣家との間に袖ウダツが見られる。（石川県金沢市）

役に立たなくなった敷石 街道から屋敷の蔵へ物資を運び込むため，馬車の車輪の幅にあわせて敷かれた敷石で，かつての生活を物語る。（福島県須賀川市）

蔵の飾り 縁起をかついだ装飾がさまざまに見られる。これは家が栄えるよう恵比寿が飾られている。（富山県砺波市）

棟上げ 弓を立てて魔を払うもので，この種の建築儀礼は割合に似通っている。（鹿児島県奄美大島）

神霊の存在を認めていることがうかがえる。節供(せっく)によもぎとしょうぶを突きさす軒先，大晦日に火を焚きつづけるイロリ（囲炉裏），軒先の延長線上の雨垂れの下は，とくに飾り物などしないが，ときどきの所作や昔話より他界との通路がひらけていると考えられる。家屋の構造上の外部との境とは別に，内と外の境界を設けていたのである。

生業形態との関係　農家では母屋も農業生産に使用されていたので，その

押し寄せる開発の波（茨城県つくば市）

生活感の変化　㋑ガスレンジとお札。㋺台所に、火の神を祀る。（沖縄県名護市）

　変化との関連も注意しなければならない。かつてニワでは千歯こきによる脱穀や調整が行われていたが、大正中期に足踏み脱穀機が普及するようになって屋外で作業するようになり、やがてニワの作業空間としての機能が低下して、土間は板張りとなり、応接室や子供部屋になる例が見られる。さらに、土間の一画を占めた台所は生活改善の最も初期の改善目標となり、イロリの電気炬燵化などとともに、変化の激しい部分である。イロリの座順は潜在的にはあるかもしれないが、テレビがヨコザの延長線上に置かれるような例では、ヨコザは劣る位置となり、伝統が崩れている。かつて農家の構造に影響を与えたのは養蚕であった。稚蚕のためには熱を逃さぬように天井を板張りにしたり、成長すると通風が大切なので南の軒を高くした。屋根を開放するための工夫が各地で異なったために、地域的な特徴がはっきり出ることになったといわれる。養蚕のためにナンドだけを居住空間として残した時期もあった。

　民家の変化　最近の民家の範型として農家を取り上げるのは、その数の割合からいってもまったく適切ではないが、農家自体も変わってきており、変化の一方の基準として検討する意義は十分あると思われる。まずカド・セドとカミ・シモの対比のうち、前者つまり表と裏の対比が希薄になっていることを指摘できる。表の公的な空間が、機能していないことは、結婚式ばかりか葬儀までが外部の会場に委ねられたことや、簡単な接客も外で行われることから知られる。同時にそれと関連してとらえられたイロリの座順がなくなり、居間のL字型ソファーに変わっている。一方、裏側でも変化は顕著で、洋式便器の普及は汚物観を変え、台所のユニットキッチン化は表と裏の境界を取り払った。それにもかかわらず、玄関にはたたき（叩＝たたき固めた土間）が残り、障子、襖といった建具を使用し、それらを関連づけて畳の和室にカミ、シモを含めた秩序を与えている。

（古家信平）

5　住まいの空間　53

イロリと家族 現在ではほとんど見られないが,かつては多くの民家にしつらえられていた炊事用・防寒用の炉で,イルイ・ユルリなどと呼ばれ「居る」という言葉からでたものという。このイロリにはヨコザ・カカザ・キャクザなど座席が決まっていた。(宮城県河北町,萩原秀三郎氏提供)

6 イエと家族

イ エ 日本の家族を特徴づけているのは「イエ(家)」の存在である。イエは,今ある家族を超えて存在している。「私のイエの先祖は」というとき,そして「このイエは,将来どうなるのであろう」と考えるとき,イエの成員には,過去のすでに亡くなった祖先も,将来生まれてくる子孫も含まれている。しかし,こうしたイエのあり方は,日本のなかでも多様な様態を示し,またこれをめぐって多くの論争が行われてきた。イエは,狭義には,強い集団性と経済的な協同性をもち,イエの成員の間では家長を頂点とする上下関係があり,また家格による上下的な本分家関係をもつものとされる。つまり,家父長的家

家族・世帯・イエ 世帯を別にしても家族は1つでありえる。イエは祖先も含み，未来の成員である子孫をも潜在的に含んでいる。

位　牌 死者の位牌は，イエの仏壇に安置されるが，それとは別に檀那寺の位牌堂にも安置されることが多い。古い位牌は夫婦単位であるが，新しい位牌はイエごとに1基となっている。（滋賀県甲賀市）

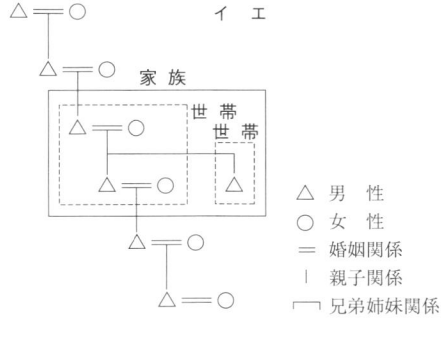

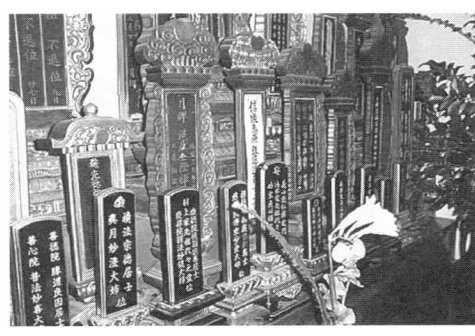

族としてのイエである。対して，日本のイエの本質を，超世代的に継承されることにあるとする考え方もある。家長の絶対的な権威や，家格差をもった本分家関係がなくても，子供のひとりが跡取りとして生家に残ることによって存続していく超世代的家族としてイエを捉えるものである。ここでは，イエをこうした超世代的家族として考えていくことにする。イエは，家産を有し，イエにおいて祖先の位牌や墓，さらに家名・家紋・家風・家例（それぞれのイエの慣習）などが受け継がれていく。

イエの継承　イエは，その家長の子供によって継承されていくことを原則としているが，多様な形態が見られることも日本の家族の特徴といえよう。イエを継承することは，「家督相続」ともいわれ，子供のうちの一人が行うものである。長男が家を継承する（家督相続する）「長男相続」は，日本の各地でみられる。また，選定相続といわれる，相続者を親による選択や兄弟の相談によって決定するものもあり，この場合，財産は実質的に男子の間で均分相続となることが多い。この方式は，西南日本に限られ，奄美地方，宮古諸島，瀬戸内

6　イエと家族　　55

屋敷墓 道路から屋敷に入ったところに、そのイエの祖先たちの墓が設けられている。近年の新しい死者は集落の外に造成された共同墓地に埋葬される。屋敷墓は中部地方から東に多い。(愛知県東栄町)

階上村の大家族 22人家族。兄弟が結婚後も同居している。この例では養女に婿養子を迎えている。(増谷達之輔「青森県に於ける大家族制に就て」『社会学雑誌』54より作成)

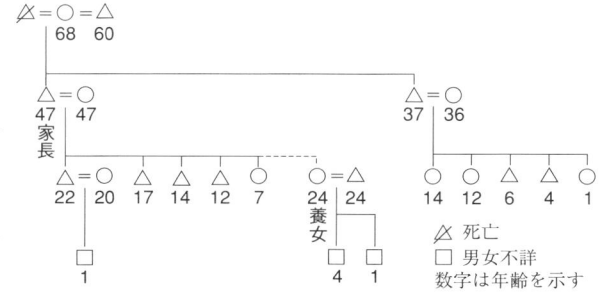

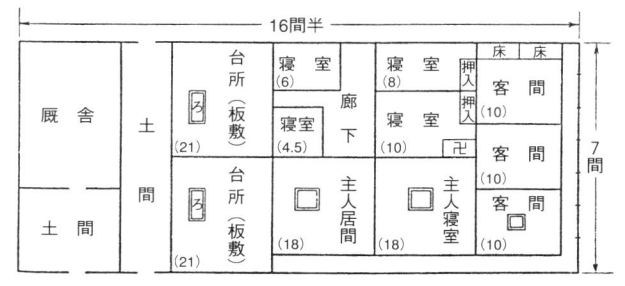

△=○ 死亡
□ 男女不詳
数字は年齢を示す

階上村の大家族の家屋 夫婦単位ごとに寝室がある。家長と他の成員の間には部屋の大きさにおいても差異がみられる。(大間知篤三「家族」『日本民俗学大系』3より)

海の離島などにみられる。他にも、相反する家族イデオロギーをもつ、以下の2つの継承方式があった。

姉家督相続 初生児が女子であった場合、弟がいても姉に婿を迎え、家督を継承する方式がかつて存在した。これは「姉家督相続」と呼ばれ、東北地方・北関東地方などの東北日本にその分布が見られた。この慣習は最初に生まれた子供を跡取りとする考え方に基づいている。これは、早期に労働力を確保し、イエの継続をはかってゆこうとする継承方式の1つである。しかし、明治期に民法において長男相続が規定されることにより、この慣習は消滅していっ

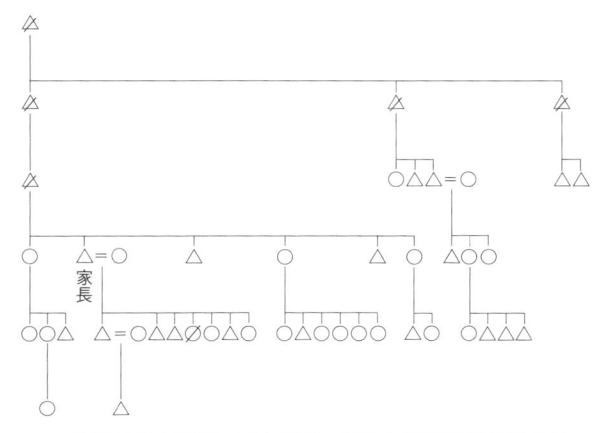

白川村の大家族 40人家族。家長と長男以外の男子は妻を迎えず，妻問い婚をするのが原則である。家長の大叔父と大叔父の息子がこの家族に子孫を残しているのは，例外的である。(大間知「家族」より作成)

白川村の合掌造り集落 大家族が暮らした合掌造りの民家。(岐阜県白川村)

た。

末子相続 　男子が結婚すると順次，分家独立をし，最後に生家に残った末男子がイエを継承する方式を「末子相続」という。財産は結果的に男子の間で均分に分配される傾向にある。この形態は，小家族が独立して生活することが可能な経済的条件を基盤としており，西南日本の零細な農漁業を営む地域にみられた。

家族の理念と地域性 　姉家督相続は西南日本には分布せず，末子相続は東北日本には見られない。この2つの継承方式は，あるべき家族の姿が異なるといってよい。姉家督相続や長男相続は家族員の確保を確実なものにし，イエの継承者を早期に決定することによって，イエの存続を安定的なものにしていく。それに対して，末子相続は家族員を減少させて，家族を小規模化していく。また，末子相続や選定相続では，イエの継承者の決定に流動的な要素があり，イエの存続に対する強い希求がみられないといえる。

大家族と小家族 　日本においては，家族の規模にも地域性が存在してきた。姉家督相続のような家族員を確保しようという慣習がみられるのは東北日本であり，東北日本では家族員は比較的多い。末子相続のように家族員が減少する指向性がみられるのは西南日本であり，ここでは家族は小家族となる傾向があ

6　イエと家族　　57

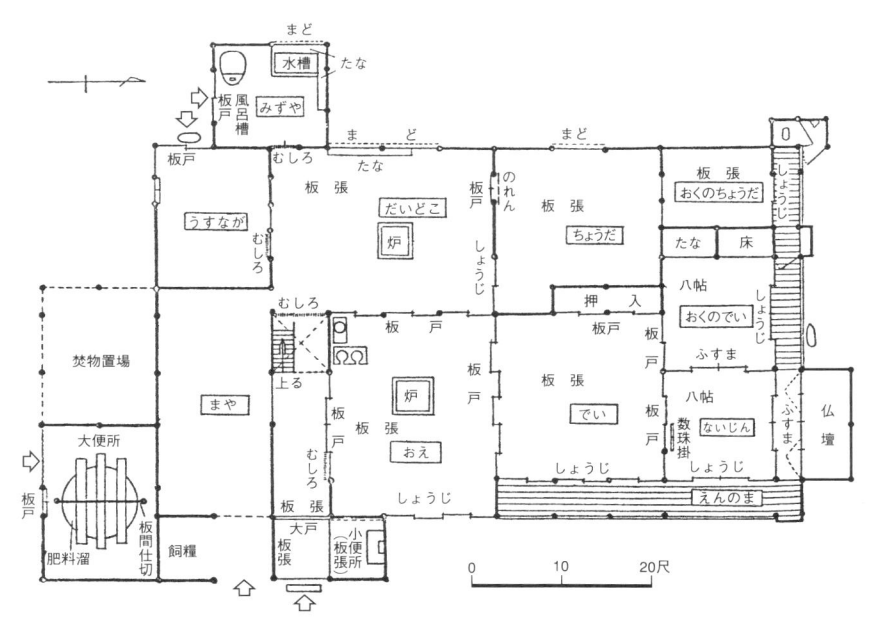

白川村の大家族の家屋 女性はちょうだで寝る。男性はおえに寝て、そこから妻問いにでかけた。（大間知「婚姻」『日本民俗学大系』3より）

五箇山の合掌造りの民家（富山県南砺市）

る。日本においては，大家族の例はそれほど顕著なものではなかったが，それも東北日本に主としてみられるものであった。

兄弟同居の大家族 既婚の男子が同居することによって構成される大家族が，かつて存在したが，この形態が多く見られたのは東北地方であった。青森県三戸郡階上村（階上町）では，1927年に22名がともに暮らしていた例が報告されている。ここでは，使用人を雇用せず，家族員が他出することも許されな

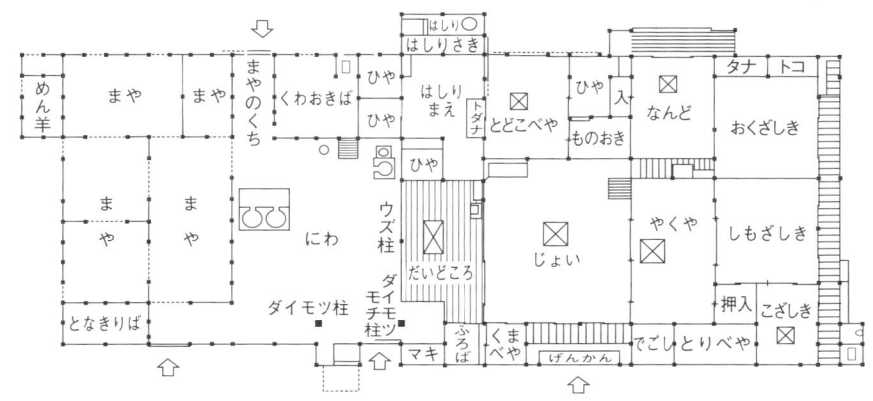

石神の大家族の家屋 奉公人家族員は、ひやに居住し、だいどころで食事をした。家長の寝室はなんどであり、じょいを居間とする。血縁家族員はじょいで食事をする。（岩手県八幡平市、図は竹内芳太郎「屋敷・間取り」『日本民俗学大系』6より）

かった。このため、男子は結婚後も生活をともにし、これによって労働力が確保された。夫婦とその子供は、寝室として一室を与えられ、この部屋には他の家族が入ることは遠慮するべきことであった。家長は、家族員を統括し、居室や食事においても他の成員よりも優遇された。また、将来、家長となる長男も、家長に準じた扱いを受けるといったように、強力な家長権がみられた。

白川村の大家族　飛騨白川村中切地区には、大正時代まで、非常に特徴的な大家族の形態がみられ、40名がともに暮らした例もある。ここでは、跡取りとなる長男に妻が嫁入りしてくる以外は、男女とも婚姻によって生家を離れない。長男以外の男性は妻のもとに一生にわたって妻問いをし、子供たちは妻方で養育される。妻問いを迎える女性たちはみな1つの部屋に寝ており、大家族の中に小家族的単位はみられなかった。この大家族の成立の背景には、養蚕における女性の労働力の需要があったとされる。

6　イエと家族

1930年代の機織り（岩手県八幡平市，斎藤家）

田植の手伝い　近年まで，田植・収穫期など繁忙期には家族総出で農作業を行っていた。（『焼津市史』より）

奉公人を含む大家族　奉公人を含んだ大家族として知られているのは，岩手県二戸郡石神（八幡平市）の例である。このムラでは，総本家を頂点として，その血縁者による分家以外に，奉公人による分家が多くみられた。長年にわたって勤勉に働いた奉公人は，家屋敷・家財・農具・食料などの分与，また小作地の貸与を受けて独立した。総本家では，1934年に，血縁家族員13名，奉公人13名が同居していた。ただし，非血縁者である奉公人を家族員としてみるかどうかについては議論の分かれるところである。

隠居制　隠居制とは，家族の内部に複数の世帯を含む家族制度である。イエは，親夫婦と息子夫婦とで構成されるが，その内部では，夫婦単位ごとに別食・別居・別財としていた。いつ別世帯を構成するかは，跡取りとなる息子の結婚，孫の誕生，あるいは跡取り以外の子女の結婚や分家を契機としているが，その慣行の内容は，地域社会ごとに異なっている。しかし，いずれにおいても隠居制によって，親夫婦と息子夫婦が同居する機会がなくなったり，あるいは同居する期間が短期間になるのである。

嫁の天国　志摩半島の阿児町国府（志摩市）は，『嫁の天国』という報告書（我妻東策著，1959年）で知られている。婚家で虐げられているというイメージをもつ「嫁」とは，まったく異なる嫁の姿がここにはあった。国府では，息子夫婦に初めての子供が生まれ，その子のお七夜の祝いをすませると親夫婦が別居することで隠居が行われた。親夫婦は，未婚の子女をつれて，母屋から隠居屋に移り，食事を別にし，管理する財産を分けた。息子夫婦の「本家」は，ムラ

収穫の家族労働① 兼業農家ばかりになった農村では，平日は野良仕事はできず，休日に家族が出て作業を行う。（群馬県月夜野町）
一家団欒の食事② かつてはイロリの周辺で銘々の箱膳を置いて食事をしていたが，今ではダイニングテーブルに家族全員が席を占め食事をする。（石川県珠洲市）
母屋と隠居屋③ 隠居制が行われている地方では，新しい建物に建て替えられても，母屋と隠居屋を設ける。正面の２階建てが母屋，手前の平屋が隠居屋。（三重県志摩市）

の寄合いや道普請に参加し，ムラ・寺・神社の費用や税金を払う。親夫婦の「隠居」は，未婚の子女の教育・婚姻・分家・就職に責任をもち，年忌法要を営む。日常は生活を別にしているが，節供などには家族全員で共食をし，家族としての統合性は保たれていた。隠居の夫婦は，その死後，本家の仏壇で祭祀されていく。

　　隠居制の理念　　隠居制によって，嫁―姑間の確執を緩和することが可能である。また，生活の単位を小規模にすることによって，それぞれが自己の裁量での発展を計ろうとすることになる。隠居制は生活する単位を小規模にしようとする理念に基づいており，大家族のように成員を集約しようとするものではない。このため，隠居制は，九州から福島を北限とする，主として西南日本に分布しており，大家族の分布地域には，当然ながら見られない。

　　主　婦　　家族の中の女性の長が「主婦」であり，通常は家長の妻がこれを務める。主婦は，家族における女性の領域，特に衣食についての権限を有しており，家族の経済状態は主婦に負うところが大きい。食生活においては，食事

仏　壇　仏壇は先祖代々の位牌を安置するためのものであるが、正面に仏像を安置することも少なくない。(岩手県八幡平市)

七五三　現在、全国的に盛んに行われる通過儀礼であり、大きな神社ではテント張りの臨時の受付まで設けられる。(福岡県太宰府市)

の内容の決定、分配、調味料を作ることは主婦の権利であった。このため、嫁と姑が同居していても、主婦である姑が調理、分配を行い、嫁は御飯をよそう杓子(しゃくし)に触れることもできないというところもあった。そこでは、姑が主婦の座を嫁に譲る「杓子渡し」をしてのち、新しい「主婦」がはじめて食に関する責任者となれたのである。

　　里帰りと生家　　結婚して生家を離れた女性が、生家と深い結びつきをもっていることは、さまざまな慣習のなかにみることができる。嫁が里帰りして、生家で衣類を調整する慣習は全国的に散在している。特に、北陸地方では、嫁が長期に生家に里帰りをする慣習があったが、これはいまだ主婦にならない嫁が生家で自分と子供の衣服を調達するものであり、生家は帰ってきた娘を助けていた。さらに、結婚後もしばらくのあいだ、嫁が婚家と生家とに一定期間ずつ泊まるという慣習も北陸地方などにみられた。また、嫁入りをしても、ある時期までは生家に荷物を置いたままにする慣習もあった。子供の出産、特に初生児の出産に際して、生家に帰って出産することは、今に至っても存在する慣習である。また、子供の初節供(はつぜっく)などにその母の生家から贈り物が届けられることは全国的にみられる。女性にとっては、婚出しても、生家は、自らの経済的・精神的よりどころとなってきた。

両家の姓が刻まれた墓石（埼玉県白岡町）

3月の節供の雛人形 初節供には，母の実家から雛人形や鯉のぼりが送られ，家族で共食した。（埼玉県白岡町）

変容する家族　以上のように，日本の伝統的家族のあり方は，地域によって多様な様相を呈してきた。しかし，現代においては，全国的に核家族化が進み，さらに子供の数も減り，日本の家族のあり方は，大きな転換期を迎えている。少子化によって，跡取りとなる男子がいない家族も多くなり，さらに婿養子を迎えることも難しくなった現代では，これまでのような形でのイエの継承が困難となる例もしばしば見られる。また，家族の協同関係からみても，老親の扶養の役割は息子に限られなくなり，娘夫婦との同居を望む親は多い。さらに，イエに付随してきた位牌や墓が，次の世代にいかに受け継がれるかは，今後の大きな問題となる。夫婦それぞれの生家の祖先を同じ仏壇や墓に祀ったり，同じ墓地の敷地内に両家の墓石を建てることも行われており，これまでイエを単位としてきた祖先と子孫の関係にも変化が現れてきている。　　（植野弘子）

初節供　初節供には，親族から人形などの贈り物がなされる。（千葉県市川市，萩原秀三郎氏提供）

7　親類と本家・分家

親族を指すことば　「親族(しんぞく)」ということばは，血縁と婚姻によってつながる関係者の総称であるが，私たちは日常もっと別のことばでこれらの人々を呼んでいる。今日最もポピュラーな言い方はといえば，標準語の「シンセキ(親戚)」や「シンルイ(親類)」があげられるだろう。しかし，このほかにもマキ，イッケ，イットウ，ジルイ，アイジ，カブウチ，チミチ，エンルイ，ナカマ，ヤウチ，エドシ，イトコ，オヤコなど，日本各地でさまざまなことばが使われてきた。それぞれのことばの指し示す内容には，地域によって微妙なニュアンスの違いがあり，同じことばを使っていても中味はまったく違うといった場合さえある。ここではそれらをまとめて，親族の構成と機能についておおまかに概観してみようと思う。

64　II　イエ

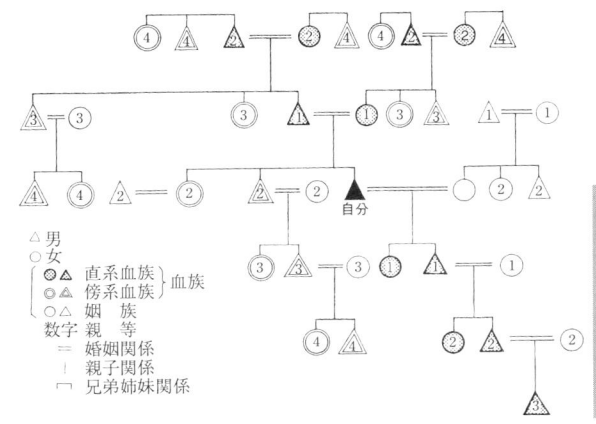

親族関係と親等 親族は、大きく血族と姻族に分けられる。さらに、血族は直系血族・傍系血族があり、姻族は血族の配偶者と配偶者の血族に分けられる。親等はこれらの間の親族的距離で、親子を1親等、兄弟を2親等とする。

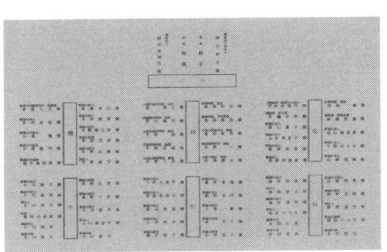

結婚式の席次表 近年の結婚披露宴では、新郎・新婦に近い親族ほど離れた場所に座る。

親族の構成単位 現在の日本の民法では、6親等内の血族、3親等内の姻族と配偶者を親族と定めている。またわれわれの調査でも「親戚といえばイトコぐらいまで」といった表現にはしばしばでくわす。これらの表現は親族を個人単位に表示したものといえるが、実際の社会生活では、親族は通常「イエ」を単位として認識されている。先にあげたマキ、イッケ、ヤウチ、エドシなどはいずれも何軒かの家々によって構成されているのであり、そのイエのメンバーはすべて自動的にその中に含まれてしまう。葬式や結婚式にみられるように、交際の主体も「○○家」またはその代表者としての当主であって個人ではない。もちろん地域によって、また場面によっては、個人単位に親族が構成される例もないわけではないが、多くの場合、親族の関係は家々の集まりとして認識されているといってまず間違いはない。

そこでどのような家々が親族を構成しているのかをみてみると、各地の事例は大別して次の2種に分けられる。1つは本家・分家から構成される親族集団、そしてもう1つは特定のイエを中心に婚姻・養子縁組・分家独立などによって結ばれた家々からなる親族関係である。学術用語では前者を「同族」、後者を「親類」と呼んでいる。

同族と親類 同族は、本家と分家の間で互いに本末の系譜関係を認知し合

石神の大家族 1934年（昭和9）には，血縁家族13人，奉公人家族13人が同居していた。その後，家族員が他出して大家族は崩壊した。（岩手県八幡平市）

うことによって形成される家々の集団である。本家分家の関係は，いったん形成されるとそれぞれのイエが存続するかぎり維持されるのが原則である。したがって分家後何世代かをへて互いに親族としては遠い関係者になってしまったとしても，家同士の関係としてはかわることなく絆が維持されていく。分家時点があまりにも古い場合には，互いにどういう親族関係にあるのかわからないことさえあるが，それでも本家であり分家であることにかわりはない。それどころか古い分家であればあるほど，系譜の本源たる本家に近いと考えている地域も多い。このようにして本家を中心に，そこから分岐した分家・孫分家が多少とも序列付けられながら組み込まれていくというのが同族の構成である。

　一方親類は，互いの構成員の間に近い親族関係があることを根拠として成立するイエ関係である。したがって，現在の家族員にとっての近親者が含まれる家々は，まずは最も近い親類になる。たとえばそのイエから嫁いでいった兄弟姉妹やオヂ・オバの婚家先，分家に出た兄弟やオヂのイエ，そのイエに嫁いできた母や妻の実家など，また母の姉妹や妻の姉妹の嫁ぎ先なども近い親類に入る。さらにそれらの親類を介してより遠い関係者との間にも親類関係がとりむすばれる。このような親族関係の拡がりのなかで，実際に親類として親しく交際する範囲はおおむね「イトコくらいまで」といわれている。「イトコまでの範囲」といっても親の世代と子の世代では当然違ってくるので，代がかわれば古い親類とは縁が切れていく。また兄弟同士であっても家庭をもてばそれぞれの親類の範囲はずれてくる。このようにして，常にその時々の家族員を中心に組織されていくのが親類関係の特徴である。

同族の共同墓地① カロウトと呼ばれる納骨堂を伴った大きな墓石を同族で造り，その脇には各家の墓誌を立てて，それぞれのイエの故人を記載する。（長野県小海町）
一族の墓② （長野県立科町）

上棟式 イエの新築・改築の際の中心的な儀礼は上棟式である。親族が集まり，棟の上で儀式をおこない，その後で餅撒きをする。近所の人たちが競って手に入れようとする。（静岡県沼津市）

同族の構成と内部序列　同族を構成するのは，本家とその家族員が分かれて創設した血縁分家・孫分家が基本である。しかし，そのほかに非血縁の奉公人や移住者などが，分家として組み込まれている例も各地に多い。このような非血縁者たちは，イエの系譜につらなることによって同族の一員として認められているわけである。逆にいえば，その社会ではともかくもどこかの系譜に属さなければ，イエとしての存立が危ういような状況があるということでもある。

同族を構成する家々は，本家との系譜上の位置関係によって一定の序列(じょれつ)を与えられる。血縁分家ならば分家創設の新旧によって，また直接の分家か孫分家かによって序列が決まり，非血縁分家はその下に位置づけられる。そしてこの序列に従って，同族が一堂に会する時の座順や，儀礼上の役割，墓地の配置などが決まっていく。なかでも同族の頂点に立つ総本家には，経済的・宗教的にさまざまな特権や役割が集中する場合がみられる。

本家の統制　本家と分家が，実際にどういう関係を保っているかということは地域によって千差万別である。しかし一般的にいって，地域社会のなかで

7　親類と本家・分家

屋号 同じ名字の多いムラでは，個別のイエを表示するために屋号が用いられる。イエの表札としても屋号が記載され，また墓石にも名字とともに屋号が記載されることが多い。(⑦山梨県上野原市，㋺茨城県つくば市，㋩山梨県上野原市)

屋号表札 公的には地籍表示か住居表示とされるが，ムラでは屋号が不可欠である。表札にも両方が記載されることがある。(福井県美浜町)

同族の果たす機能が重要であればあるほど同族の結合は強固であり，かつその統括者たる本家の分家に対する統制も強いものとなる。

　本家の分家に対する統制は，まずもって本家の経済的優位に基礎づけられている。その典型的なケースは，本家が大土地所有者として安定的な農業経営を行い，分家はその小作として本家の農業経営に依存しつつ生計を維持しているという場合である。このような場合には本分家関係は地主小作関係とも重なりあい，分家は本家の経済的統制に服するだけでなく，さまざまな社会的規制をもうける。例えば本家で行われる祝儀・不祝儀や正月などイエの行事には分家は総出で労働奉仕を行う。また，分家家族員の結婚や養子縁組について本家が許認可の権限をもっていたり，それほどではなくとも分家の婚礼や葬式には

家　紋　同じムラに住む同姓の家々は原則として同じ家紋を用いる。家紋は正式のイエ表示と考えられ、㋑は檀那寺本堂の格天井に檀家の家紋が描かれ、㋺は墓石に家紋と屋号を刻んでいる。（㋑静岡県御殿場市、㋺愛知県東栄町）

祭壇前の男性のみによる集合写真　葬儀にあたり祭壇の前で、親族を男女に分けて撮影された記念写真。（熊本県八代市）

本家が後見役として一切の采配をふるうといった具合である。一方、分家が困窮した際に経済的・社会的援助を行うのは本家の責務である。また、同族神祭祀や祖先祭祀を同族全体で行っている場合には、本家を中心に祭りが営まれ、同族神自体本家の家の神であったと伝えている例も多い。祖先祭祀の場合、一族の始祖の直系の子孫としての本家の地位は、さらに決定的な意味をもってくるわけである。

　もっとも、戦後の農地改革で本家の経済的優位が失われてからは、こういった本家の統制も急速に消滅した。現在では活動の場面も祭祀や儀礼的な交際などにかぎられているため、実質的な本分家間の格差はなくなったといってよい。

　親方子方関係　このような本家分家の関係と機能面できわめてよく似た社会関係に、親方子方（おやかたこかた）関係がある。親方子方関係とは、社会的優位者である親方（オヤ）と社会的劣位者である子方（コ）との間にとり結ばれる、庇護奉仕（ひごほうし）の関係（擬制的親子関係）で、広い意味では出生時の取上げ親・乳親（ちおや）・名付け親・拾い親や、成年時の烏帽子（えぼし）親・鉄漿（かね）つけ親、結婚時の仲人親（なこうどおや）なども含まれる。なかでも、オヤとなるもの、コとなるものがイエごとに代々固定して庇護奉仕の関係をとり結んでいる場合には、これを親方子方関係と称する。

　この親方子方関係と本家分家関係に機能面で重なりあう部分があることは、

7　親類と本家・分家

葬　儀　自宅で葬儀をおこない，葬列を組んで墓地まで行き埋葬する。㋑は墓前に供える盛籠，㋺は棺に結びつけられ，関係者が握って進む善の綱，㋩は埋葬後の設え，㋥は設えを終えて墓前で拝む家族。（滋賀県甲賀市）

はやくから指摘されてきた。実際，同族結合が強固なムラにおいては両者が実質上重なりあっており，あたかも本家分家の関係の本質が庇護奉仕の関係そのものにあるかのような印象を与える場合もある。しかしながら一方では，両者が明確に区別され，社会的な機能を分担しているようなケースもみられる。同族結合の本質を系譜関係におくか庇護奉仕の関係とみるかについては，有賀喜左衛門と喜多野清一との間に長い複雑な論争があった。しかし，系譜関係を本質とする本家分家の関係と庇護奉仕の関係である親方子方関係とは，概念上ははっきり区別されるべきであるというのが今日一般的な見解である。

親類間の互助協力　同族が多少とも序列的な集団であるのに対して，親類関係は原則として対等なイエ関係と認識されている。もちろん，親類関係のなかにも親疎の差はあるし，また娘を嫁がせた側である実家と嫁ぎ先である婚家とでは，儀礼的地位に優劣が認められる場合もある。しかし，総体としてみた場合には，このような親疎・優劣も互いに相殺されるので，絶対的な序列というのは生じ得ない。このような対等な関係を前提として，親類間ではさまざまな相互協力が行われている。

結納風景 婚約の後，その証として婿・嫁側双方から金品を交わすものだが，本来はユヒノモノ，2つのイエが姻戚となるための共同飲食の酒肴を意味したと思われる。（千葉県松戸市，萩原秀三郎氏提供）

1970年代の結婚式 このころまでは，結婚式も嫁ぎ先の家庭で行うことが多かった。（福島市，萩原秀三郎氏提供）

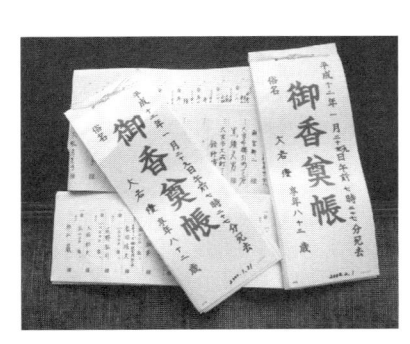

香典帳 不祝儀の金品の贈答を示す香典帳。（埼玉県さいたま市）

男子の節供（千葉県市川市，萩原秀三郎氏提供）

　親類間の相互協力には，日常のこまごまとしたつきあいから祝儀・不祝儀や災害時の助け合いにいたるまで，さまざまなものがある。日常のつきあいとしては，朝晩の挨拶，日用品や食料の貸し借り，田植や稲刈りのときの労力交換（ユイ），相談ごとや金銭の融通などがあり，さらに家普請や屋根替えのときの資財供与や労力援助，病人がでた際の見舞いや手伝い，火事や水害の際の援助，困窮時の債務保証までさまざまな形がみられる。

　一方，盆正月や出産・結婚・葬式などには，儀礼的な訪問や贈答が行われる。大規模な人寄せとなる祝儀・不祝儀には，親類は客として列席するだけでなく，裏方として客の接待にあたったりもする。またこのときの贈答には，贈与品目や贈与量に厳格な決まりがある例が多く，なかでも婚家と実家の間では，婚礼から初子の誕生，生育の各段階で数多くの儀礼的なやり取りがある。いずれにせよ，親類関係の網の目は，個々のイエの存立にとってかけがえのない支えとなってきたということができるだろう。

（中込睦子）

シチヤ（七夜）の宴席　産後7日目の祝い。産婆の役割もこの日までとし，祝いの膳を用意して祝儀を出した。現在産院で出産するために宮参りなどと一緒に行う。産婦の両親が正客となる。産見舞いもシチヤまでに届ける。雛飾りは初節供の飾り。（長野市）

8　出産と育児

　新しいの命の誕生　新しい命の誕生は，若い男女を夫婦として認めたときから周囲の者たちは心待ちにする。しかし，生まれたばかりの赤子は，霊魂が不安定な状態にあるので，それをしっかりと定着させなければならない。そのためには多くの人々の手を必要とし，妊娠が確認された時点からさまざまな儀礼が執り行われる。

　妊娠と帯祝い　妊娠したことが分かると，夫・姑（しゅうとめ）・生家（せいか）の母親などに知らせる。所によっては生家の母親が手土産を持って婚家に挨拶に訪れる。そして妊娠5ヵ月目あるいは7ヵ月目の犬の日に，産婆（さんば）などの手によって妊婦に腹（はら）帯（おび）を巻くオビイワイ（帯祝い）が行われる。腹帯に使う布は生家から晒（さらし）などを

妊娠祈願① 尾花石と呼ばれる自然の陰石。妊娠するようにと生卵を供えて祈願した。(長野県塩尻市)
母子健康手帳② 母と子の健康管理・発育記録のための手帳。妊娠が確認された時点で所轄の保健所から交付される。(東京都世田谷区)

安産祈願 出産は女の大厄といわれ，女性にとっては生死を分けるほどの大業であった。現在も安産を祈る女性は多く，5ヵ月目の戌の日に安産を祈願し腹帯を受けていく。(東京都中央区)

届けるのが一般的だが，夫の締めていた褌を妊婦が腹帯として巻くと産が軽くすむというところも各地にみられる。

　この日は生家の母親・仲人・近親の人々が集まって出産が無事に，軽くすむようにと，祝いの膳を囲む。生家からは米・餅・魚・小豆などの食料が届けられ，集まった人々に振る舞われる。

　祝いに招かれた人々は鬱金などの色の布地を持参するのがつねで，この布は後に赤子の産着などに仕立てられた。

サルボコ① 安産祈願のために布で這う子を作って供える。無事出産すると，這う子を倍にして供える。(長野県松本市)
安産の狛犬② 出産が犬のように軽くと願って狛犬を買って祀る。(東京都中央区)
底抜け柄杓③ 底が抜けた柄杓のように，通りがいいようにと底を抜いた柄杓を供えて安産を祈る。(静岡県伊東市)

産　屋　出産する場所はたいてい決まっていて，納戸・若夫婦の寝室・座敷など母屋の一室を宛てるほか，ウブゴヤ（産小屋）などとよぶ別棟の建物であった。産小屋は屋敷内の一角に建てられた個人持ちのものと，ムラで共同で所有しているものとがある。現在は産院などで出産をするため産小屋はほとんど見られなくなったが，敦賀の若狭湾沿岸では，産院から退院した母子が数日をすごした場所として現存している。

出産は多量の出血をともなうために穢れたものされ，その穢れが周囲の者たちに移らぬようにと，産婦は居所を別にするとともに食事も別火で調理して，家族のものとは区別していたところが多い。特に夫などの男性が出産に関わることを避ける傾向が全国的にみられる。その期間は短いところでは7日とするところが多いが，産屋を設けているところでは産婦が小屋から出られるようになるまでの1ヵ月近い日を別に暮らしていたのである。

しかし，一方では難産のときに夫が産婦の腰を抱いてやる，夫の褌を産婦に掛ける，夫が臼や鍬を持って家の周りを3べん回るとよいなどといって，夫の力を借りる風習もみられる。最近の分娩形態では夫の手助けを積極的に取り入

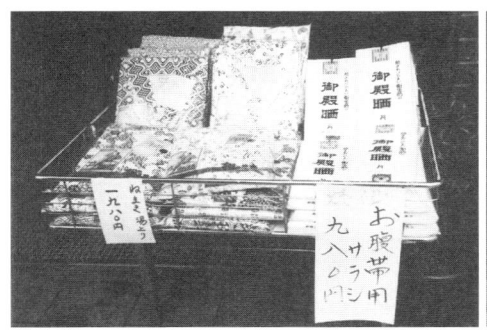

腹帯 犬の安産にあやかるためといって5ヵ月目の戌の日に締める。本来は妊婦の実家から贈られるもので，実家からのものが妊婦に力をつけるものと考えられていた。

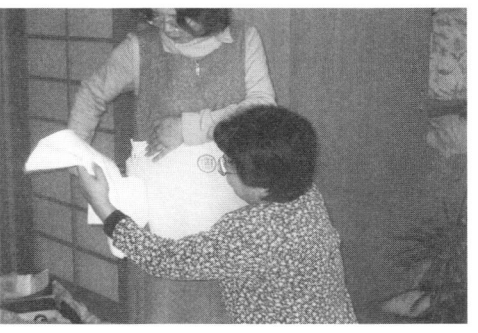

岩田帯 水天宮でいただいてきた腹帯を仲人親に巻いてもらう。（東京都武蔵野市）

コルセット型の腹帯①
現在は晒などのほかに使用が簡単なコルセット型のものが普及している。母体保護の役割も大きい。（東京都中央区）

マタニティー専門店②
妊娠中のファッションにも気を使う。（東京都中央区）

れる傾向がみられ，出産の場における夫の力には無視できないものがあると考えられる。

産　神　子供が無事にこの世に送り出されるためには，カミの手助けが必要と考えられていた。ウブサマ・ウブノカミなどといい，産の穢れも厭わずに出産の場にやってきて出産を見守り，果ては生まれた赤子の生育を見守ってくれるカミと考えられている。早い所では，帯祝い(おびいわ)のときから産神を祀る。

産神がどんなカミであるかは地域的にさまざまにいわれるが，村氏神(うじがみ)，著名な神仏，赤子にはいる霊，出産に立ち会うカミの4種類に分類できるとする説もある。

8　出産と育児　75

産屋とその内部　出産から忌みあけまでの期間を過ごす。（福井県敦賀市）

山の神　山の神は血の穢れを嫌うというが、東北地方では山の神を産神として祀るところが多い。かつては夫が馬を曳いて産神を迎えに出かけた。（長野県開田村）

便所神　便所神も産神として産室にやってくると信じられている。日ごろ便所を綺麗にしている女は産が軽いという。（長野県大町市）

　このなかで出産の穢れと抵触して問題にされるのが出産に立ち会うカミである。山の神・箒神(ほうきがみ)・便所神(べんじょがみ)・産土神(うぶすながみ)などがそれである。これらのカミは山の神のように実際に夫が馬を曳いて神迎えにいくものもあるが、産が始まるとカミのほうからやって来るというものもある。いずれも産婦や赤子を守ってくれるものと信じられていた。

　出産が無事に終わると、早速ウブメシ（産飯）を炊いて産神様に供えるのが一般的である。また、出産を手伝ってくれた人々がなるべく大勢で共食すると生まれた子供の身上を大きくすると喜ばれた。

産　飯①　子供が生まれるとすぐ飯を炊いて産神様に供える。膳には小石を添えて供えるところが多く，イシノオカズなどといっている。石は産神様の依り代と考えられている。（大分県国東町，萩原秀三郎氏撮影）

臍の緒②　臍の緒は切る道具・切り方・その長さなど始末の仕方に色々な風習がみられる。落ちた臍の緒は大切に保存し，本人が死んだときに棺桶にいれてやる。1945年（昭和20）生まれの女性の臍の緒。（長野県松本市）

エナツボ③　胎盤をアトザン・エナなどと呼び，後産が出て出産は終わる。エナは人に踏まれるところに埋めるところと，逆のところとがある。八王子市ではエナツボにいれて屋敷内のエナヅカに埋めた。（八王子郷土資料館提供）

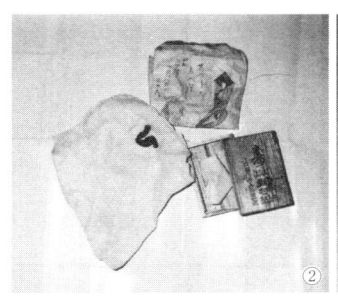

　産神はまた生まれた子供の運命も決めるといわれ，昔話「産神問答（うぶがみもんどう）」として各地に伝承されている。

　産神は3日・7日あるいは1ヵ月間祀った後に送られるが，赤子を守るカミは以後自然に氏神へと移行していく。

産　婆　昭和20年代まで出産は自宅で行うのが当たり前で，産院や病院での出産はごく稀であった。そうした時代，出産の手助けをする産婆の役割は大きなものがあった。産婆は，トリアゲババなどと呼ばれ，経験を積んだ年寄をたのむのが一般的であった。所によってはトリアゲババとの付き合いは一生におよび，取り上げてもらった子供がトリアゲババの湯灌（ゆかん）をするものとされていた所もある。

　産婆は，出産の介添えをするほか生まれた赤子の臍（へそ）の緒（お）を切ったり，エナ（胞衣）の始末をしたりする。臍の緒は大切に保存するのが全国的な風習であるが，エナは家の出入口・墓・産土神（うぶすながみ）の境内に埋めるなど，その処理には地域的な差がみられる。臍の緒もエナもその子の性格や将来を占うものとして，ある

8　出産と育児

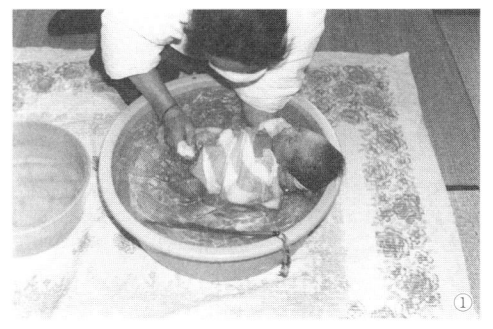

産　湯① 生児を沐浴させる。百日百たらいなどといい，洗うことによって赤子の穢れが晴れていくと考えられた。（長野県塩尻市）

授　乳② かつて初乳は生児によくないとされて，ミッカイワイまでは乳を飲ませなかった。乳をくれ始める前にマクリなどとよぶものをくれて赤子の胎内の毒を出し，それから乳付けをするものとされていた。現在は初乳に含まれる成分が赤子の身体によいとされている。授乳は親子のスキンシップの一時でもある。（長野市）

乳祈願　乳房の絵馬を供えて母乳がよく出るようにと祈る。（大阪市天王寺区）

三日祝いの膳　生後3日目の祝い。産後の忌みが晴れる第一段階。生児のためにも一人前の膳が整えられる。（長野県塩尻市）

いは死に瀕したときに粉にして飲むとよいなどといわれて，生子の霊と深い関係があると考えられている。

　産婆が職業化するにつれて，子供との付き合いは薄れ生後7日目くらいまで沐浴をさせに訪れたり，シチヤ（七夜）に招かれたりした後，縁が切れるとい

名付け披露と産着①
生後7日目に赤子に名前が付けられる。紙に書いて鴨居などに張られ、シチヤの席で披露される。産着はシチヤあるいは宮参りまでに産婦の生家から届けられる。これを掛けて宮参りに行くところからカケイショウなどとも呼ばれる。(長野市)
出産内祝いの幟を立てた店②(沖縄県那覇市)

うところが多い。

産後の儀礼　生まれた子供は沐浴のあとウブギ（産衣）を着せられるが、3日目まではぼろで包んでおくというところも少なくない。出産後3日目にはミッカイワイ（三日祝い）が行われ、赤子に初めて袖のあるウブギに手を通させる。このウブギをテトオシなどと呼んでいる。

　出産後7日目にはシチヤの祝いが行われ、多くはこの日に名前が付けられる。これは、その子が一人前の人間として社会に認められるという大切な機会であった。そのためにムラの有力者に名前を付けてもらったり、産婆が取上げ親として名前を付けたりし、これをナヅケオヤ（名付け親）といった。シチヤには産婦の生家から子供の着物一揃いが贈られ、近親者や隣近所の人々を招いて盛大な祝いの席が設けられる。

　また、7日目を赤子の初外出の日として便所に連れていったり、セッチンマイリ（雪隠詣り）などが行われる。7日目で赤子の父親の穢れが消えるとしているところは多い。

　しかし、産婦の穢れは早くて産後21日目、長い所では50日・75日などといい、段階を追ってしだいに穢れが消えていくと考えられていた。すっかり穢れが消える日をオビヤケ・ヒアケなどと呼んでいる。したがって生家に帰って出産した場合は、産婦の忌みが明けてから婚家に帰ることになるが、このときオボコダテ・マゴイワイなどと呼んで、子供を婚家の主人に抱かせて贈答歌を歌うと

8　出産と育児

宮参り ㋑生後はじめて氏神様に詣で氏子としての関係を結ぶ。男児32日目、女児33日目あるいは100日目など日取りはさまざまである。㋺宮参りの帰途行き会う人々に子供を見てもらいお神酒を振る舞う。村人にみてもらうことによってヒトとしての承認を得る。（長野市）

慈母観音 子授け・安産・子育てなどの祈願の対象として祀られている。（埼玉県秩父市）

ころもある。

　宮参りは生後30日前後に行われるが、産婦はまだ忌みが明けないので、赤子の祖母などが連れていく場合が多い。この日赤子は初めて氏神様に詣でて、氏子としての関係を結び晴れてムラの一員となる。宮参りの仕方はさまざまだが、氏神様の前で赤子を泣かせたり、道往く人皆にお神酒や赤飯を振る舞ったりする。これは、カミにも村人にも承認を求めるためのものであると見ることができよう。

　こうしたさまざまな儀礼には母親の生家からの贈物が届けられるのが常で、所によっては子供が7歳になるまでは何かにつけて面倒を見るものだとしてい

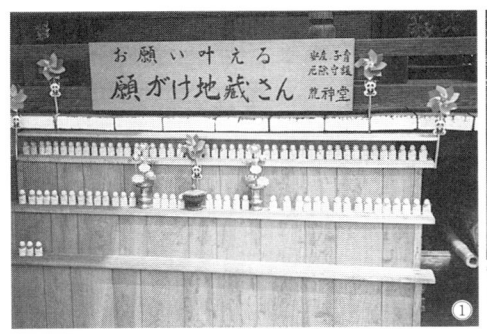

願掛け地蔵① 安産・子育てなどを祈願する。
（長野市）
子育て祈願の絵馬② （東京都中央区）

水子地蔵 この世に生を受けなかった小さな命を供養するために立てられた地蔵様。供え物には子供の玩具である風車が多い。（長野市）

る。生家で出産した場合はその費用は全面的に生家の負担とするところは多く、母親と生家との強い繋がりがみられる。

　こうして新しい命は周囲の人々の祝福を受けて誕生し、育み大切に育てられていく。反面、この世に生を受けずに闇から闇へと葬り去られる幼い命もあり、水子地蔵などを祀って供養する。　　　　　　　　　　　（倉石あつ子）

結　納　花嫁の両親へ結納の目録を渡す仲人。(京都市北区，若林良和氏提供)

9　結婚の祝い

婚姻の民俗研究の意義と課題　　ヒトは一生の中でさまざまな儀礼を体験する。それらのほとんどは人生における節目に行われるものである。そのなかでも誕生・婚姻および死に際して行われる儀礼は非常に重要な意味をもつ。しかし，誕生と死に際して行われる儀礼は，当事者本人の意識とはかけはなれたところで行われるものであり，かつ他界や霊魂の問題と深い関連を持つという点において婚姻の儀礼とは若干性格を異にする。よって，同じ通過儀礼の問題を対象とした研究であっても，誕生および死を対象とした研究と，婚姻を対象とした研究とでは異なった視点が必要となる。

これまでの婚姻を対象とした民俗学的研究には，大きく2つの流れが見られた。1つは，婚姻をめぐるさまざまな儀礼・習俗のもつ意味やその起源を探る

婚姻類型	婿入婚	足入れ婚	嫁入婚
婚姻承諾の儀礼	嫁家	婿家	婿家
当面の婚舎	嫁家	嫁家	婿家

婚姻類型一覧

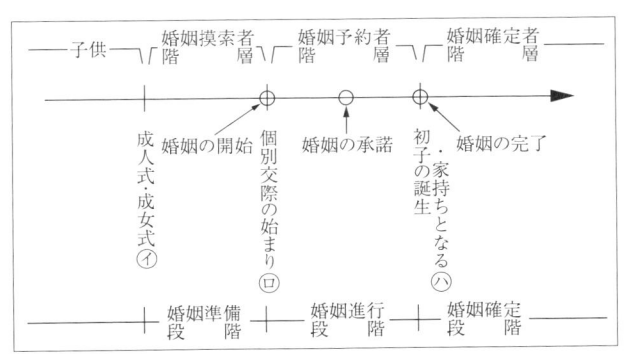

古式の婚姻における進行プロセスと階層区分 「婿入婚の進行」「足入れ婚の進行」「寝宿婚の進行」「嫁入婚の進行」図のイ・ロ・ハは，すべて本図のイ・ロ・ハに対応する。すなわち，イは成人式・成女式，ロは婚姻が開始される時点，ハは婚姻が完了する時点を表す。

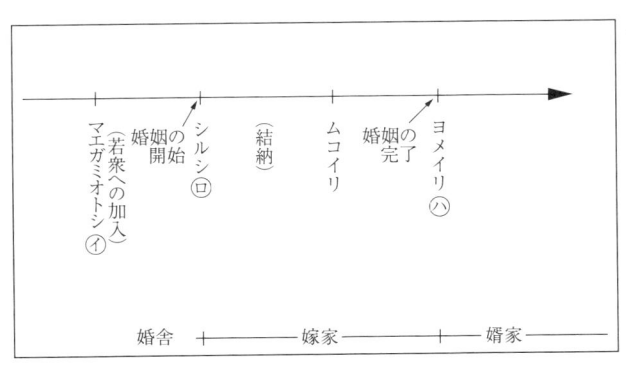

婿入婚の進行 兵庫県家島町坊勢ではゲンサイアソビという男女の自由恋愛から婚姻が導かれる。ムコイリ儀礼をへて，ヨメイリをもって婚姻が完了するいわゆる婿入婚である。図のように婚舎はシルシからヨメイリまでは嫁家に置かれ，それ以後は婿家に移る。

ことを目的とした研究であり，いま1つは，婚姻を家族や親族などの人間関係が最も大きく変化する機会として捉え，その変化の様子を構造的に分析することを目的とした研究である。前者は儀礼中心の民俗研究であるのに対して，後者は家族や親族などを中心とした社会関係との関連を重視した民俗研究であるといえる。これら2つの研究視角は，ある意味においては質的に異なるものであるが，理想的には相互の関連を考慮した，複合的視野にたっての研究が望まれる。

　　婿入婚・嫁入婚・足入れ婚　柳田国男はかつて，日本の民俗社会にはムコイリ（婿入り）の儀礼をもって開始される婚姻と，ヨメイリ（嫁入り）の儀礼をもって開始される婚姻の2種が存在するとし，歴史的には前者から後者へ変化

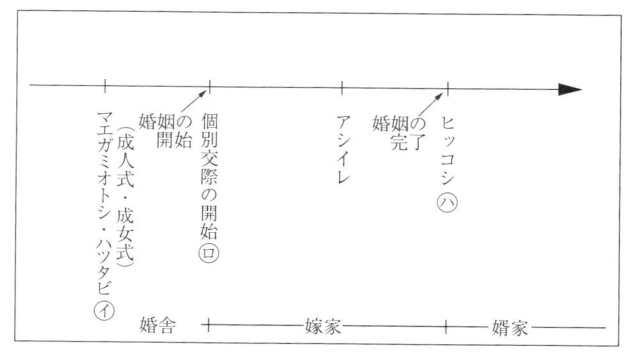

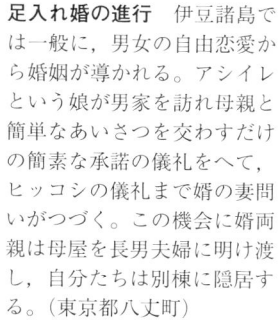

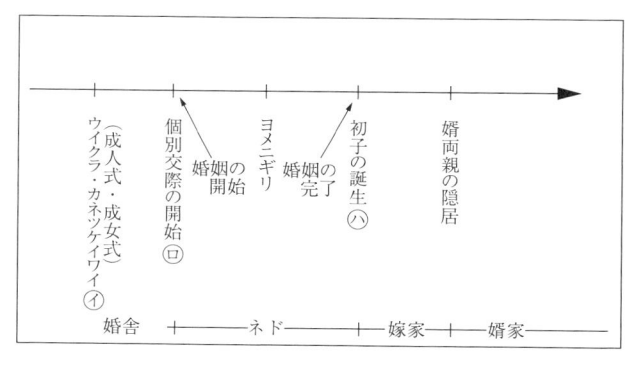

足入れ婚の進行 伊豆諸島では一般に，男女の自由恋愛から婚姻が導かれる。アシイレという娘が男家を訪れ母親と簡単なあいさつを交わすだけの簡素な承諾の儀礼をへて，ヒッコシの儀礼まで婿の妻問いがつづく。この機会に婚両親は母屋を長男夫婦に明け渡し，自分たちは別棟に隠居する。（東京都八丈町）

寝宿婚の進行 伊豆諸島の利島の婚姻は基本的には足入れ婚であるが，当初の婚舎がネドとよばれる寝宿におかれ，また婚両親が隠居するまでは嫁が婿家に引き移らず，その間の婚舎が嫁家におかれるという点に特色がある。また，利島では婚舎が2度移動することも大きな特色である。（東京都利島村）

してきたという説を提唱した。後に大間知篤三と有賀喜左衛門は，前者を婿入婚，後者を嫁入婚と呼び，いわゆる日本の婚姻の2大類型論を築いた。さらに有賀は，若者と娘が親方本家の労働組織への参加を目的とし，親方の裁量と世話を前提として成立する婚姻を「親方取婚」と定義し，先の2類型に加えた。一方大間知は，伊豆諸島の事例にもとづいて，嫁の婿家への初入りで開始されるが，当分の間の夫婦の寝所すなわち婚舎は嫁家におかれるという婚姻を「足入れ婚」と呼び，婿入婚と嫁入婚との中間に位置づけた。さらに，婚姻開始以後の婚舎がネヤド（寝宿）におかれるような婚姻を特に「寝宿婚」と呼んだ。日本の民俗社会における婚姻を類型的に理解するに際して，両者のそれぞれの視点はともに重要な意味を持つが，しかしこれらの類型論のみで日本の婚姻を正確に把握することは不可能である。なぜならば第1に，婿入婚から嫁入婚への変遷説はあくまで理論的解釈であって，実際に1つの地域においてこのような婚姻形態の変遷が見られた例はない。また，これはあくまで日本の民俗文化

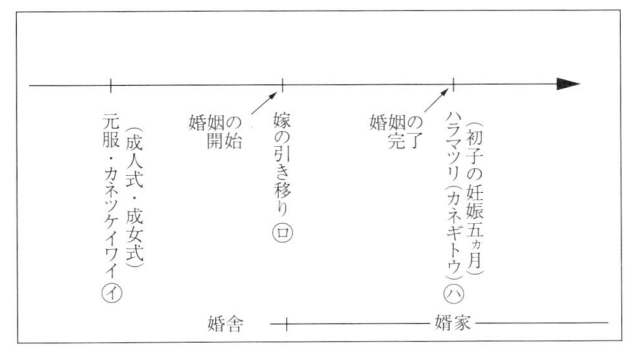

嫁入婚の進行① 対馬は古来嫁入婚が一般的であった。ただし，ここにおける嫁の引き移り儀礼はきわめて簡素なものであり，またこの時点における婚姻の安定度は非常に低く，婚姻が本当に完了し夫婦関係が定着するのは妊娠5ヵ月目に行われるハラマツリをへた後である。（長崎県対馬市）

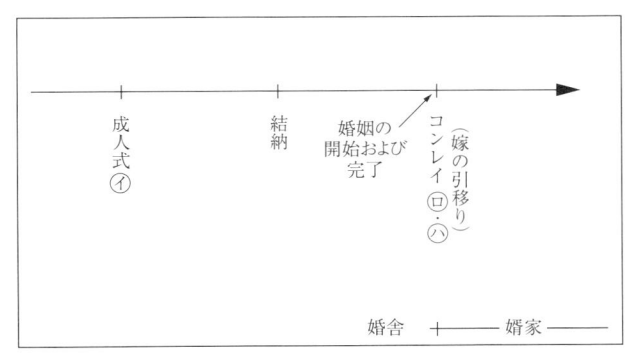

嫁入婚の進行② 滋賀県八日市市の，明治から戦前にかけて広く行われた一般的な嫁入婚の事例である。嫁の引き移りをもって婚姻が開始され，同時にその日から若い2人に夫婦関係の安定性を期待し，婚姻を確定的なものにしてしまおうという周りの期待がうかがえる。（滋賀県東近江市）

を一元的に理解しようとする立場に依拠した解釈であり，日本の民俗文化の多元性が問われている今日，このような類型論自体も検討されねばならないといえる。第2に，これらの類型論では婚姻を家族や親族などの社会関係の変化との関連において捉えるという視点はあまり反映されない。そのためには，婚舎の移動の有無，婚出者の生家への依存度とその関係性，婚出者の移動終了後の家族構成，隠居制の有無などをメルクマールとして加えた新しい類型論が必要である。

婚姻の開始と完了　先に述べた類型論の問題と関連して，もう1つの問題は，これまで婚姻の開始と成立の時期についての解釈が曖昧であったことがあげられる。このことはいわゆる未婚者と既婚者の定義の曖昧さにつながる。今日のように，1日で結婚式から披露宴までを一気に執り行うような場合には，その日を境にして「婚姻前の男女」と「婚姻後の男女」を明確に区別することができるが，かつて日本の広い地域で行われていたとされる婿入婚や足入れ婚

結納の品々（京都市北区，若林良和氏提供）

神社での結婚式　新郎が三三九度のかための盃を飲む。（東京都品川区，斉藤雅典氏提供）

などのいわゆる妻問い形式の婚姻においては，男女がいつから夫婦となったのかが表面的には明らかではない。筆者は，妻問い形式の婚姻においては，自由な恋愛段階における感情的接近を契機として男女が個別交際を始め，それを若者仲間たちが公認する時を婚姻の開始の時期とみなし，また，男女が婿・嫁いずれかのイエに定着し，いわゆる家持ちとなる機会を婚姻の完了と捉える。このように婚姻の開始と成立を区別して捉えることによって，これまで明確な定義が与えられていなかった婚舎に関しても，必然的に「男女が個別交際を開始するとき，すなわち婚姻の開始の時から男女がともに夜を過ごす場所」という定義づけが可能となるのである。さらに，従来まで未婚者・既婚者というふたつのカテゴリーでのみ捉えられてきた若者の階層区分に関しても，「古式の婚姻における進行プロセスと階層区分」図のように婚姻の開始と完了の時期をそれぞれ変化の機会として，婚姻模索者階層＝婚姻準備段階，婚姻予約者階層＝婚姻進行段階，婚姻確定者階層＝婚姻確定段階という3つのカテゴリーで理解することによって，より理論的にかつ構造的に，婚姻をめぐる男女の立場の変化を捉えることができるのである。

婚姻の承認　婚姻は本来何段階もの儀礼をへて最終的に確定するものであり，よってそれ相応の期間を要するものであった。すなわち，古式の妻問い形式の婚姻においては，男女の出会いから個別交際に発展し，親の承諾のための儀礼をへてやがて婿のイエに嫁が引き移るまでには，長い場合には数年以上の年月を要した。それが嫁入婚の形式に近づくにつれてその期間が縮小され，つい

教会での結婚式 花嫁が父から新郎へと引き渡される。(京都市北区の教会, 松田仁志氏提供)

寺院での結婚式 新郎・新婦による誓詞の朗読。(京都市内の浄土宗寺院, 若林良和氏提供)

には1日ですべての婚姻儀礼を執り行ってしまうという形式に変化してきたものと思われる。婚姻はあくまで社会的な男女の結合であり、また日本においてはイエ相互の結合と不可分の関係にあったため、その決定には双方の親、もしくは親族・ムラなどの承認を必要としたが、地域によっては若者仲間の承認が最も重要視され、親はその後に事後承諾を与えるだけであるというケースも見られる。このような若者仲間と親との力関係が均衡している場合に、いわゆる嫁盗み（掠奪婚）が行われる。日本においては、本当の嫁の掠奪はあまり例がなく、内々に双方が了解しあった形式的・儀礼的掠奪が主であったといえる。

結納と初婿入り　今日の婚姻に見られる諸儀礼は近年新しく行われるようになったり、あるいはかつての儀礼の形式や意味が大幅に変化したものが多い。たとえば見合いは遠方との婚姻が普及したことによって必要となった儀礼であるし、結納も今日のような形式が一般化するのは新しいことである。結納は本来ユヒノモノとよばれ、婚姻によって新たに結ばれるイエ相互の結合確認を目的とした儀礼であったものが、婿方から嫁方へ金銭・物品などを贈って婚約を確定化するための儀礼へと変わってしまったと考えられる。このような贈答は、本来婿入りの際に行われるべきものであったろう。婿入婚のみならず嫁入婚においても、婿入り儀礼のもつ意味は大きい。初婿入りと称して婿が初めて嫁家を訪れ、嫁の親と正式に対面する儀礼がいつ行われるかによって、その婚姻の性格をある程度知ることができる。一般には「朝婿に夕嫁」などといわれ、初婿入りは婚礼の前に行われるのが古い形態であり、それがじょじょに婚礼後に

9　結婚の祝い

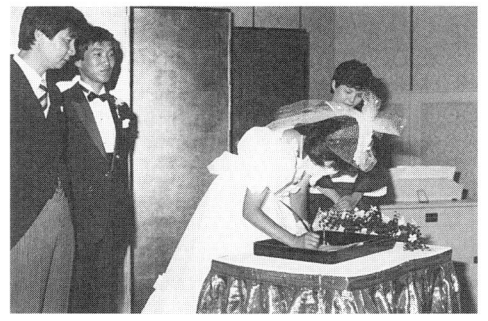

人前結婚式 立会人の見守る中で婚姻届に署名する新婦。(東京都内の会館，斉藤俊彦氏提供)。

結婚披露宴 ㋑仲人に導かれ，メインテーブルに向かう新郎・新婦。㋺新郎・新婦の両親への感謝と花束の贈呈。(京都市内のホテル，山村洋二氏提供)

行われるようになってきたと考えられる。婚礼後のサンニチガエリ（三日帰り）の際に，初めて婿が嫁家を訪れるという伝承もよく聞かれるが，これなどは初婿入りの意味が嫁入り儀礼の陰に隠れて忘れられ，形式的にのみ残存してきたことを物語っているといえよう。ただし，北陸から若狭周辺にかけての地域のように，ウッチャゲまたはアイヤケなどと称する初婿入りの儀礼が，もともと婚礼後に行われていたと考えられる例もあり，地域によって必ずしも初婿入りの時期が婚礼前であったとは断言できない。

　婚礼と披露　嫁入り当日，嫁が自家を出るときと婿家に入る時には種々の呪術的儀礼をともなうことが多い。出立に際して行われる茶碗割りや藁火を跨ぐ行為や，入家に際して行われる草履捨てや水を飲ませたりする儀礼には，葬送儀礼との類似性が見られ，嫁の所属が変わることによって生ずるさまざまな矛盾を回避するための呪術的儀礼であると考えられる。婚礼は，今日では神社・教会あるいは寺院などの宗教施設において行われることが一般的であるが，かつては婚礼に宗教的色彩が見られるケースはほとんどなく，いわば親類縁者の前で新しい夫婦を披露することが主たる目的であった。その意味においては，

現代の結婚式場　（㋑埼玉県さいたま市，㋺茨城県つくば市）

今日の人前結婚の形態に似ていたともいえる。また，この機会には嫁だけがいればよかったのであり，婿本人は不在であることも多かった。

嫁の里帰りと生家への依存　嫁の婚家への引き移り以後も，嫁はその生家と緊密な関係を維持する。出産だけは生家へ帰って行うという例も多く，子供が小さい間は婚家にくらべて嫁家の影響を強く受けるということも多い。北陸地方は一般に嫁の生家の負担が著しく重いことで有名であるが，この地方ではセンタクガエリなどと称する，長期かつ頻繁な嫁の里帰りの慣行が見られる。また山形・新潟の一部地域では，シュウトノツトメと称して，婚姻後一定期間婿と嫁が毎夜必ず嫁家を訪れるという慣行があり，かつての嫁とその生家との関係の一断面をうかがい知ることができる。このような嫁の里帰りの問題は，婚家における主婦権の譲渡の問題との関連や，嫁の労働力を少しでも長く確保しておこうとする嫁家の要求との関連において考察されるべきであろう。さらに，東北の年期婿の習俗に見られるように，嫁の労働力のみならず婿の労働力をも嫁家に一定期間吸収せんとする要求があったことも無視できない問題である。これら主婦権の譲渡や労働力の問題は，妻問い形式の婚姻の発生と存続の要因とも深い係わりがあり，婚姻の問題を考える際に非常に重要な意味を有している。

婚姻研究の動向と現代の結婚式　民俗学における婚姻研究は，近年になって大きな変容を示している。具体的にいえば，伝統的な儀礼を主軸とした婚姻研究と，「婚姻類型論」に依拠した研究という，これまで民俗学の主流であった研究方法の見直しという面において現れている。柳田国男以降，民俗学における婚姻研究を牽引してきた大間知篤三や有賀喜左衛門の研究方法が，家族や

結婚式場のパンフレット 現代の豪華な結婚式場のパンフレット。

現代の結婚式 近年の結婚式では，新郎・新婦，そして仲人夫妻が正面に座って行うという形式は採用されなくなっている。園遊会方式もその一つである。

村落研究にも繋がりうる婚姻研究，特に「婚姻類型論」であった。それは確かに魅力的な方法であり，民俗学に新たな風を吹き込んだことは確かだ。ここで示した婚姻に関する捉え方は，基本的には大間知や有賀の類型論の応用である。しかし近年は，これまでの類型論に対して大きな疑問が投じられている。これからは，少なくとも従来の類型論的研究方法は再検討を迫られるだろう。ならば類型論に代わる方法として，いかなる研究方法を取り上げるのか。それがもっとも大きな課題である。

　一方で，過去20年ほどの間に，結婚のあり方や形式もめまぐるしい変化を遂げてきた。最近の若者たちの間では，仲人を立てずに，友人や仕事仲間たちの前で夫婦の契りを誓うという形式の結婚式が増えている。なかには双方の両親や親族を一切招待しない結婚披露宴も多くなりつつあるようだ。また披露宴でも，かつては奇抜で派手な演出が目立ったように思うが，最近では比較的地味で，手作りの披露宴が人気を集めていると聞く。

　一昔前とは違って，人生におけるさまざまな選択肢が可能となった現代，通過儀礼のあり方やその意味も変化するのは当然であろう。非婚化が進み，また離婚率も上昇をつづけている現代社会において，これからは結婚そのものの意味も質的に変わってゆくことが予想される。民俗学においても，今後は従来の先入観を捨て，新たな時代に適応した婚姻研究のあり方を模索してゆかねばならないだろう。

（八木　透）

葬列の善の綱　棺に結びつけられた白布の善の綱を持って進む葬列。(三重県志摩市)

10　死　の　儀　礼

　死への対処　現在のような高齢化社会を迎える前の1960年代までの日本では，ヒトはおよそ20歳前後の青年期に祖父母の死に出会い，50歳前後の壮年期に両親の死を迎えるのがふつうであった。そうした家族の死や近所同志とか仕事の上でつきあいの深かった人たちの死に対して，人々はこれまでどのように対処してきたのであろうか。
　臨　終　虫が知らせる，胸さわぎがするなどといって，ヒトの死をめぐってはいろいろと予兆めいたことがかつてはいわれた。なかでも烏鳴きが悪いとまもなくヒトが死ぬというのはなぜか全国的であった。臨終に際しては，魂呼ばいなどといって大声で名前を呼んで生き返らせようとする呪法や，末期の水といって唇をぬらしてやる作法などが伝えられていた。いよいよ死亡が確認されたとなると，ただちに隣近所へと知らされ，死者はあらためて北枕に

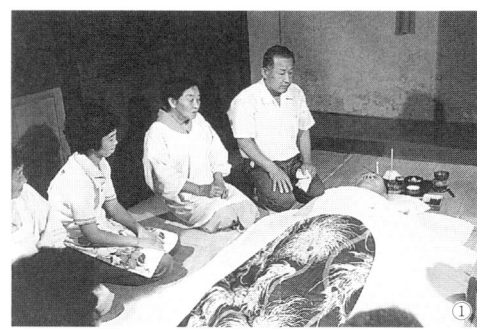

葬家のしるし（三重県志摩市）

枕直し① ヒトの死を確認した後，死者として扱う最初の行為で北枕に寝かせる。（埼玉県秩父市，嵐山史跡の博物館提供）
葬家の設え② 現在では葬儀場で行われることが一般化しているが，以前は自分のイエで葬儀することが普通だった。葬儀を出すイエであることを表示し，竹で臨時の門を造り玄関先に掲げる。（静岡県裾野市）

して寝かせられた。枕元には灯明・線香などのほか，枕飯・枕団子などと呼ばれる御飯や団子が供えられた。この枕飯や枕団子の類は死後ただちに作らねばならぬとされていた。ふとんの上には魔除けのためといって刀や鉈などの刃物が置かれた。また死体のそばに猫が近づくと死人が起き上がるなどといってそれを極端にきらった。死者のそばには必ず妻や息子など近親者が付き添っていて蝋燭の火などを絶やさぬようにした。

最近では，病院の設備充実と医師による個別家庭への往診の減少により，自宅よりも病院で死亡することが多くなりこのような儀礼もその多くが失われてきている。しかし，臨終へむかっては，過剰な医療よりもせめて自分の家でそのときを迎えたいとする人々の願いも根強い。

葬儀の準備　死亡の知らせをうけた近隣のイエでは急ぎ葬家に集まってくれた。組とか講中などといって結婚や葬儀の際などに手助けしあう近隣同志の組織ができていることが多い。葬具作りや台所仕事・帳場・墓穴掘りなど葬儀の実際はすべてその組や講中の手で行われ，家族は口出ししないのがふつうであった。通夜はヨトギ（夜伽ぎ）などといって近親者による死者への付添

墓穴掘り かつては近隣のイエによって組とか講中という組織ができており，装具作り・台所仕事のほか，墓穴掘りなど葬儀全般を行った。(㋑三重県志摩市，㋺埼玉県新座市)

墓穴の魔除け (埼玉県新座市)

いという性格が強く，かつては死者の妻や跡取り息子が添寝をしたという話もよく聞かれた。湯灌も死者の妻や子供など最も血の濃い者の手で行われた。そして，身内の女性など数人で縫ってつくった晒布の着物を着せて納棺した。死出の旅に出るなどといって巡礼姿にする例も多く，米や銭を入れた頭陀袋，それに数珠や杖，生前の愛用品などを一緒に入れた。

葬　送　葬儀の祭壇は多く座敷に設けられた。僧侶の読経や引導渡し，会葬者の焼香などが終わって出棺となる。このとき出立ちの飯などといって一同でかんたんな食事をとる例も多かった。棺をかつぐのは子や孫など近親者の場合と，組や講中の穴掘り当番がつとめる場合とがあり，概して関西では前者，関東では後者の例が多い。棺は，庭先での左廻り3回とか，仮門をくぐりぬけるなどの作法をすませて，葬列を組んで墓地へと向かった。このとき葬列とは別に一足先に，アトミラズなどといって五穀・銭・着物などを叺に入れるなどして，墓地や寺へ持って行く役が設けられているような例も多かった。

土葬の場合には，まず近親者が土を一握りずつかけてからあとは穴掘り当番の人が埋めてくれた。上には盛土や石積みが施され目印としての枕石がおか

10　死の儀礼

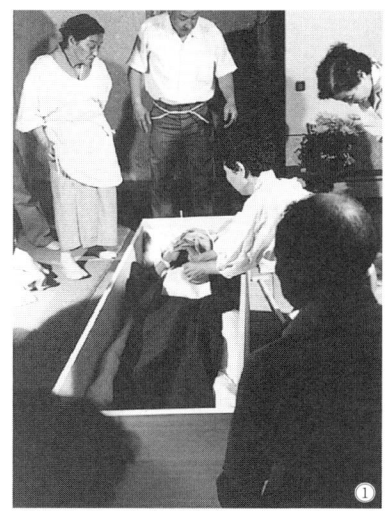

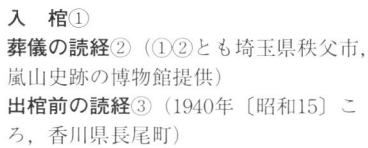

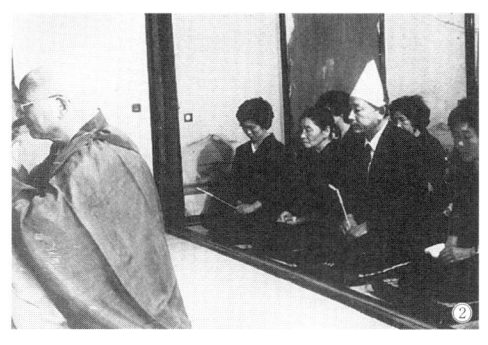

入　棺①
葬儀の読経② (①②とも埼玉県秩父市,嵐山史跡の博物館提供)
出棺前の読経③ (1940年〔昭和15〕ころ,香川県長尾町)

れたり生木が挿し立てられたりした。木の角柱墓標が立てられる例も多かった。そして，竹囲いや板屋根などの類が設置され，お膳や花が供えられた。火葬の場合にもまず近親者が点火しあとは当番の人が1晩かけて焼いてくれた。翌朝，近親者が骨拾いに行った。墓地から帰ると，イエに入る前に盥で足を洗うまねとか臼に腰かけるなど清めの作法をして，それから一同であらためてお膳につき会食をした。この食事を斎の膳などといった。

忌明け・弔上げ　埋葬後，墓見舞いなどといって7日間は毎日朝晩墓参し灯明をあげるのがふつうであった。この間，3日目など墓直しといって土饅頭や石積みを築きなおす例も多かった。また，埋葬当日の晩とか6日目の晩などに死者の霊がイエに帰ってくるという伝承も広く，とくにこれを追払う呪法を伝えているような地方も近畿から四国にかけて多かった。その後，初七日がすぎても四十九日までは7日ごとに墓参をし塔婆立てなどがつづけられた。四十九日は忌明けといって僧侶，近親者，隣近所を呼んで読経と会食，形見分けなどが行われた。この日はとくに四十九餅といって49個の小餅をつくって寺

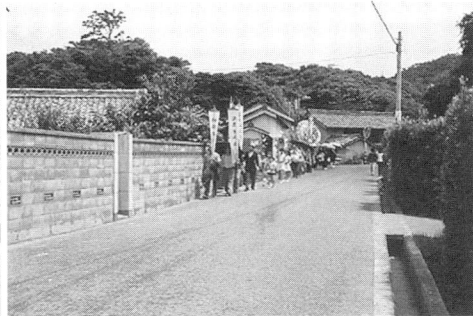

出立ちと葬列 葬列を組んで埋葬墓地に向かう。(三重県志摩市)

と関係者とわけて食べた。笠の餅などといって1枚の大きな餅をつくりそれを小餅の上にかぶせておいて，あとで枡のへりにあてて切って食べるという例も多かった。

年忌の法事は，1年，3年，7年とつづけられたが，七年忌以後は省略されることも多い。ただし，三十三年忌は最終年忌として重視され，これを弔上げなどといって死者は以後神様になるなどといった。このときはとくに杉の枝つきの塔婆を立てる例が多かった。

米の霊力 さて，このような死亡・埋葬・忌明け・弔上げという一連の展開の中で，たとえばかりに米という要素に注目してみる。すると，米の加工品である御飯・団子・酒・餅などが日本の葬送儀礼のなかではさかんに用いられていたことがわかる。それらは大別して，(1)死者の食物（枕飯・枕団子など），(2)会葬者の食物（香典・穴掘酒・斎の膳など），(3)死者と会葬者との食い別れの食物（出立ちの飯，引っぱり餅，四十九餅など）の3者に分類されようが，その他臨終に際しての振り米や同年齢者の死に際しての耳ふたぎ餅などの例も考えあわせ

10 死の儀礼　　95

引　導　僧侶が棺の前で死者に成仏するよう説き聞かせる。(三重県志摩市)

龍　頭　野辺送りには，必ずのように龍の作り物が加わる。葬式組が作るところもあるが，近年では葬儀社が用意してくれる。(静岡県裾野市)

花　籠　墓地までの野辺送りには，位牌や棺，膳だけでなく，幡・花籠・龍頭などの作り物が加わる。花籠の中には銭が入れられ，辻に差し掛かると，振り回し，銭を撒く。(静岡県裾野市)

てみると，これらの儀礼の中では米は単なる食物の一種としてでなく，一定の生命力，つまりいわば霊力とでも呼ぶべきものをもつものと考えられていたことがわかる。死穢にまみれた死者の処理，つまり葬送の儀礼と作業の完了のためには，日本の民俗ではとくに米の霊力が必要とされていたのである。

　モガリの伝統　　米の霊力が必要とされていたのはいつまでなのか。米以外にも火やトギ，つまり死者のそばで焚かれつづける火や近親者による死者への付添いという点にも注意してみる。すると，埋葬や火葬という決定的なはずの死体処理の時点の前後において，それらにはほとんど変化がみられないということに気づく。枕飯は埋葬後も墓前に供えられつづけたし，火も朝夕の墓参で

埋葬墓地の入口 墓地の入口には六地蔵と呼ばれる蠟燭が立てられる。（大阪府能勢町）

新墓へのお供え 野位牌，お膳に枕飯，花などがあげられている。7本塔婆は四十九日までの7日ごとの墓参りのときに1枚ずつ取り除く。（埼玉県新座市）

さまざまな墓上装置 茅葺き屋根をかけたものや，イガキとよばれる竹囲をしたものなどさまざまなものがみられる。（㋑兵庫県竹野町，㋺京都府田辺町，㋩福井県高浜町，㊁滋賀県野洲市）

10 死の儀礼　97

水かけ着物 四十九日までの間，死者の着ていた着物を家の裏軒下などに架けておき，朝夕水を掛けて乾かさないようにする。これをしてあげると死者は極楽へいけるという。（埼玉県新座市）

四十九日までの祭壇（高知県馬路村）

四十九院 埋葬地点に据えられる。喪屋の名残りを残している。（香川県多渡津町高見島）

杉塔婆 33回忌とか50回忌の弔上げには，最終年忌であることを示す枝が付いた生木の塔婆が立てられる。（京都府南丹市）

焚かれつづけ，トギも同様に墓参で継続されるかたちとなっていた。そして，四十九餅による食い別れや，火やトギの継続の終了という決定的な転換は四十九日の忌明けに集中していたのである。

　この出棺・埋葬の時点から忌明けまでの期間というのは，実は死体と霊魂とをめぐって儀礼的にも不整合な部分が非常に多い。たとえば，死体を運ぶ葬列

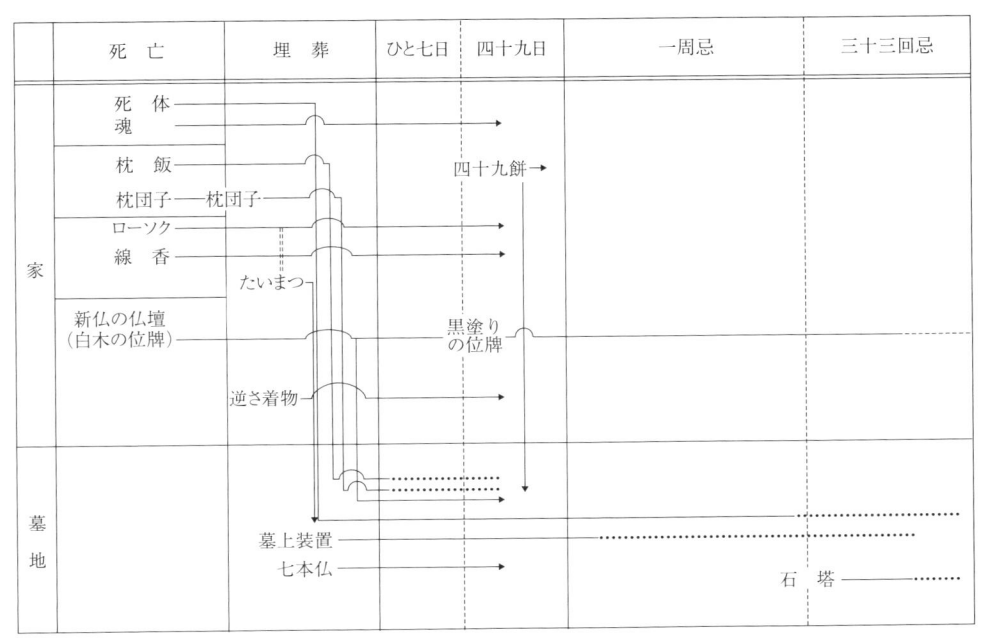

	死　亡	埋　葬	ひと七日	四十九日	一周忌	三十三回忌
家	死　体 魂 枕　飯 枕団子――枕団子 ローソク 線　香 　　　たいまつ 新仏の仏壇 （白木の位牌） 　　　逆さ着物			四十九餅→ 黒塗り の位牌		
墓地		墓上装置 七本仏				石　塔

死者と儀礼用具の移動

とは別に，前述のようにアトミラズなどという霊魂を送り出すためのものと思われる役が設けられていたり，埋葬当日とか6日目の晩には死者の霊魂が帰ってくるなどといったり，またすでに死体は墓地に埋葬されており，そこに毎日墓参しながらも一方では家に死者の祭壇をまつりつづけ，四十九日までは死者の霊魂は家の屋根を離れないなどといっていた。また，兄弟餅とか引っぱり餅などといわれる四十九餅にも通じる食い別れの餅の儀礼も，事例によって埋葬の時点であったり，初七日であったり，やはり四十九日であったりと混乱がみられた。

　このような不整合や混乱は，一体何に由来するのであろうか。先にみた米・火・トギという3つの要素の転換が忌明けの時点に集中していることとも考えあわせてみると，埋葬と忌明けとはもともとは一つのものではなかったか，それが埋葬が忌明けの時点よりもくりあげられて死の時点に近づき，両者が分離してしまった結果，このような不整合や混乱がみられるようになったのではないかと推定される。埋葬とか火葬という死体処理の作業をいつの時点におくかはやや流動的ながら，死者との訣別のためにはおよそ死後49日間程度の期間が

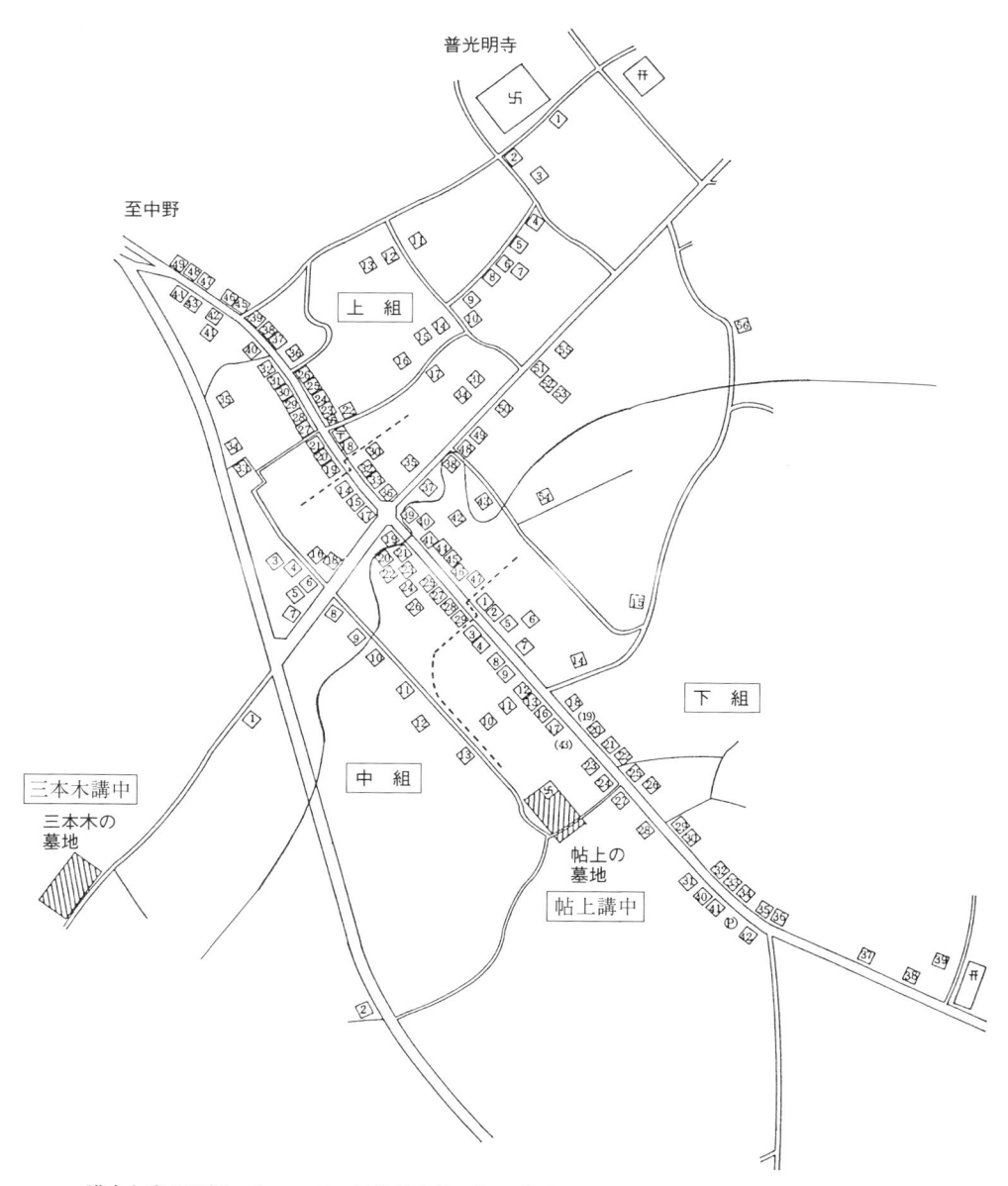

講中と家並配置　かつては，地縁的立場の組や講中が，葬儀の運営全般を差配し労力を提供した。（埼玉県新座市大和田の例）

無常講小屋 村落内の村組ごとに葬式道具や共有の膳椀を格納する小屋を設けている。組内のイエで不幸があって葬儀を出すとき，あるいは婚礼や法事で多くの客を招いたとき，ここの膳椀を借り出す。(三重県四日市市)

血　縁	地　縁		（社　縁）	無　縁
家族・親族	クミ・ムコウサンゲンリョウドナリ	講　中	友人・仕事仲間・その他	僧
末期の水 北枕 枕飯・枕団子	諸役手配 帳場・死に使いなど	葬具作り		
（親戚からは香典）	クミからのお金	シッセニ（死銭）	香典	
湯灌 納棺	台所仕事			
通夜（夜トギ）	通夜（下働き）		通夜（挨拶）	通夜（読経）
葬儀 野辺送り（白装束）	葬儀 勝手念仏	葬儀 野辺送り（普段着） 床取り 講中念仏	葬儀 野辺送り（喪服）	葬儀（読経） 十三仏供養
ひと七日 四十九日 一周忌 三十三回忌	ひと七日 四十九日 一周忌			ひと七日 四十九日 一周忌 三十三回忌

葬送儀礼への関与と作業分担（埼玉県新座市大和田の例）

必要とされていたのである。死体と霊魂とのあいまいなこの期間こそ，近親者たちが喪に服し死の世界へと一歩踏み込んで死者を見送らねばならぬとされた特別な時空であり，モガリ（殯）の伝統の根強いことが知られるのである。

　血縁・地縁・無縁　　また，葬儀の執行の上での人々の作業分担にも注意してみる。家族や親族など血縁関係の者は，一貫して死者の側に付添い死体に直接ふれる作業の大部分を担当する。それに対し組や講中などいわば地縁的な立場の者は，葬儀の運営全般を差配し実際の労力を提供する。そして僧侶などい

両墓制 遺体を埋葬する墓地は，集落から外に出た川に近いところにあり，それに対して石塔を建立する墓地は集落内の人家に接近した場所に設けられている。(㋑埋葬墓地，㋺石塔墓地。奈良県大和郡山市)

両墓隣接タイプの両墓制 １つの共同墓地が大きく２つに区分され，埋葬するための区画と石塔を建立するための区画となっている。埋葬地点には，石が積まれ，関東地方のような塔婆は立てられていない。(滋賀県八日市市)

現代の墓 コインロッカー式納骨堂。(熊本県八代市)

わば無縁の立場の者が読経や引導渡しなど特殊な技能をもって関与している。この血縁・地縁・無縁の３者は服装の上でも区別されており，死の穢れのかかり方において決定的な相違がある。とくに血縁の者は三角布や白装束をつけるなど特別な身づくろいをして死者と同様の立場にあり，死の穢れをともに帯びているものとみなされていた。そして，その血縁の者に対して一定の忌みを要求しているのは，穢れから自由な立場にある無縁の者たちではなく，他ならぬ穢れのかかり方の微妙な地縁の立場の者たちである。つまり，死の穢れと忌み

現代の葬儀場 通夜・告別式, 火葬, 法要が一貫して行われる。(茨城県つくば市)

葬儀場近くの葬斎会館と石材店の広告看板 (茨城県つくば市)

の観念も血縁や地縁という死者との社会的関係の微妙な相違の中で顕在化しているものといってよい。

　しかし、近年の公営火葬場の設置と葬儀社の関与にはめざましいものがある。それらはこれまでの伝統的な作業分担のあり方に大きな変化を与えている。それらはいずれもかつて地縁の人たちが担っていた作業を金銭による商業的行為として代行しているのであり、彼らは僧侶と同様にいわば無縁の立場の者である。つまり、近年の変化は、地縁にかわって無縁の関与の拡大の現象と、葬儀の商品化の現象としてとらえることができよう。

　両墓制と単墓制　かつて一般的であった土葬の場合、死体を埋葬したその場所に石塔を建てるのがふつうであるが、それに対して死体を埋葬する墓地と石塔を建てる墓地とが分かれて別々になっているような例がある。民俗学では前者を単墓制、後者を両墓制と呼んで区別している。両墓制がとくに濃密にみられるのは近畿地方であったが、その成立の背景には埋葬地の死穢を強く忌避する特殊な観念、つまり平安貴族以来の極端な触穢思想からの系譜を引く近畿地方の村落における特別な死穢忌避の観念があると論じられてきている。

　また、火葬の場合で、遺骨をほとんど放棄して墓地を設けない無墓制と呼ばれる事例が近畿地方や東海・瀬戸内などの浄土真宗のムラでもいくつか伝えられていたが、高度経済成長をへておこった大きな生活変化の中で、それらの民俗は失われていった。

(新谷尚紀)

Ⅲ

ム　ラ

　地域社会の基本的な形態は，現代でこそマチであるが，かつてはムラであった。農林漁業を営む人々が暮らし，生産と生活を維持発展させるために，共同し，協力してきた。ムラは，共有財産や共同施設をもち，人々を統制し，時には制約を与え，一つの統合された社会を形成してきた。ムラはその外観を集落として示し，その集落の周辺には田畑，さらにその外に山や浜が拡がり，はるかなタビの世界のつながっていた。

　田畑は個別のイエに所有されていたが，各自が勝手に耕作するのではなく，ムラの秩序に従ってほぼ同じリズムで生産を行った。山や浜になると，さらに共同性は強まった。

　しかし，古くからムラは完結した小宇宙ではなかった。ムラを訪れるさまざまな人々がおり，またムラの人たちもマチに出かけた。

　ムラは，他のムラと連合し，ときには対抗し生活と生産を維持・発展させてきた。しかし，ムラの解体が叫ばれ，その機能は弱まり，民俗も大きく変貌した。

西祖谷の山村風景　山の傾斜地に家々を点在させる。各家は等高線に沿うかたちで，主屋，隠居屋，作業小屋，倉などが横に並ぶ。（徳島県三好市）

船小屋の林立する漁村 入江にはみ出して船小屋が建ち，1階に船，2階に漁具を納める。この船小屋に接続して陸側に住居が並ぶ。（京都府伊根町）

11 ムラの空間

ムラの見方 日本のムラの多くは神社を囲む鎮守の森がランドマークとなっており，その鎮守の森に隣接してムラの集会施設や寺が位置している。さらに家々が連なって集落を構成し，その周辺に生産対象としての耕地・林野が広がる。また道端や辻には道祖神や地蔵などの石像や塚・小祠などが立ち並ぶ。これがムラの一般的な姿である。そうしてムラに見られるこれらの造作物は，その地域に住む人々が長い年月をかけて築き上げてきたもので，自然と一体となって地域社会の物質生活空間を構成している。こうした視覚的な「もの」やその空間的な在り方を明らかにし，それとの関係で人々の行動を把握していくことが必要である。

ムラの領域模式図 ムラーノラーヤマという三重の同心円構成はあくまで理念型であり，実際にはさまざまな姿をとっている。

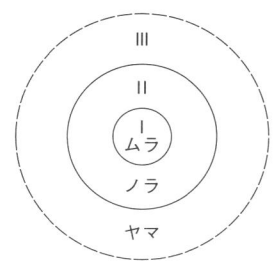

Ⅰ「民居の一集団」
　集落＝定住地＝ムラ
Ⅱ「耕作する田畑」
　耕地＝生産地＝ノラ
Ⅲ「利用する山林原野」
　林野＝採取地＝ヤマ

代表的な山村の景観 陽当りの良い緩傾斜地に住居を構え，住居の周辺に各自の畑を持つ。そうした家々が群らがって散村の形態を見せている。（徳島県三好市）

代表的な漁村の景観 背後に山が迫る入江の猫の額大の土地に住居が密集する。（鹿児島県薩摩川内市）

代表的な農村の景観 小高い丘を背に集落があって，その前面に水田が広がる。（岡山県新見市）

集村の甍 家々が密集してマチ的様相を見せる。（秋田県湯沢市）

集村の一つ,街村 道路を挟んで両側に,間口が狭く奥行きの深い商家が立ち並ぶ。(岡山県高梁市)

集村の代表,環濠集落 近畿地方に多い環濠集落。濠の幅は4間〜8間,濠内の住居は密集して建ち,細い路地が複雑に曲折して迷路を作っている。(奈良県大和郡山市)

散村の景観 個々の屋敷の周りはカイニョと呼ばれる屋敷林に囲まれ,耕地も各家に隣接している。(富山県砺波市)

散村の住居 家は南風を避けて東向きが多く,屋根は合掌造りの瓦葺き。(富山県砺波市)

ムラの領域 民俗の伝承母胎としてのムラは,生産対象としての土地(耕地・林野)とイエとを成立要件とした地域社会であり,一定の領域を有している。したがってその領域を区画する境界があってふつうは他の村落と接しており,地籍上の境界がそれに相当する。近世初頭,村切りによって惣村を中核とする支配単位の村を設定し,村人が耕作する一定の田畑をそれに帰属させて検地帳を作成したが,この範域はほとんどが明治の地租改正において引き継がれ,現在の大字の範囲となっている。しかしムラザカイ(村境)といった場合,この地籍上の範域を示すものばかりでなく,人々が自分たちの住むムラの内と外とを明確に区分する観念が種々の民俗として存在しており,いわば社会

イエの入口の呪符 守り札や呪具を戸口に設定し、イエを守護せしめる。(奈良県東吉野村)

屋敷神 土地神および祖霊神としての性格を持つ屋敷神。屋敷の北東もしくは北西に祀られていることが多い。(千葉県旭市)

ムラの鎮守 ムラの精神的シンボルとしての機能を持つ鎮守。(富山県砺波市)

ムラの公共施設 産土神社に隣接して、消防小屋・火の見櫓・集会所がある。その前は憩の広場。(岡山県倉敷市)

的ムラザカイがこれとは別に存在している。

　一方「ムラ」という言葉は「ムレ」(群れ)に起源を持つとされており、何が群らがったものかといえばイエにほかならない。つまりかつては集落の部分をさしてムラと称していたのであり、耕地・林野は単にそのムラに付属する土地

11　ムラの空間

神社とお堂① 鎮守社とムラが維持するお堂が隣接している形は近畿に広く見られる。神仏習合の賜物。(奈良県大和郡山市, 浦西勉氏提供)
共同墓地② ムラの外れや山の麓に立地することが多い。(岡山県新見市)
個人墓地③ 山間部の場合, 家の背後の山に個別に墓を持つケースが見られる。(岡山県新見市)

ムラザカイに立つ地蔵尊 8月14日各家の間口ごとに百万遍の数珠を繰り, 最後にムラザカイの地蔵の前で数珠を繰って疫病を村外へ追放する。(奈良県桜井市)

ムラの惣門 環濠と並ぶ物理的境界装置の1つ。菅浦は琵琶湖北岸にあるムラだが門は東西に1つずつあって, そのうちの西門。(滋賀県西浅井町)

ムラザカイの双体道祖神 中部から関東地方にかけて広く見られる。(長野県麻績村)

鹿島人形 ムラザカイに立ってにらみをきかせ、ムラを守護する。中部・北関東から東北地方によく見られる。(秋田県湯沢市)

八丁注連 勧請縄が近畿に多いのに対して、関東・東北には八丁注連(じめ)が多い。(栃木県那珂川町)

勧請縄 ㋑ムラの入口の道路を渡すように従来吊るされていたが、近年の交通事情から道路の片側に寄せられてしまった。㋺ムラザカイの川に渡し、ムラを守護する。(㋑奈良県田原本町、㋺奈良県平群町、浦西勉氏提供)

にすぎなかった。中世末〜近世初頭以降、支配単位としての村が設定された結果耕地・林野まで含めて村と称するに至ったのである。こうした経過をふまえてムラの空間構成について構成図を描くと、(1)集落＝ムラ、(2)耕地＝ノラ、(3)林野＝ヤマとなり、これら各々の領域が内から外へと広がる3重の同心円として構成しうる。

ムラの姿 狭義のムラ、すなわち集落については従来個々の家の屋根型や

11 ムラの空間

祈禱札① ムラザカイで林立する疫病除けとしての百万遍祈禱札。(福島県会津若松市)
常夜灯② 街灯として照明の機能を持つとともにムラザカイを明示する役割を持ち、ムラの入口に設置されている。(岡山県新見市)
辻　堂③ 大師あるいは阿弥陀・観音などを祀るお堂がムラの入口にあって、ムラの人々の憩の場所であるとともに大師巡りなどをする人々を接待する場所ともなる。(岡山県倉敷市)

家の向き、間取りや屋敷内の家屋配置などの分析が試みられてきた。しかし集落の形態は、それが形成され発展してきた各時代・各地域の経済や社会・自然の条件が意識的あるいは無意識的に反映されていると考えられていることから、近年不可視的な村人たちの価値観や世界観、ムラの社会構造を把握する際の有効な分析素材と位置づけられている（図「宮本の村落領域図」参照）。

ところでその集落の形態はきわめて多様であるが、大きくは集村と散村に分けるのが一般的である。集村とは数十戸の家屋が局地的に1ヵ所に集中分布している集落をいい、一方の散村は家屋が相互に50〜100メートルの距離を隔てて分散的に配列している集落である。集村は近畿地方の盆地や平野に広がる農村に広く見られるが、この地方の集村は中世末期から進行した集村化現象によって形成されてきたと見なされており、それ以前は小規模な疎塊村（集村に近いが家屋が2、3筆の田畑を間にやや散在する集落）が一般的であった。農村のほか漁村もすべてといってよいほどに集村形態をとる。一方の散村は、砺波平

ムラザカイの石塔 庚申・馬頭観音・大黒などの石像・石塔がムラの入口に立ち並ぶ。(長野県白馬村)

庚申塚 ムラザカイにあって、60年ごとに巡ってくる庚申の年には村人が新たに石塔を建立する。(千葉県旭市)

屋敷畑 屋敷地あるいは隣接地には菜園があって、日常の食べる作物が栽培されている。(岡山県倉敷市)

前田と背戸山の畑・山林 山懐に抱かれるように居を構え、後の背戸山(せどやま)を一部畑として耕し、前面に広がる水田を耕作する。一般的に多い形である。(岡山県新見市)

野・簸川(ひかわ)平野・讃岐(さぬき)平野などの農村や、山腹に展開する山村集落にかぎられている。そうして集村・散村という集落の形態の差は、耕地の配置・土地利用・家相互の諸関連についてもある程度までは対応して相違を示すといわれている。つまり集村は一つの共同体的なコミュニティを構成するが、散村は相対的に独立性が強いのである。

ムラの公共施設 ランドマークとしての鎮守(ちんじゅ)の森は、いうまでもなくその中心に鎮守社がありそれを囲むように境内地に樹木が茂っているのである。その鎮守社は村人たちの精神的シンボル、村落統合のシンボルにほかならない。

溝浚え① 6月ごろ村人総出で用水路の清掃を行うがこれを溝浚えという。(栃木県下野市)。
用水路の堰② 水利権に基づいて用水を分水する。(秋田県湯沢市)
灌漑用の溜池③ 雨量の少ない奈良盆地に築かれた溜池。5月5日のノガミ祭りに水神の化身としてのノガミ(蛇体)を溜池に浮かべて、用水の安定供給を祈る。(奈良県橿原市)

日照りや凶作などの危機に際してその力を発揮し、あるいは年ごとの祭りを通じてあの世とこの世の人々との交信がはかられ、村人同士の紐帯も強化される。また、鎮守社の境内は村人たちの憩う広場としての機能を持ち、鎮守社の社務所をムラの集会所として使用する場合もある。集会所を別に持っているムラにおいても境内やその近くにあることが多い。それに隣接して消防小屋か火の見櫓が見られたりする。このほか鎮守社の境内には小さなお堂があって、活発な宗教活動が行われているところも少なくない。そのお堂には薬師や観音などの仏像が祀られていると同時に、しばしば共有の葬送・法事用の道具が保管されている。

ムラザカイの標識 村落が3重の同心円構成をとることは先にふれたが、ムラとノラを区画する境に内と外とを区別するさまざまな施設なり標識が見られる。近畿地方のムラでしばしば見られるのは勧請縄であり、道路がムラに入る地点の両側に木や竹を立てて張り渡すのである。関東地方ではこれを辻札とか八丁注連と称しており、全国各地にごく一般的に行われている。また、大きな人形をつくってムラの外に向かってにらみをきかせて立てておくところも

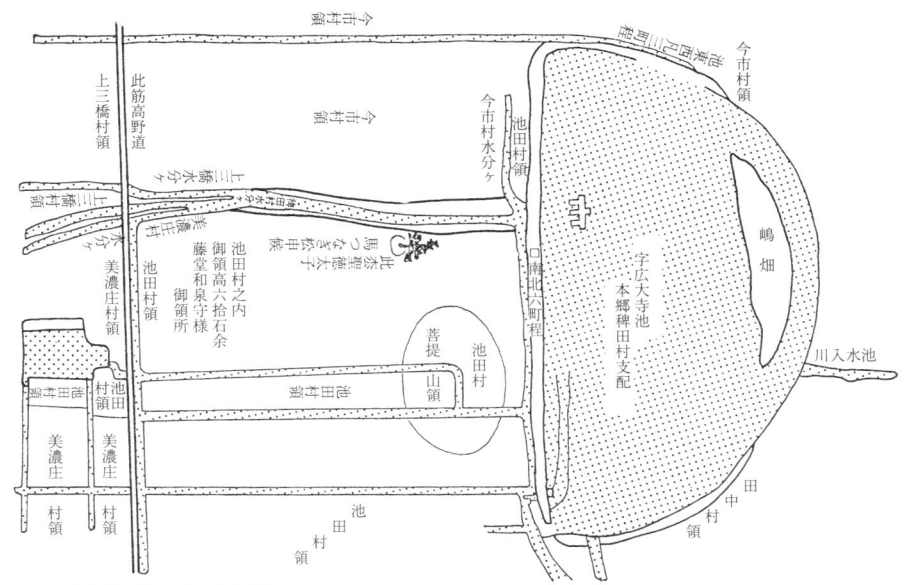

広大寺池水分絵図（宝暦13癸未年）

広大寺池水分絵図 広大寺池の水利権を持つ村々への導水路と井堰が描かれている。宝暦13年（1763）。（奈良県大和郡山市）

ノガミ ノを司る神。ノラの外にあって墓地と隣接している。（滋賀県高月町）

畑の境木 道路や他人の畑との境を明示するために植えられた灌木。（千葉県旭市）

あり，このようにムラの入口に呪物を設定してムラを守ろうとする行事を道切りという。ムラの内と外とを区分する標識は種々の石像・石塔や塚であり，その代表道祖神は東日本に，地蔵は西日本に広く見かけられる。日本の村落は欧州や中国のように塀や堀内で囲まれる村落は数少ない。物理的施設によって外敵を阻止する方法とは別に，道切りその他によって内と外とを区別したのである。

山村の傾斜畑① 杭や石垣を組んで土地をならし、土砂の流出を防いだ傾斜畑。(奈良県十津川村)

猪　垣② 山間部の平坦地に拓かれた水田。猪の害を防ぐ猪垣(ししがき)と、家から遠いために寝泊りする小屋。(奈良県天川村)

焼畑の火入れ 奥山の1000メートル以下の平坦な斜面の樹木を伐採し、上から火入れをして後、耕作する。(山梨県早川町)

山の神 ヤマで働く人々を守護し、豊穣をもたらす山の神。(奈良県山添村)

耕　地　一般的には各家々の小規模な耕地がほぼ一定範囲内に混在する形をとっている。そうして本家や旧地主・自作農層などの階層的地位の高い農家は、耕作圏の内側にまとまった耕地を持つのに対して、分家や旧小作人層の耕地はその周辺部近くに分散する傾向があり、しかも1筆当りの耕地面積も狭い。また土地利用について観察してみると、集落からの距離に対応して栽培作物やその集約度が規則的に変化していくことが知られている。ところで散村についていえば、個々の農家の耕地の大部分はそれぞれの屋敷周りにほぼ一円的に集中しているのがふつうである。このため農家と耕地間の平均距離は集村にくらべて短く、経営上有利なばかりでなく個別農家の経営上の独自性が確保しやすく、土地利用も比較的自由に行える点に特徴がある。またイエとイエとの日常生活におけるつながりも、一定の空間でまとまるということは少なく、広域にわたってつぎつぎと数珠(じゅず)つなぎになっているため、集団やムラの範囲が不明確

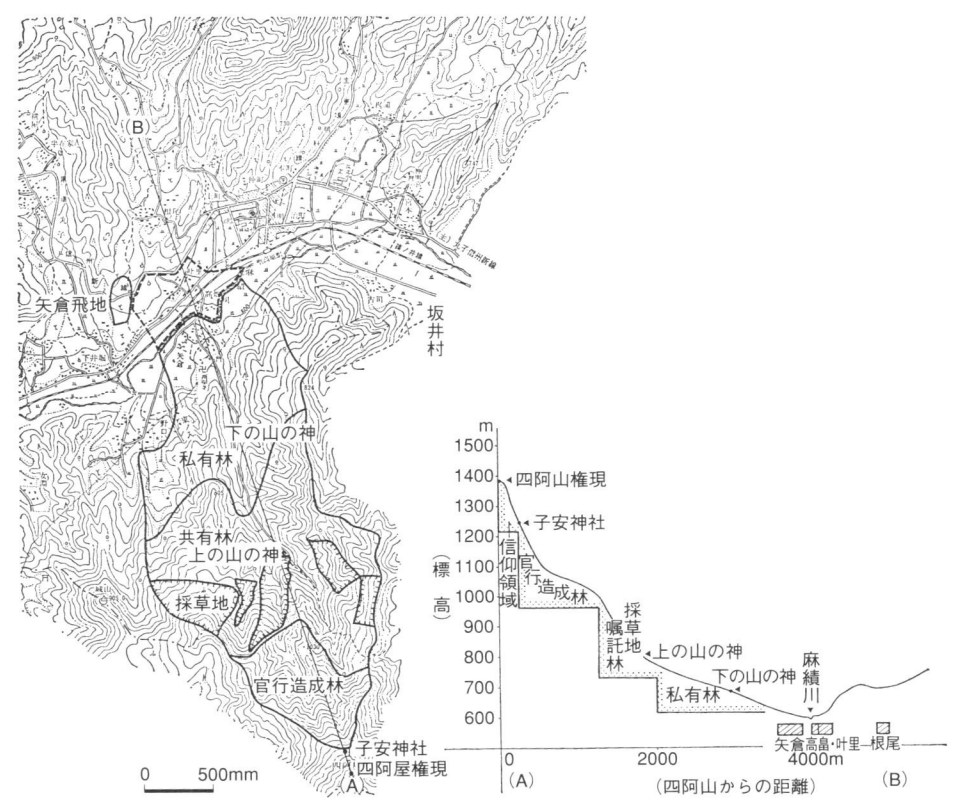

採草地としての林野 矢倉領域図と四阿屋山・根尾断面模式図。集落に近い共有林は分割し私有化され、奥地の方は採草地や植林に利用されている。(長野県麻績村)

な点で集村とやや異なる。

山林原野 ムラが主体となって所有・管理する生産手段は、灌漑施設のみならず山林原野もその対象となるのがふつうである。その所有はムラの一部の家々であったり、近隣の複数のムラが所有することも多いが、こうして共同所有する山林原野を入会山と称している。この入会山は田畑の肥料・薪などの燃料、家畜の飼料、屋根を葺く茅や建築材などの供給地として農業生産や村落生活に不可欠な存在であり、その利用については伝統的慣行の中で維持されてきた。入会山はその利用期間や利用方法が決められており、各家が必要な草木を採取するに際して、特定の家のみが有利にならないようになっている。しかし、開発の過程でかつて共有地であったものが里に近い部分から分割され、私有地

11 ムラの空間 *117*

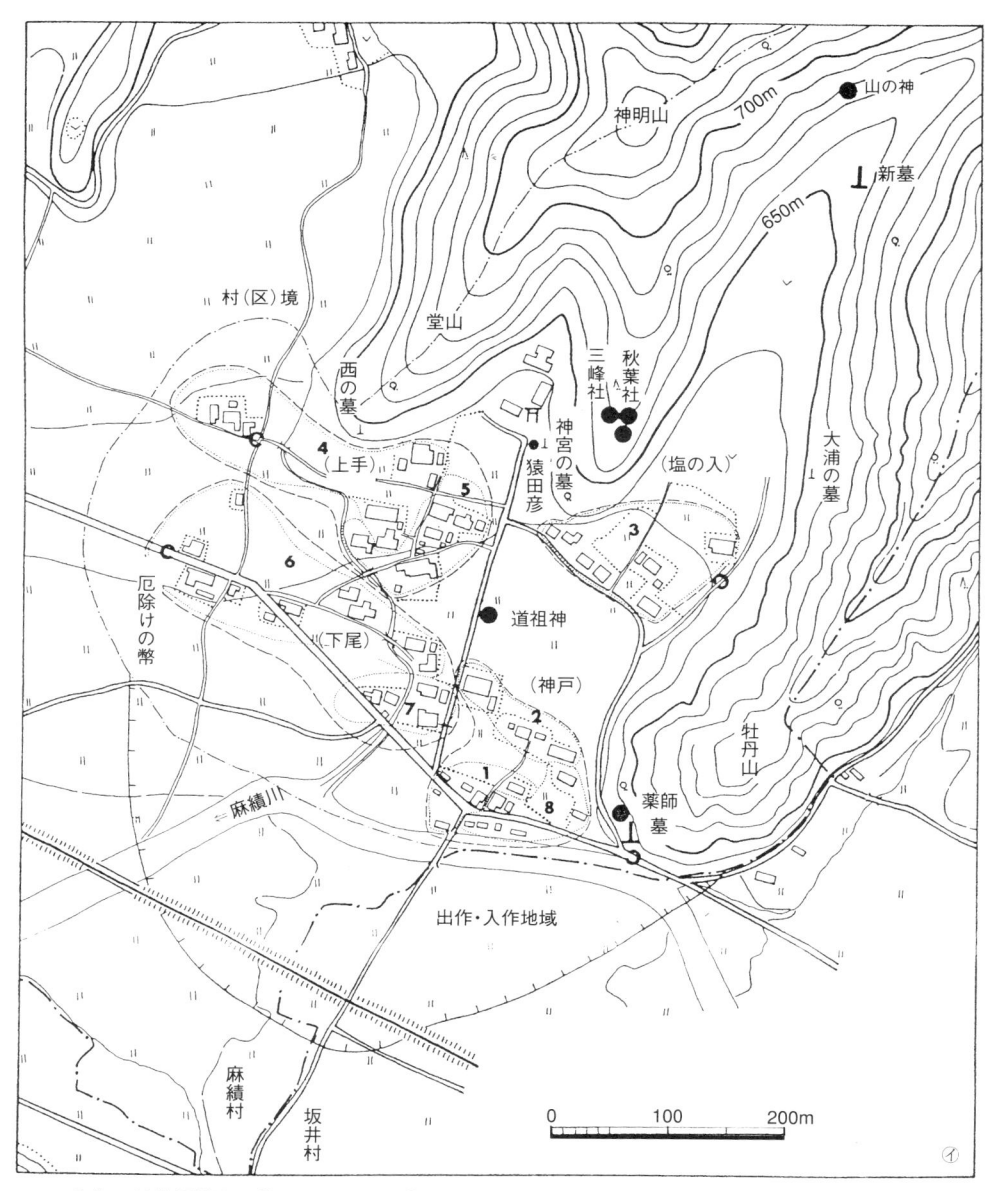

宮本の村落領域図　④村落領域図，⑪空間構成模式図。宮本の村落は神体山の麓にある神明宮の南方に展開する。そして神明宮から南下する道路の東西にムラが2つずつかたまり，各々社会集団としての完結性を持っている。大門の外側，つまり集落の正面入口にかつて道陸神（どうろくじん）があり，さらに集落を囲むように四隅に厄除けの札が立てられてられていた。集落の北および東側に林野が広がり，西および東側に耕地が伸びている。林野には

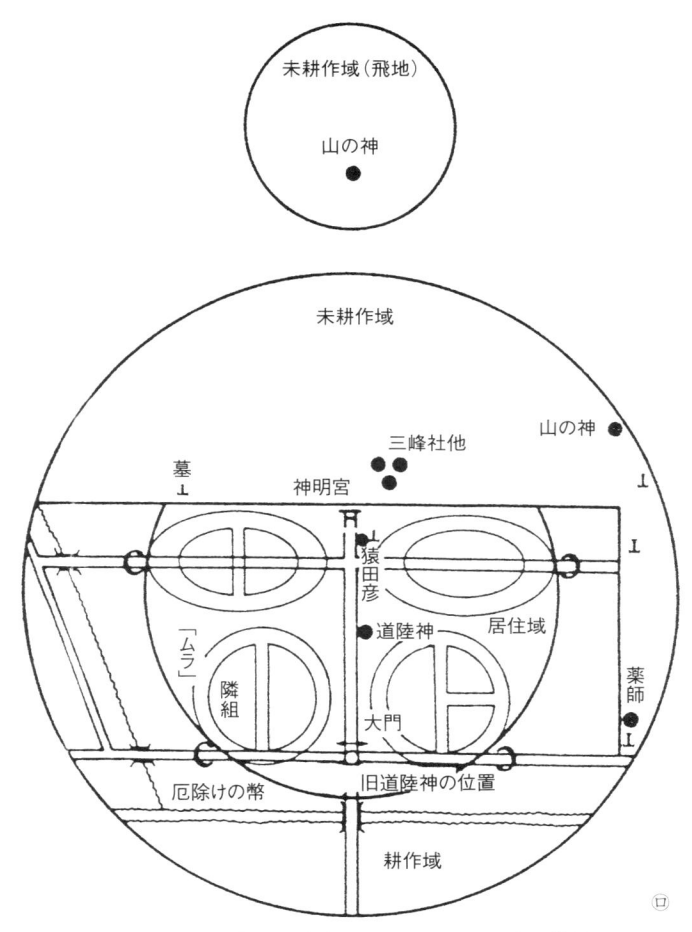

山の神が祀られ、墓地は山麓線に沿って点在し、小祠が小丘の上に位置している。これが山麓農村の典型的な空間構成である。また社会組織と空間構成との対応を見ると、対外的には宮本区として結集し、転じて内部に目を移すとメインストリートを境に東西に分割され、さらに同族を中心に「ムラ」ごとにまとまりを持ち、さらに「ムラ」内部に数個の隣組があって冠婚葬祭を中心に緊密な付き合いが保たれている。つまり区―東・西―「ムラ」―隣組と連なる基礎集団がさまざまな局面で分割・統合されながら社会的秩序が維持されている。（長野県麻績村宮本）

となったケースも多い。今日でも入会山を有するムラでは、山菜や茸類の採集地、材木の植林地、さらにはスキー場などとして利用しており、ムラを経済的・精神的に支える基盤となっている。なお、入会山より奥の山林は、かつてマタギや木地屋、焼畑に従事する人々の活躍する舞台だった。　　（松崎憲三）

ムラの洗い場 きれいな水が湧き出る泉は，家々の共同の洗い場となっており，人々の井戸端会議の場所でもある。手前には道祖神が祀られている。(静岡県沼津市)

12　ムラの社会構成

ムラと村　農山漁村の地域社会を「ムラ」とか「むら」と表記することが多い。これは村という漢字を用いると，支配単位や地方自治体の村を示すことになり，地域の生活や生産の組織の意味が分からなくなってしまうからである。生活・生産の組織となる地域社会を学術用語では村落といい，その村落の地域での表示がムラである。他方，漢字で表記する村は近世の支配単位であった。検地によって認定され，年貢を領主に納入する単位であり，あらゆることが村の責任で行われた。その支配の村が生活・生産の単位であり，仕組みであったという理解もあるが，実際には村は広く，大きく，協力・協同して生活する組織は村のなかでいくつにも分かれていた。それがムラである。村とムラを区別しなければならない理由があるのである。近世の村は，明治の町村制で大字となり，現在に至っている。町村制の村は，第2次大戦後の地方自治法の自治体

ムラザカイ① 佐渡の各ムラでは、領域境に毎年正月に寺院の祈禱を受けたお札が立てられ、地域の安全を確保する。（新潟県佐渡市）
ムラザカイの鍾馗様② 東日本の各地では、ムラザカイに藁で作った人形をムラの外に向かって設置することが多い。恐ろしい存在を示して邪悪な霊や人間の侵入を防ごうとする。（新潟県鹿瀬町）
常夜灯③ ムラザカイや辻に常夜灯が建立されることは多い。今でも毎晩火が点され、そこからがムラであることを示しているところもある。（滋賀県野洲市）

に引き継がれた。村は1955年前後の大合併、さらにいわゆる平成の大合併をへて、大部分が町や市に組み込まれた。

　　ムラの成員　　ムラの成員は個人ではなく、イエである。現代的な表現でいえば、世帯ということになろう。これはムラでの各種の選挙が個人に投票権があるのではなく、一軒一票の投票であることによく示されている。ムラの集会も、一軒一人の出席である。ムラの成員がイエであるから、イエを表示する屋号や家印がムラとして認知された。ムラの寄合で新しいイエの屋号を承認し、議事録に残すところもあった。ムラの成員となると、ムラの情報伝達や各種負担の順番である連鎖組織のなかに位置づけられ、役職者から発せられる情報がどのイエにも同じように伝えられ、またいろいろなムラの仕事や負担をイエの

道祖神の祭り① 道祖神の祭りは，一般的には小正月にドンドヤキ，サギチョウなどとして行われているが，静岡県東部では夏に行うところがある。(静岡県沼津市)
道祖神② 東日本ではムラザカイに道祖神が祀られている。道祖神は塞神，ドウロクジンなどとも呼ばれ，その姿も多様であるが，長野県から群馬県では男女が刻まれた双体道祖神がみられる。(長野県波田町)
庚申塔③ 必ずしもムラザカイとは限らないが，辻や広場，あるいは神社仏閣の境内入口に庚申塔が立てられている。庚申講が庚申の年を記念して建立したものであることが多い。(埼玉県和光市)

格や貧富に関係なく同じように負った。その点では，ムラはイエを単位にした形式的平等の社会であった。

ムラ入り ムラ入りは，ムラの成員になることであるが，それには大きく2つのコースがある。1つはすでに存在するイエから分家して新しいイエが成立する場合で，手続きは簡単である。本家になる親や兄にともなわれて寄合に出席し，挨拶をすればよい。その席に酒1升持参ということは普通に行われてきた。もう1つは，ムラの外から移住してきた場合で，この転入によるムラ入りはかつては簡単には認められなかった。今でも聞く「草鞋を脱ぐ」という言葉に示されているが，ムラ内の有力なイエを頼んでワラジオヤになってもらい，ワラジオヤの紹介と保証によってムラの一員になった。しかし，そのようにしてムラに居住することは了承されても，ムラの正式の成員にはしてもらえなかっ

野　神① 近畿地方では，耕地と山の境に野神が祀ることが多い。多くの場合，祠はなく，巨木を神体としている。(滋賀県高月町)
野神の祭り② 山の入口ともいうべき地点の巨木を対象に，シトギを供えて，野神の祭りを行う。(滋賀県余呉町)

ムラの広場と太鼓櫓① 滋賀県湖東では，ムラの集会所でもあるお堂の前は広場になっており，その一角に緊急事態や各種連絡事項を報知する太鼓櫓がある。(滋賀県八日市市)
太鼓櫓② 滋賀県湖東地方では，集会の招集や洪水その他の緊急事態を報知するために，ムラの中央部に太鼓櫓が設けられている。他の地方では半鐘が一般的である。(滋賀県八日市市)

た。ムラの共有財産の利用や収益の配分を受ける権利は認められなかった。逆に，イエとしてムラを出た場合には，権利はなくなるのが原則であった。近年では，ムラの領域内に住んでも，必ずしもムラの一員になる必要がなくなっており，

12　ムラの社会構成

化粧地蔵 東日本や山陰地方で道祖神が祀られる地点に,近畿地方では地蔵が祀られている。8月の地蔵盆に地蔵が洗われ,綺麗に化粧の彩色が施される。(㋑滋賀県草津市,㋺京都府丹後市)

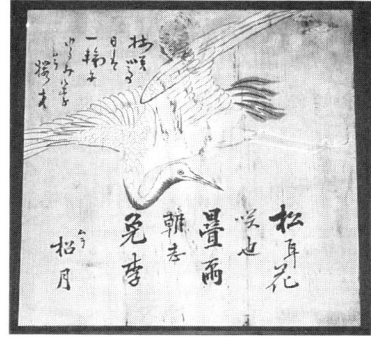

ムラ表記の天井 お堂に奉納された句が格天井に書かれているが,その奉納した人物の居住がムラとして肩書きされている。町村制の村と生活組織のムラを意識して区別している。(山梨県中富町)

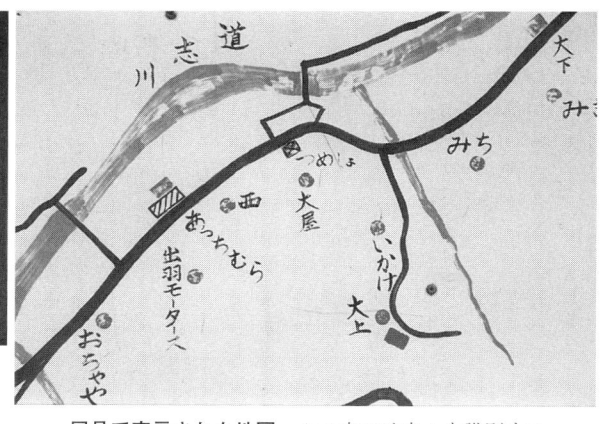

屋号で表示された地図 ムラ内では家々を識別する表示は屋号である。ムラの案内地図にも各家が屋号で示されている。(山梨県道志村)

また一員になることを望まない場合もあり,ムラ入りという観念は薄れている。

家格と階層 ムラは形式的平等によって日常的な秩序ができているが,かつてはすべてにおいて平等・対等というわけではなかった。ムラの成員には権利関係でさまざまな格差があった。イエがいくつかの階層に区分され,その区分もそこに属するイエも世代を超えて維持されることがあった。これが家格と呼ばれるもので,侍分(さむらいぶん)と百姓分,重と平などと,村落内の家々を大きく2つないし3つに区分し,それぞれの権利や義務を設けた。特に,上層の家格にの

家　印　㋑墓石の正面には家紋が記されているが、それとは別に線香台には家印が刻まれている。㋺お堂に奉納された提灯には、奉納者が家印で示されている。（㋑静岡県伊東市、㋺長野県大町市）

モロトの集まり　秋の祭礼に際して氏子をモロトと呼んでいる。モロトはもともとムラウド、すなわち村人のことであった。（滋賀県野洲市）

庁　屋　氏神の境内に設けられており、氏子が祭礼に際して集まって協議をし、また祭祀の準備をする場所である。庁屋は東海地方に顕著にみられる。（静岡県湖西市）

み祭祀権を認める株座に明確に示された。家格の形成要因としては、村落の開発に大きく貢献した自分たちを上層に置き、新しい入村者や分家を低い層に位置づけることによって作り出されたもの、また近世初頭の賦役負担の役屋制度による本役・半役の区分が村落内の秩序となったものなど多様である。家格は近畿や東海地方に顕著に見られ、関東・東北地方では本家・分家関係や主家と家来という個別的な上下関係が重要な意味を持った。西日本では全体として家格の発達は顕著ではなかった。

　ムラには旧家と呼ばれるイエがある。ムラの成員としてのイエは形式的には

公民館① 現在では、ムラには必ず公民館があり、集会施設として機能している。近畿地方では古くから会所・会議所があったが、他の地方では寺院本堂や神社の庁屋が集会所であった。（山梨県山梨市）
半　鐘② 緊急事態、特に火災を報知するために、ムラの中央部に半鐘が吊されることが多い。（静岡県浜松市）

ムラの提灯① ムラの役職者ごとに、それを表示した提灯が作られ、出役する際には持参する。特に、他のムラを訪れる際には必ず掲げていく。（栃木県佐野市）
板　木② 半鐘や太鼓と並んで各地に設けられている報知装置である。（長野県飯田市）

平等原則で存在する一方、イエの古さによって価値が異なった。代数を重ねた古くから存在してきたイエに権威があった。特に草分けとか芝切りと呼ばれる、ムラの開発にあたった者の嫡系の子孫とされるイエが権威をもってきた。草分七軒とか七軒百姓とかいうように、7軒のイエが開発したという伝承を伝え、そのイエが実際に特定できるムラが各地に見られる。

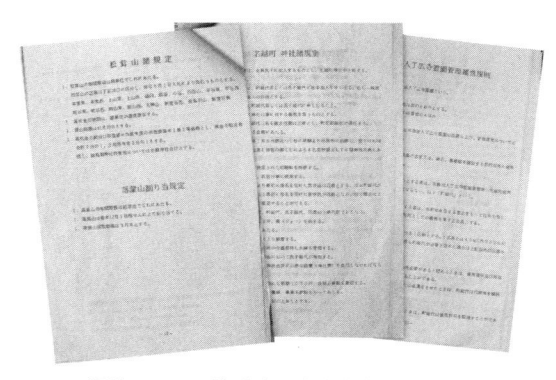

ムラの規約 ムラの協議事項を成文化することは一般的である。滋賀県のムラでは松茸山や落葉山採取についての規定ももうけている。（滋賀県長浜市）

錫杖と当番板 夜に集落内を巡って火の用心を訴える夜番は錫杖を突いて音をたてて歩く。当番順を記載した板が付けてある。（滋賀県余呉町）

寄合と意志決定　ムラの意志はムラの寄合で決められてきた。寄合にはイエの代表（古くは戸主，現在では世帯主）が出席するのが原則である。寄合の会場は，現在ではムラの集会施設である公民館であるが，公民館が全国的に普及したのは戦後のことである。近畿地方では近世から会所という集会施設を氏神の境内などに設けていたが，そのほかの地方では寺の本堂やムラの役職者の家が利用された。寄合の座席は，家格や家柄によって決まっている地方もかつてはあったが，多くの地方では年齢順に座り，近年多くなっているのは会場到着順である。ムラの代表者である区長・自治会長の司会進行のもとに議案が提出され，出席者の意見が出され，最後は多くの場合全会一致で決定される。古くから投票をともなう多数決も行われてきたが，原則は全会一致であった。

規　約　日本は無文字社会ではない。古くから文字に親しんできた。ムラの寄合での協議事項を帳面に記録し，遵守すべき事項を掟や規則として制定してきた。特に近畿地方では，中世後期の惣村の形成にともなって，惣掟とか地下掟が定められるようになり，その伝統は現在までつづいている。ほかの地方では，明治以降に多くの規約が作成されるようになった。近年の自治会や町会の会則は形式的な手続きを決めているだけで，地域の生活を具体的に示すことはほとんどないが，かつての規則や掟は生活そのものにふれ，個性があった。

12　ムラの社会構成

夜番の太鼓 夜番は太鼓と拍子木を叩いて集落内を巡り、火の用心を喚起する。(滋賀県高月町)

年行事が持つ提灯① 現在の自治会長に当たる役を年行事と呼んでいたムラで、年行事が出役するときに持参し、また行事のときには家の前にこの提灯を掲げた。(埼玉県和光市)
生活改善の告② 自分たちのムラが生活改善を行っていることを告知する掲示。葬儀に際して葬家の入口に立てて、訪れる人々に知らせる。(滋賀県野洲市)

ムラハチブ　ムラの秩序を維持するために、人々を統制しなければならなかった。掟や規約に規定された事項に反した場合には各種の制裁が加えられた。最も有名な制裁方法がムラハチブ（村八分）である。ムラの重要な付き合い10種類のうち、火事と葬式を除いて、残り8種を絶交するという解説もあるが、これはこじつけで、八分はハブクの変化したものと考えられる。ムラハチブより厳しい制裁は追放である。はなはだしい秩序違反や火事の火もとになった場合に、ムラの外へ住居を移転させられた。集落からはずれた一軒家には、追放の結果そこに住むようになったという伝承を伝えている例もある。追放や絶交という厳しい制裁を発動することは現在ではない。しかし、罰金という方式は今もあちこちのムラで行っている。

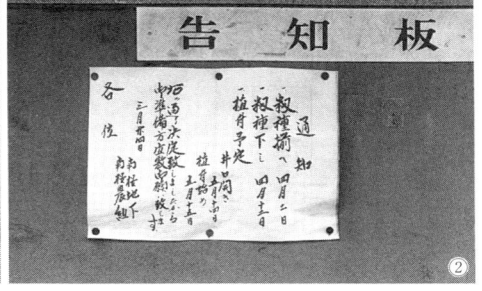

ムラの掲示板① ムラの中央部の辻や広場に、掲示板が設けられていることが多い。その場所は近世には高札場があった。(山梨県笛吹市)
掲示板に掲げられた農事日程② 水利を共同にするムラでは、水田耕作作業も統一される必要があった。苗代の準備から田植までの日程がムラで決められ、掲示板で通知される。(滋賀県野洲市)
ムラの協定③ 各家が農作業に人を雇う場合の賃金をムラで決める。作業ごとに金額が決められており、またムラの共同作業に出役しなかった場合の不参金も明示されている。(京都府大山崎町)

言い継ぎ・太鼓・鐘 ムラは情報を共有する社会といえる。ムラの役職者から出される連絡や通知は、家々を結んだ連鎖組織でムラの全部の家に通知される。通知は言葉で順次受け継がれていくイイツギ（言い継ぎ）という方式を採用してきたが、第2次大戦前後から文字を記した回覧板が普及し、現在では回覧板が一般的である。イイツギの順番に示される、ムラの全部の家を結びつける連鎖組織は、ムラで行なわれるさまざまな家単位のことがらに使用された。祭礼その他の当番、講組織の会場となるヤド、夜警や火の番の順番など、いくつもの役や仕事が連鎖組織の上を巡っている。連鎖組織から外れることはムラの成員でなくなることを意味した。

回覧板のように文字によって伝達するものに掲示板がある。ムラの中心的な位置に立てられているが、そこは近世の高札場であったことが多い。ムラ全体に一斉に通報する方法として、各種の音が用いられてきた。太鼓や鐘の音で、会合を知らせ、さらに緊急事態を早鐘や太鼓の乱打で知らせた。そのための櫓や鐘楼をムラの中心に設けている地方もある。太鼓櫓や鐘楼から打ち鳴らされる音は、ムラを超え、ムラとムラを結んだ。 　　　　　　　　(福田アジオ)

ゲートボール　ゲートボールが登場して，ムラの老人たちの共同性が強まった。しばしば氏神の境内にゲートボール場が造られ，老人たちは毎日そこに集まって，競技に興ずる。(静岡県御殿場市)

13　ムラの交際

交際とは　ムラで生活するためには，村人としての「つきあい」が必要であった。定められた「つきあい」を無視することは，ムラでの生活を困難にさせた。ムラハチブが恐れられたのは，交際を絶たれることがすなわち村人としての生存を困難に至らしめたからである。ムラの交際は単なる個人間の私的な交流などではなく，当該社会の秩序を維持するために重要な役割を果たしていたのである。

交際の範囲　生産の場と生活の場とが，ムラという範域の中で一致していた時代にあっては，交際範囲はムラの範囲に一致していた。しかし伝統的に村外から嫁や婿を取るムラでは，必ずムラの外に親類を持つこととなり，交際範囲はムラの外におよぶ。結婚式や葬式・正月・節供・彼岸・盆・暮などの機会には，村外の親類との交際も盛んとなり，親類関係を確認するよい機会となる。また，祭礼などでも近隣のムラから親類を招待したり，近隣のムラへ祭礼を実

ムラの景観 滋賀県湖北平野中央部のムラで、小山を背に家が密集しその前に耕地が開けた集村の景観を示す。(滋賀県長浜市)

送り盆 親類縁者が精霊船を見送る。(長崎県対馬市、長沢利明氏提供)

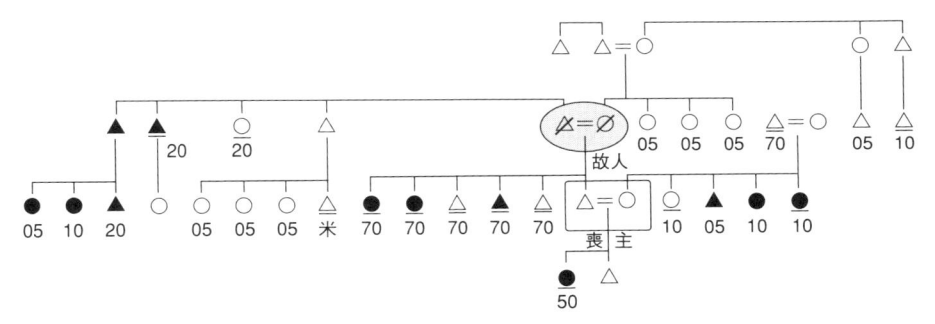

△○ ムラ(地区)内居住　▲● ムラ(地区)外居住

親類関係と香典額 喪主の母親の葬式に集まった親類とその香典額(単位100円)、四十九日出席者(下線)を図示したものである。(山口県下関市)

施する旨の挨拶をし酒を贈る地域もある。一方、ムラのなかでの交際は、ムラで生活するための必須の条件でもある。不義理は許されず、立場に応じての交際が必要とされる。個々のイエは、ムラのなかのさまざまな単位と交際関係を結ぶ必要があり、ムラのなかの各家・近隣・村組（むらぐみ）・講（こう）・親類・同族などと関係する。またイエのなかの個々人も、それぞれ異なる交際関係をもち、年齢集団・同齢集団（どうれいしゅうだん）・各種の個人加盟の信仰集団などに関係する。具体的にみよう。一軒のイエは、その周辺のイエとトナリ(隣)関係を結び、さらにトナリを含んだ地域集団としてのクミ(組)に所属し、同じクミのなかから葬式が出れば手伝い、道路の補修や掃除など村仕事の単位にもなる。以上は、イエを単位と

13　ムラの交際

門徒講 浄土真宗を信ずる門徒集落では、多様な講活動が活発に展開されている。(山梨県富士吉田市, 長沢利明氏撮影)

題目講 法華宗寺院の檀徒が集まり、題目を唱え交際を深める機会となる。(埼玉県蕨市, 長沢利明氏提供)

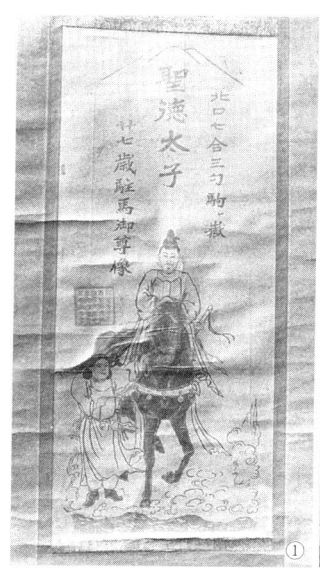

太子講の掛け軸① (山梨県富士吉田市, 長沢利明氏提供)
庚申講の掛け軸② (群馬県みどり市, 長沢利明氏提供)

した交際であるが、イエのなかの個々人もそれぞれの交際範囲をもつ。子供たちはその年齢に応じて子供組・若者組など年齢集団に加入し、世帯主は世帯主のみが加入する講、その妻のみが入る講、若妻が入る講、現役を引退した者のみが入る講などさまざまな講がある。同年齢の者が特別に親しく交際する地域では、同年講が結成されたり、同級生としての交際がとくにさかんで、同年の死に際し香典をおくったり、結婚祝いで特別に祝ったりする。

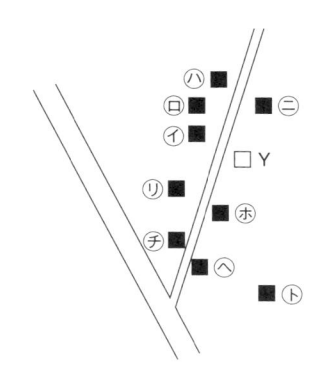

	イ	ロ	ハ	ニ	ホ	ヘ	ト	チ	リ
リンカ(戦前)	○	○			○	○		○	○
隣組(戦中)					○			○	○
リンカ(現在)	○	○			○	○			
班(現在)	○	○	○	○	○		○		

近隣関係 図はY家の近隣を示したもので，表は戦前から現在までの変遷表である。行政末端単位である隣組，班と伝統的近隣関係のリンカとの差異が知られる。(神奈川県大和市)

葬式の手伝い 同じ講に属する婦人たちは葬式を出すイエに行き，食事の用意など台所関係の仕事に忙しい。(山口県下関市)

葬　式　㋑焼香，㋺出棺，㋩待機，㊁葬列。(山口県下関市)

13　ムラの交際

盆の墓掃除 どこでもお盆を迎えるに際し、墓地はきれいに掃除される。先祖が帰ってくるからである。ムラで共同墓地を設けている場合は、各家から人が出て、賑やかに行われる。(三重県名張市)

墓地の草刈り (山梨県富士吉田市、長沢利明氏提供)

テングサ干しの共同労働 (静岡県南伊豆町、長沢利明氏提供)

用水普請 用水路を整備し、清掃することはムラの共同労働の重要な内容であった。田に水を流し込む前に、各家から一人ずつ出て、用水路の補修と清掃が行なわれた。(群馬県伊勢崎市)

日常的な交際 同じムラの顔見知りと、道端で会ったときの挨拶や立ち話、近隣への訪問などで、話の内容はごく日常的な情報のやりとりであったり、噂話であったりする。とくに近隣との交際はさかんで、家族同様のつきあいをする地域もある。旅に出発する隣人のために餞別を贈り、帰ってくれば土産を配るという形態は、このような日常的な交際が基本にあると考えてよいだろう。日常的に人々が集まる場としては、いわゆる井戸端会議などがその典型的な例であるが、床屋や銭湯、あるいはPTAなどで集まる学校なども日常的な交際の場として最適な場所であろう。とくにいくつかのムラの人々が互いに集まる機会ともなるPTAは、噂話を仕入れる場としては最適である。こうした

池掃除 長野県小海町の松原では、ボートに分乗して松原湖に生えた藻を刈り、ゴミを掃除する共同作業がムラの大きな行事となっている。(長野県小海町)

焼畑 ユイによる焼畑の火入れ。(長野県栄村、長沢利明氏提供)

屋根葺き 屋根の葺き替えは、親類などの互助協力によってなされる場合が多い。(群馬県みどり市、長沢利明氏提供)

噂話が世間話として定着し伝承されることもあり得るのである。
　互助共同　ユイあるいはモヤイと呼ばれる共同労働は、相互扶助の原則にもとづく互助共同作業と、ムラづとめと称する一方的な労力の提供とがみられる。前者が、ムラづきあいの論理による双務的な関係であるのに対し、後者はムラあるいは特定のイエに対する奉仕作業であり、個々のイエの義務とされ、いわば上下的な関係といえる。相互扶助作業は、農作業など生産に直結した労働だけでなく、家の新築・屋根葺き・祝儀・不祝儀・無尽講など、ムラで生

13　ムラの交際　　135

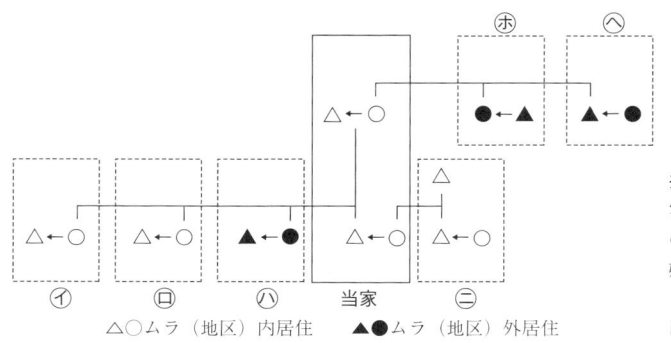

タバコの収穫・乾燥の互助共同作業 図では、㊁妻の実家と㊭母の姉夫婦、㊅母の兄夫婦、㋑㊆㊇の自己の妹の嫁ぎ先3軒の計6軒から援助を受けている。(山口県下関市)

△○ムラ（地区）内居住　▲●ムラ（地区）外居住

屋根葺きの互助共同作業 図で、注目されるのは妻の㊆㊇㊁の兄弟姉妹の嫁ぎ先、自己の㋑妹の嫁ぎ先の援助を受けていることで妻方に依存していることがわかる。(山口県下関市)

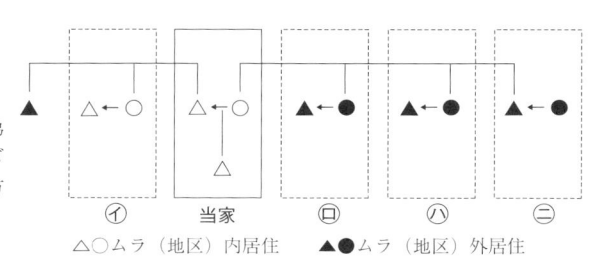

△○ムラ（地区）内居住　▲●ムラ（地区）外居住

瓦屋根の屋根替え　(長崎県対馬市、長沢利明氏提供)

活するあらゆる面で行われており、その交際相手は地縁関係・親類関係・擬制的親族関係・職場関係・友人知人など多方面にわたっている。母方妻方の親類と強い結びつきをもつ地域がある一方、マキ・ジルイ（地類）・ジシンルイ（地親類）など同族との結びつきの強い地域、親分子分関係の強い地域など、交際

136　Ⅲ　ム　ラ

地引網 網漁は多くの人々の労働の成果によって作業が可能となる。（愛知県幡豆町，長沢利明氏提供）

モヤイ舟 2隻の舟を綱で縛って離れないようにして，風雨の難から避けようとする。モヤイはこのように互いに対等に結びついて労働し，成果を分ける。（京都府伊根町）

サイト焼き 道祖神の碑にオカリヤとよぶ小屋をかぶせ正月の飾り物とともに燃し，だんご焼きをする。地域の大人も子供も集まり，無病息災を願う。（神奈川県藤沢市）

ドンド焼きの薪を集める子供たち （山梨県富士吉田市，長沢利明氏提供）

対象の選択にも地域的特性がみられる。

　一人前　交際の単位を，個人とするかイエとするかは交際の目的によっても異なる。ムラづきあいやムラづとめは，家相互間の交際であるが，イエを構成する個々人の交際は，当人の成長過程を追うことにより知ることができる。ヒトがムラで生まれ，一人前となるためには，さまざまな人々との接触が必要であった。子供が，乳児から幼児へ成長すると，子守りを雇う地域がある。ここで子供は子守りの姉と接触することになる。伊豆諸島などでは，子守りをモリアネと呼び，子守りと幼児との関係は一生続くという。7歳くらいになると

地蔵盆① 子供たちの数珠まわし風景。(長崎県対馬市, 長沢利明氏提供)
小石のおはじき遊び② (長崎県対馬市, 長沢利明氏提供)
紙芝居③ (東京都江戸川区, 長沢利明氏提供)。
若者組④ (滋賀県野洲市)

子供組に加入し、遊び仲間としてさまざまな遊びを経験するとともに、正月の道祖神祭り・鳥追い・亥の子あるいは祭礼などで、子供組の一員として活躍する。15歳くらいになると成年式を行う。エボシイワイ（烏帽子祝い）とかカネツケイワイ（鉄漿付け祝い）と呼ばれ、このとき他人を義理のオヤに頼む地域もあり、エボシオヤとかカネツケオヤ・ヘコオヤ（褌親）などと呼ぶ地域もある。このオヤとは生涯の関係をもつこととなる。成年式では種々の試練を与える地域もあり、力だめしをさせたり山上参りをしたりする。マタギのクライドリも

若者組のハッピ① （新潟県佐渡市，長沢利明氏提供）
祭礼の提灯② （山梨県富士吉田市，長沢利明氏提供）
神　輿③ （群馬県桐生市，長沢利明氏提供）
青年のおはやし④ （東京都檜原村，長沢利明氏提供）

　本来は一人前になるための加入儀礼であったという。若者入りも一人前になるための試練であり，若者組への加入で一人前とみなされることとなる。若者組の主たる機能は，祭礼と婚姻への関与であり，ムラの秩序の維持にも大きな力を発揮した。若者組運営の核が集会所であり，ここへ若者たちは集合し寝泊りをしたのである。また，ムラの有力者の家で，数人の仲間と寝泊りする地域もある。ネヤド（寝宿）とか泊り宿と称し，仲間をネコナカマと呼ぶこともある。

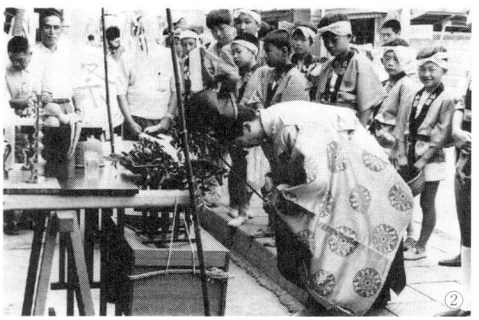

天神祭り① 神主のお祓いを見守る町内会，子供会の代表。(神奈川県川崎市)
子供組の祈禱② (群馬県みどり市，長沢利明氏提供)
秋祭りの獅子舞い③ (東京都檜原村，長沢利明氏提供)

藁の大蛇による道切りの祈願 (千葉県船橋市，長沢利明氏提供)

ワラ蛇の道切り (秋田県男鹿市，長沢利明氏提供)

ゾウリの祈願　（東京都葛飾区，長沢利明氏提供）

飼馬安全の絵馬額　（栃木県矢板市，長沢利明氏提供）

ネヤドを提供してくれた家の主人をヤドオヤと呼び，仲人役(なこうどやく)をつとめてもらい，生涯の関係となる地域もある。

　祭　礼　カミを祀り，カミを供応する人々の集団が祭祀集団であり，これにはムラの範域を越えた村落連合や郡郷の単位がある一方，ムラのなかの小集団や同族団の単位もある。しかし，もっとも一般的な祭祀集団は，ムラを単位とした集団であり，村人全員が参加して祭りをもりたて，はめをはずしての大騒ぎがあったとしても，ムラとしてのまとまりがその前提にあった。したがって祭りへの不参加は，ムラの日常的秩序への敵対であり，制裁を課せられることもあった。雨乞いや虫送り・風祭り・道切(みちき)りなどの共同祈願も，村人全員の一致した願望であり，これに反する行動に対しては制裁を課すこともある。このように，ムラのまとまりは祭礼や共同祈願の際に顕在化し，ムラの団結にひびが入ると，祭礼や共同祈願に反映されやすい。近代化の流れはムラのまとまりの必要性をなくしていった。ムラは，より小さな生活範域を中心とした小集団のまとまりと，個々のイエの親類関係を軸としたまとまりに分化し，ムラの共同祈願は衰退し，個々のイエレベルでの病気回復や安産・受験などの祈願がさかんとなった。祭礼の本質も変化している。都市周辺では一時期衰退していた祭礼が復活し，イベントとして前よりさかんとなっている地域もあるが，祭りを

子供神輿 商店会から寄贈された子供神輿の巡行。元来神輿のなかった地域での新たなイベントとして登場したもの。(神奈川県川崎市)

都市の祭礼 鵠沼烏森神社(お神明さま)の祭礼。各地区の山車が神社境内に勢揃いする。(神奈川県藤沢市)

行う人々と、祭りを見物する人々とに分化し、カミを供応する本質部分が衰退化していく傾向がみられる。

　交際の変化　近代化の過程で、ムラ社会の解体がすすみ、共同社会としてのムラから行政末端地域としての村へ変化していった。経済圏の拡大、交通・通信の発達で、外部との接触が容易となり交際範囲は拡大した。このことは、交際の簡略化をもたらしたが、他面、交際対象の多様化をもたらし、交際支出を増大させ、歳暮・中元・祝儀・不祝儀など交際慣行自体はむしろ活発になってきたようにもみえる。

　　　　　　　　　　　　　　　　　　　　　　　　　　(畑　聰一郎)

水　車　水の流れを利用して羽根車を回転させて，小屋の中に動力を伝え穀物などを搗く。
（岩手県遠野市）

14　農　と　生　活

　農耕の条件　　大地に種子や苗を作付けて作物を収穫する農業は，それぞれの地域の自然条件や経済条件に合わせて展開している。水田や畑といった耕地は，基本的には地形に規制されながら開かれているし，作られる作物は気候や土壌，さらに土地土地のおかれている地理的・経済的な条件にあわせて選ばれている。農耕は，食糧を供給する生産活動ではあるものの，その具体的様相は全国一律ではないのである。

　歴史的には，縄文時代終末期に北九州地方から行われるようになった水田稲作は，その後の日本の社会や文化に大きく作用し，社会や文化の統合の要の一つとなったが，一方には伝統的に畑作を生活の基盤とする人々もあることを忘

水田のひろがるムラ① 田は耕し起こされ，畔が作り直され，さらに起こされた土が細かく砕かれて水をたたえている。この後，代かきをして田植となる。（栃木県塩谷町）
山の斜面に開かれた水田② なだらかな山の斜面にテラス状に開かれた水田。こうした田を棚田と呼ぶ。（長野県富士見町）
山の斜面の茶畑③ もとは常畑としてさまざまな作物をつくったが，昭和30年代以降換金作物の茶の栽培が広まり，一面茶畑となった。（神奈川県相模原市）

れてはならない。

農耕のサイクル 水田稲作と畑作とは，耕地のあり方が違うだけでなく，それぞれで行われる農耕活動のサイクルも異なっている。

水田稲作では，同じ耕地が春になると耕し起こされ，苗代で稲苗を作り，これを田植して育て，秋になって穂を結ぶと刈り取って脱穀し，米を得るという作業が毎年繰り返される。米を作る種籾は毎年更新され，継承されるにしても，稲作の作業は1年ごとに完結するサイクルをもって行われている。水田稲作は稲を中心に，連作をするといったきわめて単純なサイクルと土地利用のあり方をしているわけである。

これに対して畑作は，土地利用の方法に，常に畑として利用する常畑と一定の休閑期間をもちながら利用する焼畑（切替畑）とがあり，しかも常畑では季節によって異なる作物を順番に作付けていく輪作が行われ，1枚の畑に作る作物は1種類とはかぎらない。晩秋から翌年の初夏にかけて麦を作ると，その後に陸稲や甘藷，あるいは粟・大豆などを作るといった具合に，1年に2種，ま

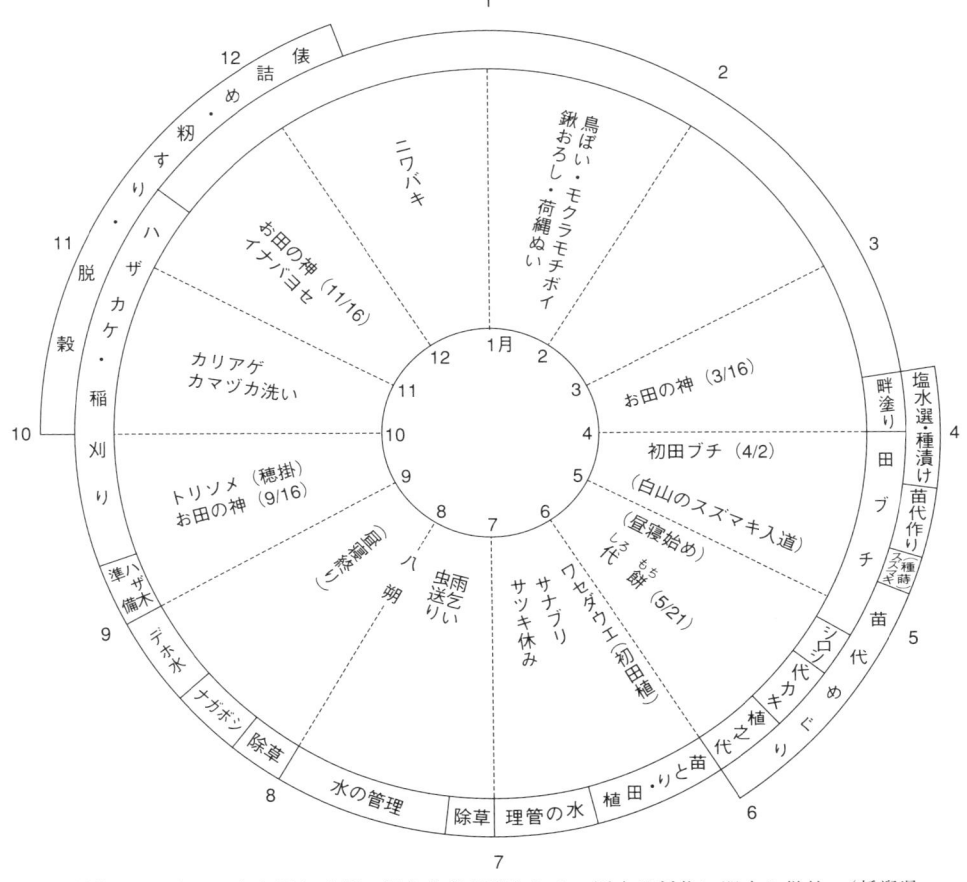

稲作のサイクル 毎年同じ時期に同じ作業が行われる。円内は稲作に関する儀礼。（新潟県五泉市）

たは2年に3種類の作物を作付けて収穫することになる。焼畑（切替畑）では，山の草木を焼いて開くと，4〜5年間畑として利用し，その後は十数年あるいは数十年間山林や原野にもどして土地を休ませ，この期間を過ぎるとふたたび畑を開くといったことが行われる。畑作の土地利用や栽培作物のサイクルは単純ではなく，1年という歳月では完結せず，2〜3年あるいは4〜5年，焼畑の休閑期間を含めると数十年といったサイクルをもっている。

稲作の基盤と技術 水田稲作にとってもっとも大切なのは，毎年田を耕して稲を作りつづけることである。田を耕しつづけることは，稲を育てる土を作

焼畑のサイクル ここでは火入れ時期，作付ける作物によって3種のコバ（焼畑）がおこなわれた。（宮崎県西米良村，民族文化映像研究所編『西米良の焼畑』西米良村教育委員会刊による）

［1年目：コバ切り・木おろし（9〜12月）／火入れ・播種・コバウチ・除草・虫よけ（4月▲）／ヒエ（〜10月収穫・脱穀11月）／2年目：ヒエ又はアワ／3年目：小豆／4年目：ヒエ又はアワ］

夏コバ ［1年目：コバ切り・火入れ（7月▲）／ソバ・ナタネ（〜翌5月）／2年目：アズキ／3年目：アズキ］

夏コバ ［1年目：コバ切り・火入れ（7月▲）／大根／2年目：サトイモ／3年目：アズキ］

苗代 圃場整備が進むと，1枚の田も広くなり，苗代は臨時に畦を設けて区画して作る。このような水苗代は今ではほとんどなくなり，田植機用のカセット苗代になっている。（愛知県犬山市）

田植 動力田植機が使われるようになり，短期間で仕事が終わるようになって，ユイなどの共同は行われなくなった。（神奈川県平塚市）

稲刈り ㋑昭和30年代以降機械化が進み，稲刈りはコンバインで行われるようになった。㋺鎌で稲を刈る。手に握れる分を刈って腰につけた藁で束ねる。（新潟県五泉市）

ることでもあり，近年の減反政策は稲を作らないだけではなく，稲作の基盤となる土作りを放棄することにもつながっている。

　毎年の耕作は，一方では稲作に欠くことのできない灌漑水確保の制度化を生んでいる。灌漑水の確保には，雨水や湧水といった天水を利用する方法と池や井戸・河川から水を引く方法とがあり，とくに後者の方法は1つの水源を複数の耕作者，あるいはいくつかのムラで利用するため，番水や堰番などさまざまな水利慣行ができあがっていることが多い。灌漑水の確保は，人々の共同や村々の対立などももたらし，単に米を作ることだけでなく社会的な行為としても位置づけられる。

14　農と生活

稲のハザ掛け 田の畦などに榛の木を植えたり丸太を立ててハザをつくり、刈って束ねた稲を掛けて干す。（新潟県五泉市）

稲干し 刈った稲の干し方は地方によって様々な形がある。手前は稲束を立て並べて干す地干し、後方は竹のハザによる掛け干し。（神奈川県平塚市）

谷津田 丘陵の谷の水田、山から絞れ出る水を利用して稲作を行う。こうした水田は湿田が多く、条件は良くないが、旱魃の影響を受けることは少ない。（東京都多摩市）

溜池 一番上の田の一角には山からの絞れ水を溜める池がある。この水を下の田に流して稲を作る。水田は地形に合わせて開かれているので、形や大きさがまちまちである。（福島県喜多方市）

　こうした基盤をもちながら行われる稲作には、具体的には苗代で稲苗を作って田植をして米をとる方法と、摘田とか蒔田などといい、種籾を堆肥や灰などと混ぜ、じかに田に蒔いて米を作る方法とがある。一般的には田植を行う方法が知られているが、関東や九州地方などでは、昭和30年代まで伝統的な直蒔き栽培である摘田をしていた地域がある。

　日本の稲作法の特色には、これら2つの稲作法の存在とともに湿田への対応技術の発達があげられる。明治時代末以降、耕地整理や暗渠排水などの土地改

ヌルメ 山間地の用水路は水温が低く、苗の生長の妨げとなる。用水路から直接冷たい水が流れ込まないように、水口から水を畦に沿って迂回させ、水温を高めてから水田に入れる。(奈良県田原本町)

ドブッタ 地下から水が湧き出て、泥深い水田は底に板を敷いて、人々は身体が沈まないように、その上を移動する。区画をする畦も設けることが難しい。(奈良県田原本町)

用水堰 昭和初期に造られた大規模な飯島堰。(神奈川県平塚市)

堰普請 丸太を組んで川くらを造り、石を入れた蛇籠(じゃかご)をのせて堰とする。毎年春に造られる。(神奈川県平塚市)

良がしだいに行われ、戦後には湿田は少なくなったが、これ以前は胸まで田の中に入って田植をするようなところもあった。こうした湿田では、田の中に丸太や竹を沈め入れて作業の足場としたり、稲刈りには田下駄を履いて深くもぐってしまうのを防いだり、刈り取った稲が泥水につからないように田舟や刈り台を使った。土地改良が進むとともに、湿田への対応策はしだいに忘れられようとしているが、各地でさまざまな工夫が行われてきた。

　　畑作の技術　　畑作は前述のように、土地利用の方法によって焼畑(切替畑)と常畑とがある。焼畑は、現在ではごく一部の地域で行われるだけとなっ

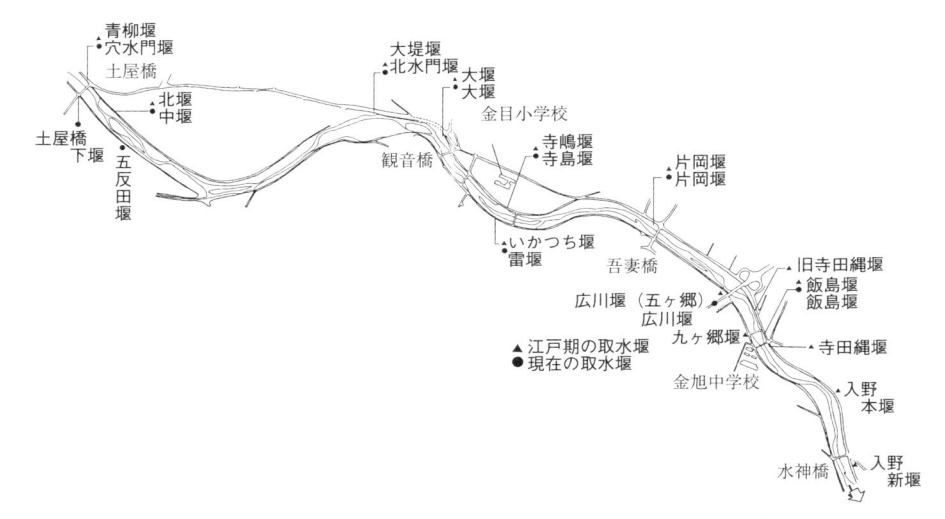

取水堰 川を水源として灌漑をする場合は，随所に堰をつくって水を引く。金目川にはこの図の上流にも7ヵ所に堰があり，灌漑域は近世の村でいえば30数ヵ村にもおよぶ。（平塚市博物館編刊『相模川流域の自然と文化』より）

用水の分岐 水路の大きさをかえて分け水の量を調整する。（神奈川県平塚市）

セギ番表と鳶口 田に水を引き始めると，セギ番表に従って各家が順番にセギ番に出る。鳶口をもって用水路をまわり，ゴミを取り除く。（神奈川県平塚市）

ているが，日本に稲作が伝来する以前からの農法と推測され，日本の社会や文化の歴史を考える上で重要な意味をもっている。焼畑はアラキ・カノ・サス・ナギハタなどど呼ばれ，粟・稗(ひえ)・蕎麦(そば)・大豆・小豆といった穀類・豆類が多く作られ，各地方ごとに山を焼く火入れの時期や作付ける作物の順序が決まっている。また，水田稲作や常畑とは違い，ムラの共有地を共同で焼いて開き，各

150　Ⅲ　ム　ラ

車　田　田植にはさまざまな方法があるが，これは田の中央に杭を立てて中心にし，同心円状に植える方法，佐渡や飛驒地方で行われている。(岐阜県高山市)

緑　肥　田の肥料として青草や木の葉などの緑肥（りょくひ，刈敷＝かりしき）を押し込む。この写真は摘田でのもので，緑肥を入れてから，田の表面をエブリで平らに均す。(横浜市緑区，小林梅次氏提供)

摘　田　種籾と堆肥・灰などは混ぜて，桶に入れて持ち，田に株になるよう点播する。(横浜市緑区，小林梅次氏提供)

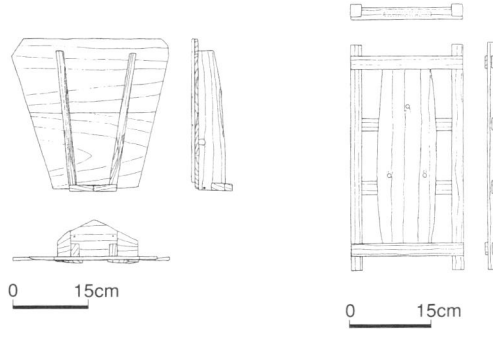

田下駄　稲刈りのときに足が深くもぐらないように履いて田に入る。形態にはいくつかあるが，利根川北岸地域ではこの2種が使われ，ワヅケと呼んでいる。(茨城県龍ヶ崎市，『龍ヶ崎市民俗調査報告書』Ⅱより)

戸に割替えして利用することも行われたのが重要な点である。

　常畑は垣内畑・菜園場・前栽・園などの名が示すように，屋敷や集落内での畑作がもとになった農法で，肥料を施しながら作物を作る。関東地方などでは，小正月に木を削って作った「粟穂・稗穂」を堆肥の上に立てる儀礼が各地にあるが，まさにこれは作物が肥料によってできることを示している。

　農具の変化　　農作業に用いる諸用具は，長い間人力による手労農具であっ

14　農と生活　　151

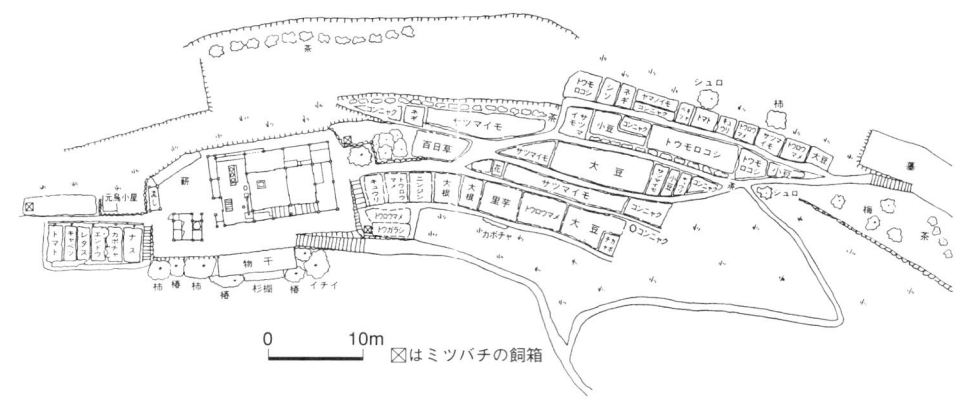

山村の屋敷畑 住居の周囲の常畑。畑は小区画に分けられ、さまざまな作物が作られている。1区画ずつ異なった作物を輪作する。（奈良県上北山村、『国立歴史民俗博物館研究報告』第18集より）

畑の境木 田は畔が境界となるが、畑は低灌木を植えて境の目印にする。（神奈川県茅ヶ崎市）

畑作物の苗床 サツマイモや野菜類の苗を作る床。藁で周りを囲い、中に堆肥や土を入れ、ビニールをかぶせる。（神奈川県平塚市）

堆　肥 自給肥料の中心は堆肥と下肥（しもごえ）で、堆肥は山の落ち葉や藁くずなどを積んでいる。（神奈川県平塚市）

さまざまな鍬 左からトウグワ、ハバタ、サクグワ、クロツケグワ、ハバタマンノウ、サンボンゴ、バチマンノウ、マンノウ、コイマンノウ。それぞれ用途が決まっている。（埼玉県さいたま市）

里芋の植え付け 畑にサク状に一定間隔に穴をつくり種芋を入れて鍬で土をかける。(神奈川県平塚市)

麦ぶち 千歯扱きで脱穀した麦穂をクルリ棒でうつ。竹の柄につけた棒を回転させながら下に広げた穂をうって粒にする。1930年。(神奈川県平塚市)

竹の歯の千歯扱き① 竹を並べて歯としたもの。(埼玉県行田市)
千歯扱き② 江戸時代の中ごろに全国に広まって使われるようになった稲・麦の脱穀具。これ以前は,稲は扱き箸を使った。(神奈川県平塚市)

たが,第2次世界大戦以後,急速に動力農機具が普及した。手労農具の時代にあっても,たとえば江戸時代の千歯扱きや唐箕の普及などのように農作業の省力化を進めたり,家族労働のあり方に影響を及ぼす変化はあった。しかし,歴史的に知られているかぎりでは,動力農機具の開発と普及がもっとも大きな変化である。

　手労農具の時代は,「農は人並」などといってムラの家々が同じ歩調で農作業を進め,ここではユイ・テマガワリ・スケといった家々の共同が行われた。ところが動力農機具の出現は,共同労働を機械の所有を中心とした共同に変えたり,家々の農作業の個別化を進め,兼業農家の増加に拍車をかけた。もはや

年神棚 収穫物や肥料を入れるカマスを年神棚に祀っている。（神奈川県相模原市）

鍬始め 正月11日に、仕事始めとして畑に松、シメを立てて少し耕してから拝む。（神奈川県相模原市）

鍬神様① 正月には家のニワ（土間）の臼の上に松を飾り、農具を並べて祀る。この松を鍬始めに使う。（神奈川県相模原市）

小正月の繭玉団子② 団子を農作物の形などにつくって、木の枝にさして飾る予祝行事。木の元には小さな俵がおかれ、里芋の形の団子などがのせられている。（神奈川県秦野市）

動力農機具を用いない農業は考えがたく、農耕への意識自体も変わりつつあるといえよう。

農耕儀礼　農耕活動は種子を蒔き苗を植え、稔った作物を収穫するだけではなく、それぞれの農耕過程に儀礼がともなっている。つまり、実作業と儀礼が一体となって一つの過程を形作っているのである。

とくに稲作の場合は、各作業が単なる労働でなく、神祭り的な性格を強くもっている。正月には秋の豊かな稔りや農作業の安全を願って、田を耕す所作をする初田打ち、田植の所作をするサツキ、さらに稲などの作物の稔りの姿を示す餅花などが作られる。実際に稲作がはじまると、苗代に季節の草花や焼米を

田の神様 エビス・大黒と同じ棚に祀られた田の神様。田植の後のサナブリにはここにテナエと呼ぶ稲苗を供える。(新潟県五泉市)

農休日の表示 田植の後, 稲刈りの後などにはムラ揃っての休日が定められて告知される。(神奈川県平塚市)

花田植 ⓐ田植に先立って飾り立てた牛に馬鍬を引かせて代かきをする。ⓑ着飾った早乙女が, ササラと呼ぶ楽器, 太鼓, 田植唄にあわせて稲苗を植える。(広島県北広島町)

供えて田の神を祭る水口（みなくち）祭り, 田植の開始時にはサオリなどと呼ぶ初田植, 田植終了時には同じく田の神を祭るサナブリがあり, これらには各家ごとの儀礼とは別にムラ揃っての儀礼も行われる。田植自体も, 早乙女（さおとめ）と呼ばれる女性が着飾って行ったり, 中国地方などでは花田植と称してササラや笛・太鼓によるお囃（はやし）と田植唄に合わせた芸能化した田植が行われたりしている。

　稲の無事な成育は, 1枚の田, 1戸の家だけでは望めない。田植後にはムラ全体として稲の害虫を送り出す虫送り, 降雨を祈願する雨乞いといった共同祈願が行われる。また, 九州地方では十五夜綱引きといって, 十五夜のときに2つのムラ, あるいは1つのムラが2つに分かれて綱引きを行い, その勝ち負けで豊作を占うことも行われている。

14　農と生活

生姜畑に立てられたお札 さいたま市地方では群馬県の榛名神社が作神様とされ、お札を受けてくると畑などに立てた。（埼玉県さいたま市）

オカマサマ イエの中に祀られたオカマサマに、田植の後のサナブリに供えられた稲苗、稲刈り後のカッチゲに供えられた稲穂がある。（茨城県龍ヶ崎市）

　稲が育ち、収穫前には成熟する前の稲穂を神仏や田の神に供える穂掛けがあり、稲刈りが終わるとさまざまな収穫儀礼が行われている。

　実際の農作業の区切りごとに儀礼が行われるのは以上のように稲作に顕著で、畑作ではその存在は薄い。稲作は前に述べたように連作が基本で、農耕のサイクルが単純なため諸儀礼が組み立てやすいのに対し、畑作は複数の作物を連作し、そのサイクルも単純ではなく、畑作全体の儀礼が組み立てにくいのである。畑作では、麦作の儀礼、アワの儀礼というように個別にはいくつかの農耕儀礼が伝承されている。
　　　　　　　　　　　　　　　　　　　　　　　　　　　　　（小川直之）

漁村の景観 海端まで民家が密集している漁港。ここでは海女も活躍している。（山口県長門市，清水満幸氏提供）。

15　海と山の生活

海と山の生活と自然　海と山とは景観上はまったく異なるが，海と山の生活の間には景観的相違を越えて，共通性が認められる。たとえば昆布や若布・サザエ（栄螺）・ウニ（海胆）などを採り始める解禁日を定めた磯の口開けは，山の萱や菅・ゼンマイ（紫萁）・ワラビ（蕨）などの採取開始を定める山の口開けと同趣旨である。また，海と山の特定の領域に入ると通常使うことばに代えて特殊なことばに言い換えることがあり，それを沖ことば・山ことばというのも同様である。このような共通性は，両者の生活が自然に大きく依存して成立しているところから生じたものと見られる。

海に生きる仕事と技術　海によって成立する仕事の中心は漁業にあるが，海上輸送・交易や製塩なども見逃すことができない。その際，海のもつ海洋学

五木村の集落 宮崎県椎葉村とともに有名な山村で,山の斜面に耕地が開かれている。(熊本県五木村)

山村の景観 山を背にした民家の周囲には菜園などが存在する。(宮崎県椎葉村)

北前船の絵馬 大きな帆をはり風に乗って,物資の流通に大きな役割を果たした北前船。1846年(弘化3)3月,吉本善京作。(新潟県村上市)

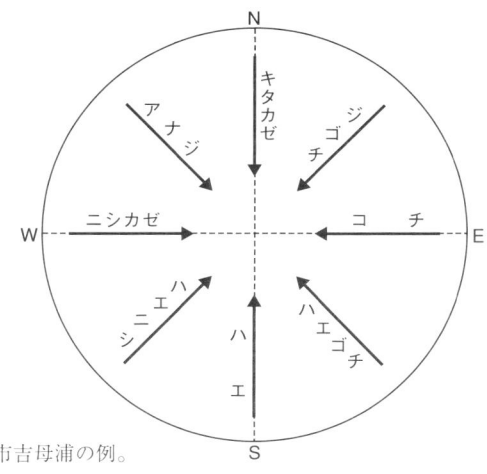

風　名 山口県下関市吉母浦の例。

的条件を知ることは漁業活動にとって不可欠だが,さらに風を識別するための能力や山アテの技術などもそなえていなければならなかった。漁民が船を使って輸送や交易に従事する場合はなおさらだった。

　漁業活動は,海草類・小魚・貝などを採取する磯(いそりょう)漁のほかに,突(つきりょう)漁・アマ(潜水)漁・網(あみりょう)漁・釣(つりりょう)漁などに区分できる。船上から銛(もり)などで突く見突き漁やアマ漁などの原初的漁法は用いられる漁具の構成も比較的単純で,個人や夫婦

曳網船　(「和船」『技術と民俗』上)

海女の姿　現代の海女。ウェット・スーツを着て、メガネをつけ、足にヒレをつける。右手にもった金具はウニカギ、左手の金具はコガネとよぶ。ウニやアワビをおこすのに使う。手前の桶は磯桶で、捕ったウニやアワビを入れるもの。(山口県下関市)

網の修理をする夫婦　(山口県下関市)

自家用の干物を作る　(新潟県村上市)

などの小単位で営まれるのがふつうである。網漁や釣漁は小人数で行われるほかに、多くの人手を必要とする形態もみられるところが特徴で、資本制的経営をともなうこともある。網漁は網の形態から、抄網・掩網・曳網・敷網・刺網・旋網・建網などに区分でき、釣漁は一本(竿)釣・手釣・延縄に分けられる。このほか突きと網を利用し何百人もの人員を要した捕鯨はすでに姿を消したが、「一頭とれれば七浦栄える」といわれ、大規模漁業の代表格といえた。

漁村の暮らし　ひとくちに漁村といっても漁業への依存度は所により異な

魚見小屋 回遊してくる魚の群を発見し、そのことをムラに大声で伝えるために、見晴らしの良い場所に魚見小屋が設けられていた。(静岡県伊東市)

昆布干し 北海道東部の海岸では、昆布採取が盛んである。採った昆布は浜に広げて乾燥させる。(北海道釧路町)

昆布を運ぶ籠 舟で昆布を採取して港に戻ると、昆布を籠に入れて背負い、干場まで運ぶ。(北海道釧路町)

り、専業漁村から農業主体の漁村まで成立する。瀬戸内海から九州北部には、正月や盆・祭礼などに帰港するだけで生活のほとんどを海上で過ごす家船などとよばれた漁民集団があった。また漁村には魚介類の販売や加工を業にする人々や船大工なども居住し、漁業を中心にした複合的生業構成がみられる。なかでも行商をして歩いたイタダキ・カネリ・シガなどとよばれる漁村の婦人たちの活動は注目される。海女もそうであるように、漁村の女性は農村の女性にくらべて経済的実力をもつといえ、このことが活力に満ちた海の女の性格形成に関与しているとみられる。同様に、体力を要求される漁業活動の性格上、若者の力も高く評価され、若者組が発達するなど、年齢階梯的社会構成をもたらす要因ともなっている。

葛　橋　徳島県西部の祖谷峡谷にかけられた葛橋は，ムラの人々の共同労働で定期的に架け替えられる。（徳島県三好市）

雪橇を利用した木材搬出　ドットコ，ツルなどとよぶ道具で木材をおこして，橇に載せる。（福島県南会津村）

キンマ道　この木道の上をキンマ（木馬）が走って木材を運び出す。（栃木県鹿沼市）

炭焼がま　（熊本県五木村）

山に生きる仕事　山の仕事は，木材・鳥獣（ちょうじゅう）・川魚・草木・鉱石などの山の資源に応じて多様に展開されてきた。木材ひとつとってみても，伐採（ソマ＝杣）・製材（コビキ＝木挽）・搬出（ダシニンプ＝出し人夫）・炭焼などを数えることができ，加えて狩猟，川漁，楮（こうぞ）・三椏（みつまた）による和紙生産，蠟燭（ろうそく）の原料となるハゼ（櫨）やウルシ（漆）の実の供給，ゼンマイなどの山菜採取・販売などが，主として高度成長期までの山村経済を支える柱になってきた。

　こうした仕事の多くは集落に定住しながらいくつも組み合わせて営まれた。だが他方で居住地を一時的に離れたり移動したりしながらの漂泊的生活を送った人々もあった。たとえば，マタギという奥羽地方の狩猟者，山奥に入り良材を得て椀や盆などの木製品を作った木地屋，山間の川辺などにセブリと呼ぶテントをはって移動して箕（み）などの製作修理をしたサンカ，山中で製鉄に従事した

川漁　㋑銛を使って魚を突く。㋺投網。（宮崎県椎葉村）

梁　流れに向かって簀子を設け，魚が跳ね上げられるようにして，流れを下ってくる川魚を捕る。（愛知県東栄町）

和紙つくり　蒸した三椏の皮をはぐ。この後，これを煮て叩き繊維をほぐしてから紙に漉く。（山口市）

山菜採取　足場が滑るのを防ぐため金カンジキをつけている。傍らの籠にとったゼンマイを入れる。（福島県南会津町）

タタラ（踏鞴）師などはその代表的存在だった。杣や木挽きのなかにも渡りの生活を送った者は少なくないし，出稼ぎ的に広く世間に出て活動した漆搔きや屋根葺きなども特色ある存在であった。また鉱山が発見されたところには採掘にともなって鉱山集落が形成され，マチのような活況を呈した場合も少なく

ゼンマイを干す　（福島県只見町） 　　　　　シイタケを干す　（静岡県沼津市）

カラムシの皮をはいで繊維を作る
（福島県昭和村）

コンニャク畑　（栃木県鹿沼市）

コンニャク作りの様子　（熊本県五木村）

山仕事の身じたく ㋑春 市販の作業ズボンと上衣に地下足袋をはき、背負った背負梯子にはホボロをつけている。㋺夏 作業ズボンと古くなったワイシャツ、地下足袋、帽子を身につけ、背負梯子を背負って、下草刈用のカマをもつ。(㋑山口県岩国市、㋺愛媛県西予市)

たきぎとり 山から薪を背負梯子で運ぶ。(静岡県沼津市)

焼　畑 (熊本県五木村)

出作り小屋での乾燥 (熊本県五木村)

なかった。しかしその多くは採掘停止後は急速にさびれたり消滅し、いまでは痕跡をとどめる程度にすぎない。

　山村の暮らし　　山の暮らしの基本は山野の自然を利用した自給的体制にあった。焼畑や畑作によって食糧を確保する一方、鳥や獣・川魚・橡(とち)の実・栗・胡桃(くるみ)・団栗(どんぐり)・葛根(くず)・山芋などを採取し、独自の処理加工保存技術により利用した食生活の内容は、今日想像する以上に豊かであった。また衣類はシナ(科)の木・フジ(藤)ヅルなどの繊維で織った布、イラクサ科の草を使ったアンギ

龍　神① 水を司る神として祀られている。(山口県下関市)
山入りの幣② 山の入口地点の木にかける。山と里の境を示す。(福島県昭和村)

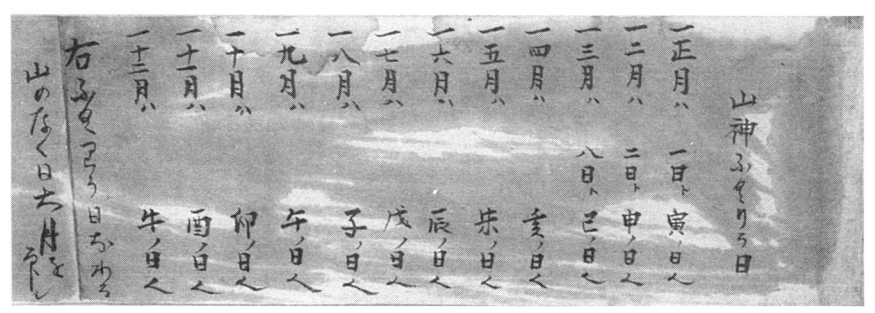

モトヤマの巻物　会津地方のモトヤマ（杣）が師子相伝してきた巻物の内容の一部。山の神を祀ることなどが記されている。(福島県只見町)

ン織りなどのほか，よりをかけた和紙で織った布や熊などの獣皮を利用したものがみられた。

　このような自給体制のなかで山村独自の生活文化が形成されたが，貨幣経済の浸透にともない，山村内部に現金を必要とする生活体系がめばえはじめてこの体制はじょじょに崩れ，しだいに換金性の高い仕事を求めるようになった。なかには杣・木挽きの伝統を継承する枕木生産などもみられたが，むしろ商品作物栽培が主体を占めるように変わった。全国的にみられるコンニャクや椎茸・煙草・茶などの栽培はその一例である。

　海と山のカミと儀礼　海の生活ではエビス（蛭子・夷）や龍神，山の生活では山の神という自然と深く結び合ったカミが信仰されてきた。元来は異邦人・辺境者を意味する「えみし」の語から発したと思われるエビスが，なぜ漁民のカミの名になったかは容易には明らかにならないが，湾内に鰯を追って来て沖に去って行く鯨や水死人などをもエビスと呼ぶことから，水平方向の彼

15　海と山の生活

山の神に捧げられた猪の心臓と山の神幣　（宮崎県椎葉村）

鮭供養塔　海の崖っ縁に建立された鮭建網漁の供養塔群。（新潟県村上市）

方から漁の幸をもたらすカミをエビスとみたと考えられる。これに対し、龍神は垂直方向の海底に想定されたカミと認められる。山の神信仰の内容は狩猟者や杣・木挽きなど職能により異なるほか地方的変差も認められるが、きびしい禁忌が伝承されて慎みを要求される点が等しく指摘できる。このようなカミが住む世界へ入り込む際には強度の精神的緊張を覚え、そのため山入りなどの儀礼が生み出された。その世界こそが彼らの考える自然空間だといえる。この自然認識はさらに、猟師たちが熊や猪の心臓などを山の神に捧げる儀礼、漁師たちが漁の初物を捧げるニアイの儀礼や船霊（ふなだましんこう）信仰となって表出している。

漁村と山村の変容　漁村も山村もとくに高度成長以降の社会的変化のなかで大きく変容した。その変化は山村の方が激しく、むしろ衰退とよぶのが適切

鳥獣供養塔① 猟友会が寺の境内に建てたもの。(愛媛県西予市)
大敷網船進水式② FRP船となったが進水式は行われる。(山口県萩市, 清水満幸氏提供)

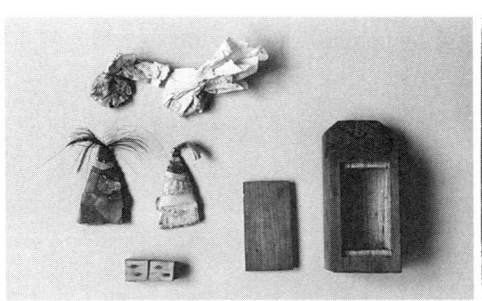

船霊様 写真右はじの木箱の入れ物に, 毛髪を付けた神体, ふつうの神体, 2個一続きのさいころ, 銭12円, 五穀が入れてある。内容物は地域により異なる。(熊本県天草市, 清水満幸氏提供)。

山村の廃屋 山のムラからマチに出たあとに残された廃屋。(愛媛県西予市)

かもしれない。在来の仕事の多くが存在価値を失い消滅するなかで時代の変化に対応できなかったためといえる。漁村では木造船からFRP船に変わったり, 漁具素材が化学製品化するなど素材の革新が進むと同時に, それらの構造や形態の改良および漁撈活動の改善をはかり, また養殖漁業を導入するなど, 時代の変化に対応して在来の様相を塗り替えつつも漁業活動が維持されている点で, 山村と相違している。山村でも植林の増進による計画的林業経営への脱皮などの振興策が図られたが, 木材価格の低迷, 外材の輸入攻勢などの事態の前に, 山間地農村に変貌したり, 過疎化したりしている現状にある。

　海の暮らしも山の暮らしもともに自然に立脚した生活の本質を喪失しつつある点では一致しており, それこそがわが国の歩んできた道だったのかもしれず, 漁村や山村は辺境に位置づけられながらも, じつは国の動向の影響を直接受ける地域であったことを示している。

(湯川洋司)

熊狩り かつて東北地方には狩猟を専業とするマタギと呼ばれる山人がいた。しかし，現在では法律に規制され11月15日から2月15日までが狩猟期間となっているが，有害鳥獣駆除ということで9月と4月に集中的に行われている。今は熊狩りを専業とする人は少ない。（石川県白山市，石川県立歴史博物館提供）

16　さまざまな職業

　渡り職人　ムラには，農業とは別に副業ともいえる種々の手仕事の職人がいた。それは基本的には農作業に必要な道具を製作・補修する職人で，なかでもムラの鍛冶屋はその典型である。彼らは鍬や鎌・鉈などの刃物を鍛造し，馬や牛の蹄鉄をつくった。また，鍛冶屋と木地師は古くは同じ職人で，轆轤を廻し木を刳る刃物を木地師は自作し，そのために鞴を持参して全国を渡り歩いたという。種々の職人を生み出したのは平野部の農村よりも山村が中心である。たとえば桶屋・籠細工・指物師・大工といった職人は冬場だけの業務として成

鍛冶屋のさまざまな道具①　（滋賀県長浜市）
木地挽き②　有名な岩手県石神の斎藤家は，1930年代家業経営の一部に木地椀製造を組み込んでいた。轆轤（ろくろ）で木地を挽き椀や盆を作っていた。（岩手県八幡平市）
左官屋③　農村には，兼業する壁職人も見られた。（石川県七尾市）

り立たず，早くから農業を離れる傾向にあった。染物師（そめものし）や鋳物師（いもじ）も山の資源を利用して生きる職人だが，ムラのなかで独立して定住することができず諸国を渡り歩く風があった。これらムラの職人を基本的に支えたのは都市である。

　柳田国男は『都市と農村』の著書のなかで，もともと農村を発祥とする職人は特に都市の興隆を悦ぶもので，江戸城の大拡張工事があるとか，諸国に城下町ができるとか，マチに大火事が起こるとかあると，建築職人を中心に都市へ集中したという。また都市の寺院や政庁はこれら職人を保護し，飛騨（ひだ）や伊那（いな）の工（たくみ），石垣を築く江州穴太役（あのうやく）などは大きな土木工事が行われると各地から集まり，長い年月仮屋暮しをする間に都市に永住するようになったともいう。このように元来ムラの諸職はしだいに専門化すると同時に諸国を渡り歩き，やがて都市に移住するようになった。このような都市の労務供給を農村から求める関係は，都市と田舎の相互補完性としても位置づけられるであろう。

　ムラの諸職はその土地の環境・風土・需要などの諸条件によるもので，因みに海村・農村・山村・都市周辺に分けて考えてみよう。

　海（漁）村の職業　　海村では船大工が代表されるが，いわゆる木造和船の技

16　さまざまな職業

テゴづくり テゴは藁製のもっこのことで、農村の農閑期に副業として行われた。(石川県白山市、石川県立歴史博物館提供)

藁細工の鶴亀 婚礼の藁細工として鶴亀なども作られた。(石川県白山市)

イザリ機 農村では、身近に使用する織物も作られた。(石川県白山市、石川県立歴史博物館提供)

麻糸を紡ぐ 農業の暇をみて、麻糸なども紡ぐまれていた(石川県白山市、石川県立歴史博物館提供)

術は古代の刳舟（くりぶね）・構造船以来の伝統をもち、近年まで造船を行っていた。桜田勝徳の「船名集」にあげられた船名の数は約140あり、和船（わせん）の種類がいかに多いかを物語っている。なかでも古代の独木舟の名残りをとどめる刳舟系統の舟は注目され、マルキブネ・マルタ・ドブネ・トモド・ソリコ・イ（エ）グリブネなどは日本海側に広く分布する。船大工の仕事は船材の選定・調達・木取りに始まり、底板から舷側（げんそく）・舳先（へさき）・船尾（せんび）の工程へと進めるが、最も技術を要するのは水漏れのないよう板の継ぎ目を厳重に固定すること、船が水面を滑りよく

布晒業 布（麻布）を海岸や川などで水洗いし日に晒す。（石川県志賀町）

正法寺椀 正法寺で食器に使用するため造り出された椀であるが、これに類似する椀を正法寺椀というようになった。（岩手県奥州市、石川県立歴史博物館提供）

走るように艫先・船尾に反りをつけるための工夫が重視された。

海村ではほかに漁獲物を容れる竹籠を編む竹細工屋、浮樽や桶を作る桶屋、錨や銛をつくる鍛冶屋の職業が、漁師の注文を受けて種々の漁撈具を製作している。そのほかの漁網や生活具は一部自製品はあるものの大半は生産地からの購入品が多い。

農村の職業 農村は水田稲作を中心としているため、主として耕作具の刃物をつくる農鍛冶がみられるが、鍛冶屋の多くは在郷町の町端に住み、近郊農村の需要とマチの需要の両方からの注文を受けて仕事をする例が多い。主として百姓の使う鍬や鋤・鎌・鉈などの刃物、牛馬の蹄鉄をはじめ、大工や桶・下駄・建具など木を扱う職人の使う鑿・鉋・鋸などの刃物を製作している。滋賀県浅井町鍛冶屋は戦国時代に豊臣秀吉の命を受けて合戦用の武器を製作したと伝えられる古くからの鍛冶屋のムラで、1村すべてが農鍛冶の集落であった。

農村にはいわゆる農閑期の副業として次のようなものがあった。稲藁を使った莚編み、草鞋や足半草履などの履物、藁縄、さらに正月用の注連縄・飾り藁といった儀礼用具がつくられ、なかでも加賀の平野部の農村では藁細工に長けた人の手で婚礼用の鶴亀の細工物がつくられている。いずれにしろ農村の藁

16 さまざまな職業

鉱山図 鉱山図には，鉱夫・踏鞴師（たたらし）・運送人夫・鍛冶師など多くの人が描かれている。(『金平鉱山図絵巻』，石川県小松市)

炭焼歩荷 山村では，雑木を伐って炭を焼いた。歩荷（ぼっか）と称し背負って運んだ。(石川県白山市)

手ぞりで山から材木を運び出す 一本ぞりで雪道をすべりおりる。(石川県白山市，石川県立歴史博物館提供)

養蚕の神 養蚕守護神の掛け軸。(石川県白山市，石川県立歴史博物館提供)

細工は自家で必要な分を作ることを目的としたものだけに本格的な副業といえるものは少ない。そのほか大工・左官を兼業とするイエも多少みられるが，優れた技術職人というよりは，いわゆるたたき大工と称される技術の低い大工がいるのも農村の特徴である。

　農村では稲作の合間に，あるいは裏作として藺草（いぐさ）を栽培し，畳表（たたみおもて）を編む職

金箔打ち 金箔は，金を鎚（かなづち）で叩き薄くのばしたもので，屏風や工芸品に使われた。都市近郊の職業といえよう。（石川県金沢市，石川県立歴史博物館提供）

着物の図柄を描く 加賀友禅の図柄を描く職人。（石川県金沢市）

人がいた。なかでも遠江（とおとうみ）・尾張（おわり）・播磨（はりま）・備中（びっちゅう）・備後（びんご）・安芸（あき）などは江戸時代の産地としてよく知られている。

山村の職業

山村は日本の職人の大部分の出自がここから発したもので，職人化が早い時期から行われたとみられている。

まず木地師をはじめ塗師（ぬし）職人は素地の原木や漆樹を求めて各地を渡ったが，日本の漆（うるし）塗りの膳椀や調度の歴史をみると少なくとも中世においては大きな社寺の需要に応じて職人が定住した傾向がある。和歌山県根来寺（ねごろじ）の調度をつくった根来塗（ねごろぬ）りは，のちに寺の崩壊とともにその技法を全国に伝えたとされる。東北地方の岩手県奥州市の正法寺は禅宗の名刹（めいさつ）として知られ，黒漆塗り鉄鉢型三重の正法寺椀を古くから産している。能登半島には，中世の山岳仏教として一大勢力を誇った真言宗の石動山天平寺があった。この山の越中側には大窪・長坂という1村がすべて宮大工・御用大工が住むムラがある。すなわち焼失した寺院の再建工事を機に起こった近世の職人村であった。このように山の大社寺の周辺には染物師（そめものし）（紺屋（こんや））・柿師（へぎし）（木羽割師）・皮革師（ひかくし）・石工（いしく）（石屋）・蠟細工（ろうざいく）・紙漉（かみすき）・木彫り師などが集住し，社寺が必要とする物の求めに応じて種々の専門技術者が都市のように集中していたと考えられる。

山の職業地で重要なのは鉱山で，金銀鉄銅を掘る鉱夫（こうふ），穿子（ほりこ），踏鞴師（たたらし）や吹子師（ふいごし），鍛冶師などの職種があり，そこからさらに金屋とか鋳物師（いもじ）などの職業を生み出し，彼らは近世には町場（まちば）（城下町）に定住するようになった。

さらに最も山仕事らしい職業としては，杣人（そまびと）（木挽（こび）き）がおり，彼らは山入

16 さまざまな職業　173

イタダキの人形 イタダキは、頭上に海産物などを乗せ行商する女性。（石川県内灘町）

振り売り（行商） 漁から魚介類を持ってマチを売り歩いた。(石川県金沢市)

現代の行商 ライトバンに商品棚や冷蔵庫を設け、食料品を中心に多くの生活用品を載せて訪れる。マチに出かけられない老人たちにとってありがたい店である。（愛知県東栄町）

りすると輪場と称する山小屋を建て、輪台を据えて一夏を過ごす。そしてヨキタテと称して、大木伐採の前には根本に斧を立て、お神酒を注いで山の神に祈ったり、老木の伐り株にその末枝を刺し立てて、鳥総立と称する山の神に奉謝する株祭りの儀礼を行った。そのほか炭焼も朴や楢・櫟といった雑木を伐り炭窯を築いて、年に300～1000俵の木炭を焼く。加賀の白山麓では、かつて冬炭焼と称して厳冬期に雪に埋もれてまでも炭を焼き、また1000メートルの高地に棒小屋を建て、一冬の間鍬柄をつくる木地屋がいた。

　中部山岳地帯の木曽や飛騨では材木を河に流す運材を専業とする人々がいた。俗に筏流しと称せらる職人で、河がないところではキンマ（木馬）で材木を運び出すか、春3月一本ゾリで雪道を滑り下りるか、あるいは歩荷と称して人の

荷　馬① 荷物を車に乗せ，馬に引かせマチに向かう。（石川県志賀町）
旅芸人② 時期を決めて門付けして歩く芸人。（福島県須賀川市）
ムラを訪れる伊勢大神楽③ 三重県桑名市のいわゆる太夫村の伊勢大神楽の一行がムラを訪れ，各戸を悪魔払いの獅子舞をしてまわる。（滋賀県八日市市）

背に担いで材木を麓まで運んだ。
　そのほか狩猟を専業とする山人もおり，なかでも東北のマタギは有名で，秋田のマタギによる熊の巻狩りが知られている。江戸時代後期以降は火縄銃などを使った鉄砲打ちが各地に登場するようになった。
　そのほか山村には桑畑をもって養蚕を副業とする家，檜笠・蒲製ハバキ（脛巾）やコツラ（マタタビ）・藤蔓・竹・紅葉・桜木皮などを材料として編んでつくる籠などの細工物を副業とする家が多い。
　都市近郊の職業　　都市周辺には，マチに住む人々を対象とする種々の職業があった。なかでも行商人は周辺のムラから産物をマチ中に売り歩くもので，江戸や京・大坂のマチに物売りの声が響き渡るのも季節の風物詩であった。京都の大原女の野菜や花売り，東京では近年まで金魚・納豆・竿竹・干物などを売る行商人がいた。城下町金沢では近郊の漁村大根布からイタダキと称して頭

16　さまざまな職業

屋根葺き職人 山村には，屋根葺き職人がおり，冬期集団で出稼ぎに出る人も多かった。（会津只見町『会津只見の民具』）

家の解体 家の建築は専門の大工が専ら行うが，解体に際しては専門業者が携わりながらも，ムラの人々が手伝いに出る。（静岡県浜松市）

に魚介類を容れた桶をのせた漁師の女房の行商人がいた。そのほか泥鰌(どじょう)売り・虫売り・揃え菜(そろえな)売りなどがある。

　都市の祭りや正月には芸能者が来るが，三河や越前万歳などは日常的には農民であり，正月になると各地を演じて廻り，舞々や門付けの芸能者も同様である。

　岐阜県石徹白(いとしろ)は白山御師(おし)のムラとして知られ，漢方薬の牛黄(ごおう)やお札を持参して全国を廻り布教しており，静岡県の桜が池神社の御師，伊勢神宮の御師など，各地の宗教と結んだムラ人の職業も注目される。

（小林忠雄）

世田谷のボロ市　現在では正月準備や冬越しのための食品・植木・骨董などを売る出店でにぎわうが，本来はその名の通り古着・小道具・農機具などを商う市であった。（東京都世田谷区）

17　ムラとマチ

マチの成立　マチとは，ムラの対立概念であり，都市という概念をも含むと考えられている。しかし，マチ・ムラが具体的な生活空間を基礎としているのに対し，都市はその生活様式によって認識されるところに大きな違いがある。ムラの生活においても都市的な生活様式が存在するからである。

マチは特定地域に，時に人々が集まり，物資の交換や交易を行うことにより，成立するようになったという。はじめは立ち売りなどであったが，後に店舗が設えられるようになり，本格的にマチは成立した。このほか門前町・城下町をはじめ，そのマチの成立にはさまざまな機縁がある。そしてそこにさまざまな人が群れ住むようになった。しかし，そのいずれにおいてもムラ人が関与し，

ムラのマチ 山間の小地域においても商業活動の中心になるところがあり、そこはマチと呼ばれている。(長野県阿南町)

大都市 マチの最大規模のものが大都市であり、さまざまな機能が集中し、人々が集まる。(東京都中央区)

マチのにぎわい マチのにぎわいはムラの人々によって支えられる。祭りに訪れた人々。(長野市)

海柘榴市 マチとは一定の区画を指すことばであり、古代、人々が山と里との境などに集まって市を開いた場所もマチであった。海柘榴市もそうした場所であった。(奈良県桜井市)

ムラ人によってまずマチは作られる。マチの成立を支持していたのはムラ人であった。

マチは特定地域を指していたが、それは多くムラとは遮断されていなかった。住む人々の交流が頻繁に行われるとともに、空間的にもその境界が明確でないところも多かった。マチとムラとは連続している(都鄙連続体)と見られるところが多い。

しかし、マチにはムラにはない機能があり、生活様式も異なっている。そうしたマチをムラとの関係を理解するために、3つの視点を設定してみよう。1

稲含様の市① 市は人々の集まるところで開かれる。それは時と所をきめて開かれるが、祭りのときにも開かれる。(群馬県伊勢崎市)

拡張する町② マチはその活動によって、大きくも小さくもなる。かつてはマチのはずれにひらかれた六間道路も、今はマチの目抜き道路である。(群馬県伊勢崎市)

産地直送販売③ ムラからマチに直接農産物が持ち込まれることがある。自動車などに積んだ果物を、勤め帰りの人が買い求めて行く。(東京都調布市)

布多天神歳の市 新しい年を迎えるにあたって、正月用品を買い求める。正月飾りなどは農村から供給されるものも多い。(東京都調布市)

17 ムラとマチ

世田谷のボロ市 正月準備や冬越しのために始められた世田谷のボロ市も歳の市である。（東京都世田谷区）

正月飾り売り 正月飾りは新宿の盛り場でも売られる。都市に住む人も松・シメ（注連）を飾って正月を迎えようとするのである。（東京都新宿区）

浅草鷲神社酉の市 歳末の酉の日に縁起物を商う市が立つ。人々は熊手などを買い求める。（東京都台東区）

つはムラからマチを見る視点である。これは外側からマチを見ようとするものであり，その立脚点はムラにおかれている。ムラ人の目で見るといってもよい。そしてマチにムラとの類似性を見出すのである。2つめはマチからムラを見ようとするもので，マチの人の目でムラを見ることによって逆にマチを明らかにしようとするものである。ムラの中にマチとの類似性を見るのである。そして

浅草羽子板市 浅草寺境内に立つ羽子板市は、正月用品を商うもので、新年を迎えるための市である。（東京都台東区）

稲　穂 羽子板市では稲穂の縁起物を商う店も出る。稔った稲はムラだけではなく、マチにおいても幸の象徴なのである。（東京都台東区）

門　松 正月にはマチでも門口に松を飾る家が多い。しかしその飾りは簡略化されている。（東京都調布市）

初　詣 除夜の鐘を合図に初詣の人がくり出す。年頭に神社にお詣りするのはムラと同じであるが、詣る所は有名社寺が多い。（東京都渋谷区明治神宮、萩原秀三郎氏撮提供）

3つめは、マチのなかにあってマチを見ようとするもので、マチの人自らがマチを知ろうとするものである。

ムラから見たマチ　マチの生活に見られるムラ的様相としては、農業などの生産的要素の存在である。大都市においては、この存在はかなり稀薄になっているが、マチに生活する人々が同時に農業を行っていた例は多いし、家庭菜園を持っている家も多い。伝統的なマチにおいては農業にかかわる行事も多い。正月の女性の髪飾りに稲穂を用いたりするのはその代表的なものである。この

盆のお花市 盆花をはじめ盆用品を売る市をお花市というが、草市という所もある。近郊農村からは花だけではなく、農産物を売りにくることもある。(㋑長野市，㋺新潟県関川村)

盆用品売り 盆用品は、スーパーマーケットなどでも売られている。迎え火・送り火を焚く麻稈や盆ござ、盆のほうずき提灯、そして七夕の馬のミニチュアも売られる。(東京都調布市)

ほか、七草・七夕・盆・月見などの行事も、予祝あるいは収穫祝いの要素を含み、農村と共通の内容を持っている。マチに見られる縁日や市も、ムラの生活と無関係ではない。これらは、ムラの生活を基盤として作り上げられたマチの一面を示すものである。

望　郷　マチに住む人のなかにはムラ出身者が多く、機会あるごとにムラとかかわりを持とうとしている。かつては、マチに出て立身出世をして故郷に錦を飾ることを夢見ていた人も多かった。しだいに故郷に帰る術を失い、マチに永住しなければならない人が増えた。それでも肉親が住み、先祖代々の墓がある故郷を忘れることなく、正月・盆にはムラに帰ろうとしている。また出身地に対する帰属感も強く、同郷者が集まってグループを作ったり、大都市にな

盆踊り 盆に訪れてくるご先祖様を迎えて行われる盆踊りはマチでも行われる。しかしその踊りに地域性は稀薄で，全国各地の民謡をとりこんでいる。(東京都調布市)

冬の準備 冬の準備のためにマチに来たムラの人々。(長野県飯山市)

焼芋屋 冬空に呼び声をひびかせて売り歩く焼芋屋も，地方から出稼ぎにきた人が多い。(東京都八王子市)

ると県人会などを作ったりもする。マチに住みながらも精神的な支えは，ムラにおかれているのである。こうした人々は，故郷を離れている不安から，故郷に帰ろうと思ったり(帰去来情緒)，さまざまな祈願に頼ろうとすることもある。

都市と都市化 マチからムラを見ると，ムラにもマチ的な様相はしだいに濃厚になっている。ムラがマチと最も相違する点の1つは，第1次産業を基盤とすることであったが，ムラは兼業化が進んでいる。そして消費経済の影響は大きく，新しい商品がどんどん流れ込んでいる。またテレビやインターネットなどの情報機器の普及とともにマチの情報もただちにムラに入りこみ，生活空間の差違は容易に乗り越えられるようになった。人々はそれらの情報を自らの好みにより自由に選択できるのである。マチの規模が大きくなると機能分化・

絵　馬　マチの生活の中で生み出される不安を解消するために，さまざまな祈願が行われる。絵馬はそうしたもののなかで最もよく見られるものの一つである。願いごとはさまざまである。（東京都文京区湯島天神）

占　い　自らの未来を知ろうとする気持は，不安が大きいほど強い。こうした占いに頼ろうとする人は老若男女を問わないが，株の売買まで占いに頼ろうとしたり，新しい占いが創案されたりすることもある。盛り場には占いの店ができ，若者も気軽に出入りする。（東京都渋谷区）

宝くじ売場　消費生活の中で，豊かさを求めて一攫千金を夢見ることもある。（東京都渋谷区）

空間分化も進み，新しい生活形態や文化形態をつぎつぎに生み出し，情報として発信し，多くの人々を集める都市的様相を強めることになる。こうしてムラを離れて都市に人口が集中する向都離村の傾向を強め，ムラの活力を減じているが，それはムラの都市化の進展をさらに促すことになった。かつてムラは，社会の進展から取り残された，遅れたところというイメージがあったが，そう

新しい橋 道路は広くなり舗装され，橋も永久橋になった。これによって外部とより強く結ばれ，新しい生活様式が入り，ムラは大きく変わった。（長野県大桑村）

改築される家 家も改築され新しくなり，ムラの景観も変わってくる。（長野県上田市）

テレビの普及 ムラにもテレビが導入され，新しい情報がすぐ手に入るようになった。情報の伝達には電話も一役かっている。（長野県木曽町）

広　告 マチの多くの商品がムラに流れ込んでくる。（奈良県明日香村）

した状況は大きく変わり，マチと同質化されつつある。

作り出された季節　　情報量と消費経済の増大とは，ムラをマチに近づけた。それとともに自然の推移に従っていた生活時間も変化をきたした。一刻も早く市場へ農産物を出荷したり，いつでも提供したりすることができるようにするために，品種の改良が行われたり，栽培技術なども工夫された。その結果，野菜や果物や花卉の持つ季節感は稀薄になった。魚などの持つ季節感も，その貯

17　ムラとマチ

移動販売車 マチに行かなくても、マチの商品がムラの生活の中に入ってくる。(福島県三島町)

機械化される農業 ムラの基盤的生業であった農業にも、大型機械が導入された。これには圃場整備事業の果たした役割も大きい。これによりムラの労働も変わった。(長野県安曇野市)

蔵技術が進歩したことにより、いつでも食べることができるようになった結果、明確でなくなった。その上、デパートなどの大型小売店を中心として、季節を先どりして衣料品などの時期のものを販売するため、生活感覚は自然の推移とずれをきたすことになった。また暦においても、バレンタインデーをはじめとする商業活動上から作られた、さまざまな暦日が、人々の日常生活に大きな影響を与えている。時間が人工的に作られ、季節もまた作り出されているのである。

　盛り場　マチにおいて最もマチらしい所は盛り場である。ムラにおいても祭りのときなどにおいて、一時的に盛り場が現れる。しかしマチにおいては常に盛り場が存在しているのである。これはムラの空間が比較的均質であるのに対し、マチの空間が機能分化していることを示している。盛り場空間以外にマチの空間には、居住空間と職域空間とが存在するし、大都市になるとこの空間間を移動するために電車などの交通機関が発達し、それは移動空間とでも称することのできる空間である。

　盛り場においては、ムラの生活でハレの機会に用いられる飲食が、日常的に提供され、多くの人々が集まる。そこにおいて人は、個々の人格を喪失し群衆となる。こうして都市の盛り場は都市の日常生活の中に深く浸透しているが、それでもなお、その人にとって、盛り場を訪れるのはマチの生活においても改まった機会である。そうした意味では、盛り場はまさにマチにおける非日常的な空間であるということができる。

売り出し① デパートなど商店の売り出しは町の季節感を一層かきたてる。(東京都新宿区)
ショーウィンドー② 季節を先どりする店のショーウィンドー。作られた季節がマチを彩る。(東京都中央区)
バレンタインデー③ 商業的に作り出された祭りが、人々の生活リズムに大きな影響を及ぼす。2月14日のバレンタインデーなどは、その代表的なものである。(東京都渋谷区)

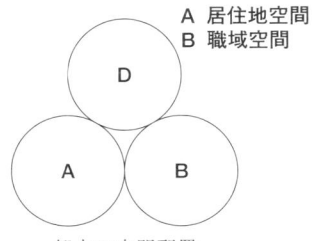

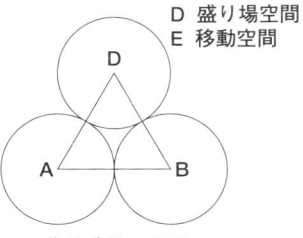

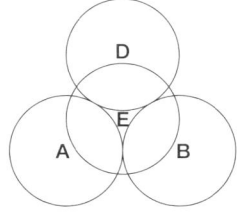

A 居住地空間
B 職域空間
D 盛り場空間
E 移動空間

都市の空間配置　　　移動手段の必要　　　移動空間の出現

移動空間の出現　機能分化した居住空間・職域空間・盛り場空間とそれらを結ぶ交通手段が移動空間を形成し、これらが都市を構成する。

17　ムラとマチ

盛り場 マチらしい景観を示すところはいろいろあるが，人々が集まる盛り場は，その典型的なところである。(㋑東京都渋谷区原宿界隈，㋺若者が集まる原宿竹下通り，㋩長野県飯山市，㋥東京都新宿区歌舞伎町)

さまざまな集団 マチの規模が拡大するにしたがって，さらに多様な機能が集積し，それにともない空間分化も進展し，さまざまな集団が形成される。血縁集団は家族として日常生活における基本的な社会集団であるが，その果たす役割はムラの生活におけるものほど大きなものではない。それの拡大された同族集団などは，日常的にはほとんど機能せず，結婚式や葬儀など特別なときに現れるだけであるといってもよい。地縁集団は町内会として形成され，行政の末端組織としての性格ももっている。居住地空間においては向う三軒両隣を近隣集団の基本としている場合もある。このほかに近隣集団として主婦を中心としたグループの形成が見られることがある。商店街などにおいては，町内会のほかに商店会連合などを作る場合もある。マチにはこのほかカルチャースクー

団地 人口の増加に伴い，各地に集合住宅地が造成され，新しい生活形態が生み出された。（東京都八王子市）

町内会掲示板 町内会では，行政関係の伝達のほか，町内会独自の活動も行われる。（東京都渋谷区）

ルなどの一種の習いごとや，生協活動やボランティアなどの社会活動や宗教活動などを行うための集団がある。これらは文化集団と称することができる。もちろんこうした集団は居住空間に限定されるものではなく，職域空間に見出すこともできる。

　しかし，マチの生活は職住分離が多く1日の大半を職域空間と呼ぶことのできる職場で過ごす人も多い。そして職域空間において代表的なものは，職業や仕事を同じくする人々が作る職縁集団である。これは各職場を中心として形成されるものである。これにも種々の集団があり，同一職場内にとどまるもののほか，ほかの職場を含むものもある。また公的な集団のほかに個人個人が私的な関係で形成する集団がある。企業体そのものも1つの集団であるが，それらが連合会などを作って集団をなす場合もある。いずれも多くはその空間内にとどまり，空間を越えて結成されることは少ない。またその構成員は必ずしも安定していない。それはマチに住む人々の移動が激しく，各空間内においても流出流入が著しいからである。そして1人の人が幾つかの集団の構成員となっていることが多い。したがって集団はマチの中に錯綜して存在しており，個人個人の認識によっても異なっている。

（倉石忠彦）

Ⅳ

カ　　　ミ

　安産やボケ防止といった祈願をしに、その方面に御利益(ごりやく)のある特定の神仏に詣でることは、その時々の流行とともに行われてきた。

　一方、正月に神社仏閣に詣でて賽銭をあげて1年間の無事を祈ったり、朝起きて神棚の水を取り替え、炊いたばかりのご飯を供えたり、路傍の石仏や祠(ほこら)に手を合わせた経験を持つだろう。たしかにそこにはカミやホトケが祀られているが、はっきり神仏の名やその効能を意識しないでも、気にならないことも多い。長く使い込んだモノに霊的な存在を認めたり、霊力の強いヒトを通してカミに接近したりすることもある。

　私たちは時代が変わっても、意識するしないにも関わらず超自然的存在から無縁ではいられないのである。その様相を見ていくことにしよう。

山頂でホラ貝を吹く行者　修験の霊山、石鎚山の弥山（頂上）にて。（愛媛県西条市）

ドンド焼き 小正月の代表的な行事である。東日本では，各家の正月飾りを集め，大きく小屋状に積みあげ，最後にそれを燃やす。(山梨県南アルプス市)

18 霊魂の行方と先祖

霊魂の観念 私たちの先祖は，霊魂（れいこん）と肉体は別のもので，肉体は滅びても霊魂は永遠であるという観念をもっていた。人間や動植物に生命力を与えるものが霊魂であり，それをタマ（魂）と呼んできた。生命の維持は魂の働きによって保たれ，死はこの魂の離脱とみていた。病気や怪我などは魂の一時的離脱であり，永遠の離脱が死を意味した。病気で魂が離脱しかけると，死につながる恐れがある。そのような時には，遊離する魂を招き寄せるための祈禱が盛んに行われた。その一例として平安貴族の間に流行した密教（みっきょう）や験者（げんじゃ）の加持（かじ）・祈禱をあげることができる。人魂（ひとだま）の場合，生きている人間の魂のことを生霊（いきりょう）といい，死者の魂を死霊（しりょう）と表現してきた。

192 Ⅳ カ　ミ

霊魂が赴くとされる霊場 ㋑恐山 霊場としてもっとも有名なものの一つ。㋺山寺 芭蕉の『奥の細道』で有名な山寺立石寺は、死者の赴く山である。本堂のある裏山の奥の院は、死者納骨がかつては盛んに行われた。㋩高野山奥の院参道 空海が入定したといわれる奥の院の参道には、20万基の墓石が立ち並ぶ。㊁岩舟山 西関東から中部地方にかけて流行した岩舟地蔵の本拠地であるが、その岩舟山近くの地域では、死者の赴く山とされ、死者が出ると故人の衣服を奉納し、また塔婆をあげる。（㋑青森県むつ市、㋺山形市、㋩和歌山県高野町、㊁栃木県岩舟町）

生霊 生きている人の霊魂が抑圧されると恨みの念が高まって、怨霊と化して相手に祟るという。これは民間に伝わる呪い人形や呪い釘の民俗にみられるものであり、夜半特定の寺社に丑の刻参りをして、呪う相手になぞらえた人形の、目や心臓に釘を打ち、それによって怨念ははらされるとされた。古代人は、病気になったり、家運が傾くのは、物怪（モノノケ）によるものだと観念したが、怨みを持つ人の生霊もまた、物怪の一種と認識された。

死霊 生霊に対して死者の霊であり、四十九日忌までは喪家の屋根棟

18 霊魂の行方と先祖　193

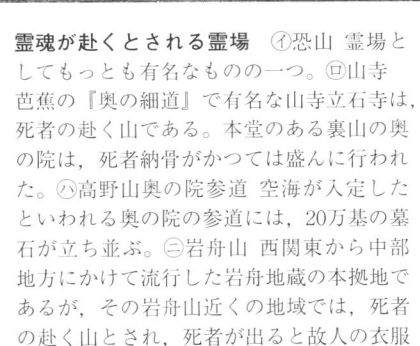

卯月八日 4月8日、花を長い竹の先につけて庭先に掲げる行事。この時期は農耕の開始時期に当たっており、農民の重要な祭日であったと思われる。（兵庫県宍粟市、萩原秀三郎氏提供）

釈迦誕生会 釈迦の誕生日といわれる4月8日に行われる行事で、花で飾った誕生仏に甘茶を注いでまつる灌仏会。花祭りともいう。（東京都豊島区護国寺、萩原秀三郎氏提供）

にとどまっているともいわれる。一方「死者の善光寺参り」とか「ホトケ（死者）の本山参り」「岳参り」などといわれ、死の直後に善光寺などの霊刹や霊山、墓地へ飛遊して祖霊に会ってくるともいわれる。また、一旦死者から離脱した霊魂が、屋根上から名を呼ぶ「魂呼ばい」によってふたたび帰来して死者の体内に戻るという考えが広く信じられていた。四十九日までの7日ごとの供養や祥月命日に行われる年忌供養を通過することにより、死者は個別性を失い、供養の回数を重ねることによってしだいに浄化され、やがて神格化されて先祖・祖霊へと昇華する。

　　祖霊　イエの先祖として祀られる死者の霊魂を祖霊という。死後33年や50年に祖霊の弔上げという習俗が日本各地にみられた。この法要はその霊にたいする最終の年忌法要だとして、変型の塔婆を立てるという所もある。通常、この弔上げ以後は仏教による供養は行わない。一般に死者がその個性を失って、「ご先祖さま」と呼ばれ、それ以前の祖霊と融合すると考えられている。そし

彼　岸　春分・秋分の日の前後7日間をいうが，一般に墓参りが行われる。㋑墓参り，㋺㋩彼岸に立てられる塔婆。(㋑埼玉県白岡町，㋺栃木県岩舟町，萩原秀三郎氏提供，㋩群馬県館林市)

門　松　新年を祝って，家の門口に立てる一対の松。年神の依り代。㋑門松の根元に割り木を立て年木とする。㋺年神の依り代としての門松に拝礼する。(㋑長野県阿南町，㋺宮城県石巻市。㋑㋺萩原秀三郎氏提供)

て祖霊は時に応じて子孫を見守るために，現世(げんせ)に来往(らいおう)するというのが民間の祖霊信仰である。たとえば，農耕年中行事の卯月(うづき)八日は，実際の農耕を開始するにあたって，祖霊や田の神などを迎えて祭りを営んだのが起源と考えられており，あるいは春秋の季節の変わり目である彼岸(ひがん)に際しても祖霊を迎え，農耕の守護を祈願した。祖霊が存在する空間と信じられた他界に関しては，海の彼方・天空・山上など多様な信仰がある。

　　盆と正月　　盆は，亡くなった先祖をイエに迎えて祀る行事である。本来は

盆の高灯籠 新盆のイエの庭先に新仏の霊が迷わずに戻ってくるよう立てる灯籠。(㋑千葉県成田市, ㋺千葉県成田市。㋑㋺萩原秀三郎氏提供)。

火踊り ひおんどり。長篠合戦の武田方戦死者を供養するため信玄塚前で行われる盆の行事。(愛知県新城市, 萩原秀三郎氏提供)

旧7月15日を中心とする行事であったが, 現在は8月15日に行われているところが多い。盆の時期を魂祭りといい, 人間の生霊と死霊をそれぞれ慰める目的があった。仏教が浸透すると, 新しい死霊を新精霊とかアラミタマと表現するようになった。過去1年間の各家々の死者の霊をあの世から迎えて供養し, 盆には祀ってくれる子孫をもたない餓鬼たちもそれに誘われるようにこの世を訪れる。正月は新しい年のはじめに年神を迎える行事である。年神は正月さん, 陰陽道の影響をうけて歳徳神ともいわれている。また年神は祖先神でとくに農業を守護するカミとされ, 正月はかつて盆とともに重要な先祖祭りだったのである。年の暮れに飯を供えて祖霊を迎えての大規模な祭りを行った古い信仰

地蔵盆① 近畿地方では，盆とは別に，地蔵盆が行われる。子供たちが地蔵をきれいに洗い，また彩色し，地蔵堂でオコモリをする。（滋賀県八日市市）
ホトケを迎える② 盆綱に，墓地で先祖の霊を乗せ，1軒1軒のイエに先祖を降ろしていく。（茨城県土浦市）
盆　棚③ 仏壇から位牌を出して並べ，季節の初物を飾る。（茨城県牛久市）

習俗があった。祖霊を迎え，祀り，送るという3段階の過程を通じ，盆行事と正月行事との間には照応一致（しょうおういっち）がある。

　　御　霊　御霊（ごりよう）は生前に恨みを残して死んだもの，あるいは不慮の死をとげたものの霊が，祖霊として先祖神に昇華せず，祟りをなす怨霊（おんりよう）となったものである。平安貴族社会においては御霊を悪霊・怨霊視する考えが広くみられ，国家的には，9世紀の都市生活に生じた流行病・飢餓，そのほかの災害による社会不安を背景として，貞観5年（863）に御霊会（ごりようえ）が行われた。災厄をもたら

18　霊魂の行方と先祖　　197

盆踊り 盆踊りは，一般に「東京音頭」や「おばQ音頭」などに合わせて踊られるが，今でもその地に伝えられた音頭で踊るところがある。滋賀県では専ら江州音頭が歌われる。(滋賀県甲賀市)

送り火 盆に迎えた先祖を送るため門口で火を焚く。(東京都中央区，萩原秀三郎氏提供)

神棚 伊勢神宮から配られる大麻を中心に，遠方の有力神社から配られた神札を納めて祀る場所が神棚である。(栃木県市貝町)

す御霊が行疫神の性格をもった場合は，人々がそれを祀れば，逆に疫病の災厄から守られるという信仰が普及した。たとえば，京都祇園社の牛頭天王は強烈な行疫神であるがゆえに，丁重に祀られると防疫の守護神としての機能を発揮した。ミタマが祖霊とならずに，怨霊として発現したのは，その祀り手が存在しなかったからである。御霊の祟りを鎮めるための御霊会は，京都の祇園祭りなど毎年恒例の祭りとなった事例もある。

　　仏教と祖先祭祀　先祖祭りと仏教との習合は時代・階層・宗派を越えた普遍的現象である。とりわけ顕著な習合は追善回向をもって先祖祭りの方式とすることである。その形跡は仏教伝来直後よりみられるが，ことに江戸時代に制度化された寺檀制にもとづく仏式祖先祭祀の普及は，先祖祭りと仏教との習

山の神への奉納物　近畿地方では，正月の山の神の祭りに際して，男女の性器をかたどったものを奉納することが多い。(滋賀県野洲市)

山の神とオコゼ　山の神は醜い姿のオコゼを好むとされ，オコゼを描いた絵馬を神への奉納物としている神社がある。(滋賀県甲賀市)

祇園祭り　京都の祇園社(八坂神社)の祭りで，7月14日から24日に行われる。山鉾巡行は有名で，疫病よけの祈祷の利益があるという。(京都市)

合を決定的にした。この習合が近代以降にも継承され，仏教各派教団維持の命脈となったのは，戦前までの日本社会が基本的に「イエ」を構成単位としたからである。

(福原敏男)

仮面仮装の来訪神 アマメハギ。春の耕作を前に，怠け者を懲らしめるために火だこをはぎにくるといわれている。（石川県能登市，萩原秀三郎氏提供）

19　イエを訪れるカミ

　去来するカミ　　日本各地の民間で信仰されるカミには，その形態や機能などに，さまざまなものがうかがわれる。一木・一草・一石に宿る精霊や，土地や沼・山などの主としてそれぞれに常在するカミがある一方で，人間界と異界（神々のいます世界）を，ことあるごとに行き来するカミの存在も多い。家をめぐる民間信仰に眼を向ければ，屋内神としての竈神・納戸神・厠神・水神など，家屋の要所において祀られ，その場に常在するカミの姿がまずあげられよう。ご神体の多くは，神社からいただいてきたお札であるが，なかには，仮面や人形などというものもある。多くは毎年正月の時期に更新され，現実的に家内の安全を護ってくれるものとして信仰されている。そしてこれを管理し，祭

山の神 鍛冶屋がおさめた矢じりも祀られる山の神。(熊本県五木村)

水　神 水を司るカミで,井戸の近くに祀られている。
(福島県須賀川市)

三宝荒神のお札 仏・法・僧の三宝を守護し,悪人を罰するカミ。(山形県鶴岡市大日坊)

祀するのは,女性,とりわけ,そのイエの主婦であるところに特徴があるといわれる。

　このような常在型の屋内神に対して,正月や小正月,あるいは盆などの季節や時期をかぎって,各家を来訪するカミの存在があり,この去来するカミの代表が,先祖神や祖霊であるといえよう。

　小正月の訪問者　　来訪する神々は,どのような時期に各家を訪ずれるので

納戸神 寝部屋としての納戸に，神棚を設けて祀られ宇加神様などともいわれる。（茨城県土浦市，萩原秀三郎氏提供）

竃　神 竈を守るカミで，竈の背後の柱に醜い面をかけて祀る。（宮城県石巻市，萩原秀三郎氏提供）

正月飾り 小正月の神棚と仏壇の飾り物。（熊本県五木村）

あろうか。多くの場合，正月と盆の機会と考えられている。なかでも，年の始めに当る正月の期間は，重要な先祖祭りの機会であった。柳田国男によれば，日本の先祖神は，遠い彼方の世界ではなく，人々の暮らしを営む身近な世界に住むものと考えられ，その場所とは，里に接続する里山（端山）や森・墓所・海上などであった。先祖神は，常日頃，そこから子孫たちの暮らし振りをながめ，定期的にイエを訪ずれるものとされた。

　正月は，その最も重要な時期であり，先祖を迎える行事が各地で展開されている。旧年中に近くの山より，枝振りのよい松の木を伐り，松迎えをし，これにより，門口に門松を立てる。今日，広く見られる松竹梅は，関東を中心としたもので，地域によっては，椎の木や栗の木などを庭や門口に立てるところもあった。門松は，御供入を装置する地方もあることから，年神（先祖神）を迎

注連飾り 厄や災いを祓う結界，あるいは年神を祀る依代の意味をもって玄関や床の間に飾る。(三重県鳥羽市神島，萩原秀三郎氏提供)

門入道 小正月に作られ，家の入口に置かれる。(山梨県富士河口湖町)

トシドンの行事 大晦日に，その年の子供の悪戯を懲らし，年餅を与える。(鹿児島県薩摩川内市，萩原秀三郎氏提供)

ナマハゲ 鬼の面，ハバキなどを身につけ出刃包丁を持って家々を訪れる。(秋田県男鹿市，萩原秀三郎氏提供)

ドンド焼き 集落の外側に出た水田に正月飾りを積み上げ、夜になるとそれに火をつけて燃す。その火で焼いた餅を食べると風邪をひかないという。(山梨県南アルプス市)

恵比寿を祀る祠 異界から迎えられ、漁・商・農業などの生産に幸福をもたらすカミとして祀った祠。(熊本県長洲町)

えるための依代であった可能性が高く、神聖な時空を象徴する注連飾りや年棚とともに、先祖神を迎え、ともにすごす、各家の年の始まりを祝う重要な祭事をあらわすものであった。年神は、「爺さん、婆さん」「正月様」「トシドン」などの呼称からもわかるように、親しみを込めて、表現され、身近な先祖神と同定されている。

　正月中は家族とともにすごし、イエの繁栄を寿ぐ。鹿児島県の甑島で大晦日の行事として行われている仮面仮装の来訪神、トシドンの行事では、年神であるトシドンは、大晦日の夜、冬の荒海を貝殻舟で渡ってきて、首無しの馬に乗って、ムラにやって来ると伝えられている。トシドンは、家々を廻り、子どもを躾け、最後に年餅（年魂）を与えて還えっていく。このような例は、秋田県の男鹿半島のナマハゲをはじめとして、小正月を中心に、かつて各地でみられた子供行事としての、コトコト・パタパタ・カユツリなどのいわゆる「小正月の訪問者」系の行事にも共通してうかがうことができる。正月のハレの食べ物

牛王宝印 正月に神仏に祈禱してその年の豊作や安全を期するが、近畿地方を中心に僧侶の祈禱を受けた牛王宝印の札を水口や畦に立てる。(滋賀県野洲市)

髯篭 和歌山県の粉川祭りのだんじりには、編み残した竹を長く垂れさせた髯篭(ヒゲコ)が立てられる。折口信夫の有名な依代論の根拠となった民俗である。(和歌山県紀の川市)

としての餅を、カミに供え、これを食することにより、その年の活力と無病息災を得るのである。一方、茨城県下のモチナシ正月を伝えるイエでは、大晦日の夜に、イエの主人が簑笠・足鞋姿で、イロリに足をつっこみ食事をする変わった習慣を伝えているが、これなども先祖神の来訪を象徴するものであろう。正月に迎えられた先祖の神々は、正月の期間、子孫とともにイエですごした後、

子供の獅子舞 ムラの子供たちが獅子頭をかぶって各家を訪れ、お祓いをする。(滋賀県甲賀市)

正月7日や15日に行われるドンド焼き(左義長)の火で送られ還ってゆかれる。

　田の神・山の神・家の神　稲作農村地域では、稲の作神、農神としての田の神信仰が広く伝承されている。この田の神は、苗代作事や田植の直前に、近くの山から降りてきて、田に入り、稲の守り神として収穫時まで滞在し、収穫後、農家で手厚く祀られた後、山に戻るとされる。つまり、春から秋にかけて田にあって田の神、秋から冬をへて次の年の春までは近くの山にあって山の神となる、山と田との往還をするカミとして考えられ、東北地方の一部では、先祖神と同一視されている。奥能登の一部では、稲に内在する精霊・稲霊の信仰と混交して独特のアエノコトと呼ばれる行事が12月と2月を中心に行われているが、ここでは田の神は、収穫後、イエに迎えられ家の神として翌年2月に田に出るまでは、イエに溜まるとされる。行事の際は田の神は種子籾俵として床の間に祀られ、家人から種々の食事などが供される。農家にとって重要な田

206　Ⅳ　カ　ミ

神棚に祀られたお札 各家の神棚には、さまざまな寺社のお札が祀られている。（埼玉県さいたま市）
三峯神社のお札 三峯神社は、火防盗賊除けとして信仰されているが、狼が使いであるところから、もとは猪鹿除けの農耕のカミであったと思われる。（埼玉県秩父市）

の神が、イエの先祖神と一体化して考えられた例であろう。

　旧暦10月は神無月で、イエに祀られている神々は出雲大社に集まるといわれる。全国各地の家々では出雲に出発することをノボリ、帰宅をクダリといい、小豆粥や団子を作って縁結びを願ったりしてカミを送る。出雲大社には全国から八百万のカミが会うので、17日に迎え26日に送り出す神事が行われる。一方、そのときに出雲に行かずに留守番をしている恵比寿・大黒・荒神などがあり、そのために恵比寿講は10月に行うというところは多い。恵比寿を祀る機会は正月にもあり、関東地方の農村では蕎麦や赤飯、一升枡に財布やお金を入れて供えることも多い。恵比寿はそれを元手に稼ぎに出て、10月の恵比寿講に戻ってくるともいわれている。

　　外部からもたらされるカミ　今日では交通機関が発達して苦にならなくなっているが、代参講といい遠方の神社仏閣にムラの代表が参拝してお札を持ち帰り、配布するということが近世以来盛んに行われた。さらに遡ると御師や先達が各霊場から信者のいる村落を回って配っていたものである。代参講の一つの伊勢参りでは途中に秋葉山や金毘羅まで足を延ばすこともあり、世間を知る機会でもあった。伊勢神宮では神符を大麻と称し、代表で派遣されたものは伊

大杉神社 あんばさまと通称され，舟運の安全祈願，厄除けなど篤い信仰の対象である。(茨城県稲敷市，萩原秀三郎氏提供)

蚕の神 オシラサマと呼ばれ，桑の棒の先に馬の顔を彫り，布を重ねて着せ神棚や床の間に祀られる。(岩手県遠野市，萩原秀三郎氏提供)。

勢講の講員の数だけ持ち帰って配り，講員は表の間の神棚に置いた。氏神の神札とともに，秋葉，金毘羅，伏見稲荷などの中央神的性格の神社仏閣の神札は表の間の神棚に迎え祀られる。こうした点で，神無月に留守居をする神々との性格の違いをうかがうことができる。神棚以外には，火伏せの神として知られる秋葉山は住宅密集地において信仰が深く，持ち帰った神札を屋根の上の小祠に祀る例もある。同じく火伏せの神として信仰される京都の愛宕神社では，7月31日の夕方から翌早朝にかけて愛宕山山頂まで京の人々が登り，火伏せを乞う「千日詣り」の行事がある。これは代参ではなくそれほど遠方ではないので，信仰する人々が自ら参っており，このとき3歳未満の子供が参拝すればその子は一生火事に遭わないとされる。参拝者はお札をもらい台所の竈(かまど)やガスレンジの近くに貼って火難除けとしている。お札を貼る場所はその効能と関連するものであって，盗難除けのご利益のある三峯神社のお札は表の出入り口に貼っておき，猪(いのしし)などの被害を防ぐ意図であれば畑の中に竹にさして立てておいた。また，特定の生業にはそれにふさわしいカミが迎えられ祀られている。利根川の水運業者の間では茨城県阿見の大杉神社が水上の安全を守護してくれるとして篤く信仰され，そこから迎えたお札には注連縄をはり，祭日には餅をつき赤飯を供え，船頭たちには切り餅を配ったりした。養蚕が盛んであったころには蚕の神である茨城県つくば市の蚕影(こかげ)神社に参り，受けてきたお札を蚕室に貼っていた。

(高桑守史)

富士の行者 吉田の火祭りには，関東各地の富士講の人々も参加する。道者は燃え上がる火の前で祈禱を行う。（山梨県富士吉田市）

20 カミを求めて

山の信仰 山岳信仰は日本の社会において単に民俗宗教という領域にとどまらず，宗教全般にわたって重要な位置を占めている。

　山岳に対して人々は古来から神秘観をいだいたり農耕生活の基本をなす水源に水分（みくまり）の神を祀ったり，死後，祖霊の棲む他界とするなど，さまざまな観念を持ちつづけてきた。こうした信仰形態は民俗宗教のなかに広く認めることができる。さらに日本の山岳信仰のなかできわだった特徴は，修験道（しゅげんどう）が形成されたことで，多かれ少なかれ影響のなかった山岳はなかったといっても過言では

▲ 全国の修験者（山伏）が入峰修行の対象とした山岳
▲ 地方の修験者が入峰修行の対象とした山岳
● 地域の修験者が拠点とした山岳

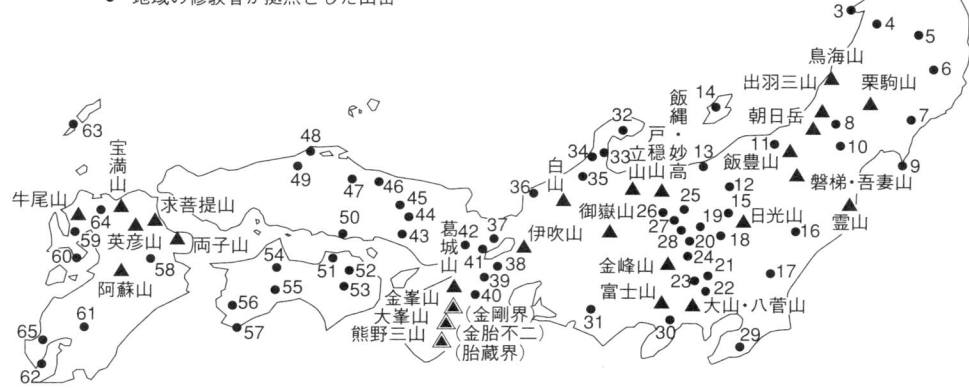

1 恐山　2 岩木山　3 本山　4 太平山　5 岩手山　6 早池峯山　7 室根山　8 葉山　9 金華山　10 蔵王山
11 二王子岳　12 八海山　13 米山　14 金北山　15 迦葉山　16 八溝山　17 筑波山　18 赤城山　19 榛名山
20 妙義山　21 武甲山　22 御岳　23 三峰　24 両神山　25 白根山　26 皆神山　27 四阿山　28 浅間山　29 清澄山
30 箱根山　31 秋葉山　32 鉢伏山　33 石動山　34 宝達山　35 医王山　36 越知山　37 比良山　38 飯導山
39 笠置山　40 三輪山　41 比叡山　42 愛宕山　43 書写山　44 雪彦山　45 後山　46 三徳山　47 大山　48 鼻高山
49 三瓶山　50 児島五流山　51 象頭山　52 大滝山　53 剣山　54 石鎚山　55 横倉山　56 篠山　57 白皇山
58 久住山　59 多良岳　60 雲仙岳　61 霧島山　62 開聞岳　63 白岳山　64 背振山　65 金峰山

入峰の対象となった山岳

ない。俗人にとって山岳は元来入山したり登拝することは容易でなく，山岳に鎮座するカミを山麓で遙拝したりする存在であった。しかし，修験者（山伏）や行者などによる宗教家によって山岳は修行の拠点として組織化され，山中には多くの寺社が造営され，俗人が立入ることができなかった対象から，登拝もしくは参詣することができる対象に変化してきたのである。

　江戸時代には，山岳を拠点として活動していた修験者たちの多くが町や村に定着して氏神の祭礼や芸能にたずさわったり，庶民の願いにより加持祈禱などの活動に従事した。現在でも中部地方の山岳地域をはじめとして彼らが残した芸能が花祭りや霜月神楽などとして伝えられている。また，江戸時代の中ごろになると在俗の庶民たちが講をつくって英彦山・石鎚・大峰・木曾御嶽・富士・羽黒・岩木などの山岳に登拝するようになっていった。ここでは，富士山・大山・石鎚山によせる人々の山岳信仰を追ってみよう。

　富士山（富士講）　　近世初頭より富士行者によってはじめられ，とくに享

まわり地蔵 子育ての地蔵として、お嫁さんに背負われてムラの家々をまわる。(神奈川県秦野市)

マユダマ 小正月には、年神さんの下にマユダマが飾られ、ケズリカケが奉納される。(神奈川県秦野市)

背負われた徳本座像 江戸後期に活躍した徳本の座像が今もまわっている。(神奈川県秦野市)

御師とマネキ 大山御師と縁側に出された講社が定宿とした記念としてのマネキ。(神奈川県秦野市)

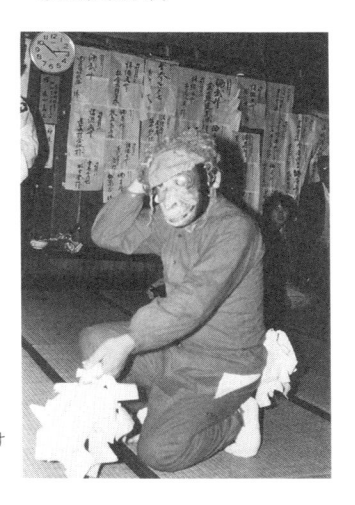

猿 還暦を迎えた人が猿の面をつけて舞う霜月神楽。(長野県飯田市)

保16年(1731)から18年にかけての6代目行者食行身禄(1671～1733)によって組織された富士信仰を母胎とする集団を富士講とよんでいる。古代・中世のいわゆる修験者の苦行を中心とする山岳信仰から、近世の山岳信仰は一般俗人が自由に登拝するようになったことで、それが代参講を簇生させる結果となった。わが国の山のシンボル的存在であった富士山(3776メートル)は、いつでも庶民

20 カミを求めて

金毘羅の絵馬堂① 海上信仰の聖地として全国各地から金毘羅に絵馬が奉納されている。(香川県琴平町)

賽の河原② 7月の地蔵講には恐山の賽の河原への参拝者も多い。(青森県むつ市)

花祭り 夜を徹しておこなわれる花祭り。朝方になると鬼が出てくる。(愛知県東栄町)

信仰の対象となった。とくに関東農村を中心に富士講の結成をみたのをはじめ、江戸市中では爆発的な講の簇生がみられ、富士を模倣したミニチュアの富士塚が多数築かれた。この富士塚には富士登拝のできぬ老若男女が多数登拝して、富士登山と同じ御利益を求めようとしていた。しかし、近世社会における富士講は、爆発的な人気を得たものの、幕府にとってしてみれば富士講という集団が拡大することを危険とみなし、近世中期以降は、富士講の結講が禁止されることもたびたびであった。それでもなお、富士講は身禄行者以後の教理が整理されつつ発展し、鳩ヶ谷宿には小谷三志による不二道が創出された。不二道の基本精神には男女平等があり、その後、幕末以降に創出されていった天理教・金光教などとは性格を異にしていた。この男女平等の精神的核になったのは身禄行者の娘ハナを後継者に選んでいることなど、女性の穢といった当時

遠山霜月祭り① 湯立てを中心とする霜月神楽が徹夜で行われる。（長野県飯田市）
役小角座像② 各地の里修験の家には役小角と前鬼・後鬼が祀られることが多い。（福島県矢祭町）
行　屋③ 飯豊山登拝をする人は出立に先立って1週間ほどのオコモリをする。（山形県米沢市）。
鎖禅定をする講社④ 石鎚山頂をめざす講社は御神像を背負って全員が鎖禅定をする。（愛媛県西条市）
絵　馬⑤ 観音様にすがる人々。（神奈川県小田原市）

の常識を否定した面があったことを見出すことができる。

　　大山（大山・石尊講）　大山は，神奈川県伊勢原市にあり，相模国の御嶽である。別名雨降山といわれ，雨乞いの山としても著名である。天平勝宝4年

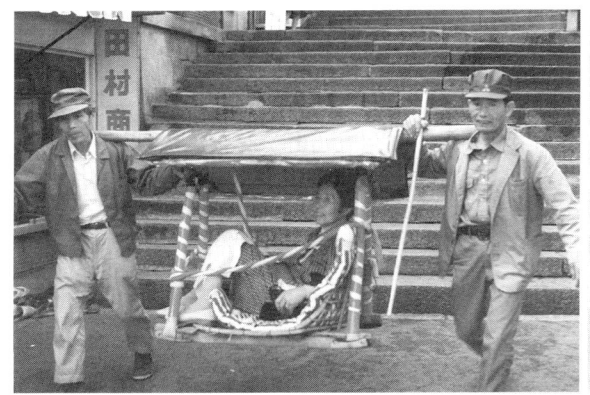

金毘羅参り カゴに乗って金毘羅参りをする旅人。（香川県琴平町）

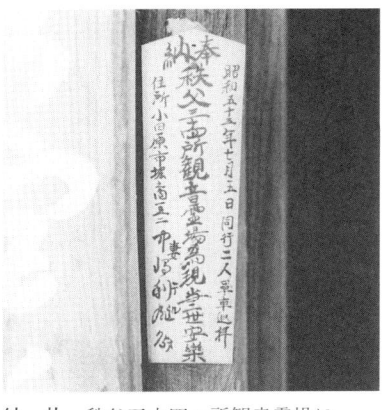

納　札 秩父三十四ヵ所観音霊場に納められたもの。（埼玉県秩父市）

札　所 秩父札所9番で納経する人々，千社札やマネキがたくさん奉納されている。（埼玉県秩父市）

七面山参り 1982メートルの身延山に登拝する題目講中の人々。（山梨県身延町）

---

(752) 良弁僧正によって開創されたと伝えられるが，大峰などとともに古くから修験道が関与することが大であった。

　大山本来の神体は石尊（大権現）といわれるように巨岩崇拝を基盤としていた。農村社会では雨乞いのカミとして認知されているが，近世の江戸町人社会では，6月28日の初山から多くの職人集団などが参詣して多分に現世利益のカミとして普及していた。この大山信仰を伝播させたのが御師（先導師）である。御師は関八州を中心に，とりわけ江戸町人社会にはかなり浸透していた。御師の生業は配札，導者の宿泊・案内であるが，大山の御師は江戸市中に積極的な活動を展開したこともあって，多くの大山講が簇生した。それが江戸の川柳な

修　行　七面山の登拝に先だって、白糸の滝で水行をする筆者。(山梨県身延町)

道　標　大山街道の各所には、多くの道標が造立されている。(神奈川県小田原市)

山岳信仰とお札　講中の人々がお犬様と称する大口真神の札。(東京都青梅市)

大般若転読①　修験寺院では、護摩がたかれるとき大般若経が転読される。(神奈川県小田原市)

題目講②　毎年9月12日には、片瀬竜口寺には牡丹餅講社の人々によって、信者に牡丹餅が撒かれる。(神奈川県藤沢市)

どにも「盆山は駆落らしい人ばかり」などと、大山詣りが盆の借金取りから逃げ出してきた人ばかりだという、大山参詣の盛況を物語っている。

石鎚山（石鎚講）　石鎚山（1982メートル、愛媛県西条市）は修験道の開祖とされる役小角によって開かれたといわれ、弘法大師、光定大師らの高僧の信仰により、石鎚山中腹、標高1450メートルのところに中宮成就社が創建された。それにともない、四国八十八ヵ所60番の横峰寺、同64番の前神寺が開創さ

20　カミを求めて　　215

接待所① 四国の札所を巡るとあちこちで湯茶の接待所が見られる。(徳島県鳴門市)
マネキ② 講中の人々は各地の山岳霊場を登拝するとき、道中の旅籠などにマネキを奉納する。(東京都青梅市)
女人禁制③ かつて日本の霊山の多くは女人禁制であったが、登拝のゆるされない女性信者は山麓から遙拝するのである。(愛媛県西条市)

れ、石鎚神社の別当寺となって、幕末維新を迎えた。

　山岳宗教の霊峰としての石鎚山へは、伊予だけでなく讃岐・土佐・備前・備中・備後・美作・豊前などの各地から信者が登拝するが、それに先立って信者たちは1週間から10日間ほどの垢離をとるのが普通で、出立にあたっては白装束に金剛杖をもち、先達の引導で登山する。なかでも伊予・備前・備中には多くの信者が集中しており、愛媛県の弓削島の石鎚山、砥部町の西石鎚山などの例に見られるように、石鎚権現と称して地元の小高い山に勧請しているところもある。

　巡　拝　日本各地の聖地や霊場を巡りながら参拝して信仰を深め、人生の岐路を見出したり利益を得るためなど、さまざまな巡拝行為がみられる。

　わが国の巡拝の最たるものとしては西国、坂東などの三十三観音巡礼や、四国八十八ヵ所巡礼がある。西国・坂東・四国などの巡拝は、めぐる寺々の順序が決まっているのが特徴であるのに対して、六十六部のように、日本全国66ヵ

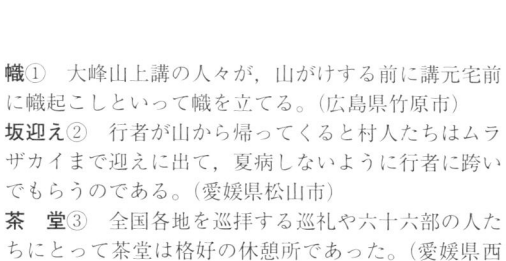

幟① 大峰山上講の人々が，山がけする前に講元宅前に幟起こしといって幟を立てる。（広島県竹原市）
坂迎え② 行者が山から帰ってくると村人たちはムラザカイまで迎えに出て，夏病しないように行者に跨いでもらうのである。（愛媛県松山市）
茶堂③ 全国各地を巡拝する巡礼や六十六部の人たちにとって茶堂は格好の休憩所であった。（愛媛県西予市）

国の代表的な聖地に法華経を奉納して巡拝するコースや，対象となる寺社が一定でないものもある。このほかの巡拝としては特定の性格をもった神仏を巡拝する六地蔵，四十八阿弥陀巡礼や，特定の宗派や開祖，高僧にゆかりのある寺々をめぐる親鸞上人二十四輩，法然上人二十五霊場，宗教上の名跡をめぐる日蓮宗二十一ヵ寺めぐり，南都七大寺巡礼などがある。

金毘羅講 四国の香川県琴平町に鎮座する金刀比羅宮は，日本における金毘羅権現信仰の中心として名高い。創建そのものははっきりしていないが，もとこの山にあった真言宗松尾寺金光院が守護神としてこのカミを祀ったのがはじまりだといわれている。それが室町時代に入って，海上交通が盛んになって

20　カミを求めて　217

コリトリ① 山岳登拝するとき信者たちは1週間ほどのコリトリをする。(広島県竹原市)
権現さんと加持② 石鎚蔵王権現さんが戻るのを持つ人々。(愛媛県西条市)
巡礼者③ 四国60番の札所横峰寺で祈禱する遍路。(愛媛県西条市)
加持祈禱④ 石鎚頂上社で加持祈禱をする行者。(愛媛県西条市)

くると、船乗りや漁民の間にこれを海難救済や豊漁のカミとする信仰が高まり、江戸時代になると漁村を中心に各地に金毘羅講が結成され、ときには五穀豊穣のカミとして農村にまで広がっていくほどの展開をみせ、伊勢参宮に匹敵するほどの勢いがあった。金毘羅信仰にまつわる習俗として著名なものに流し樽があるが、社殿造営や海上安全を祈る神酒をつめた樽に、奉納金毘羅宮と書いた小さな幟を立てて海に流すと、これを見つけた人々がつぎつぎに讃岐金刀比羅宮まで届けるものだという。

接待 四国遍路・西国巡礼者などに対してはさまざまな接待の慣行があ

虫除砂① 武州御嶽山では、虫除砂とよばれるものに人気がある。建前儀礼の時に大黒柱などの下にまくのだという。（東京都青梅市）
四国遍路② 60番横峰寺金の鳥居。（愛媛県西条市）
峰入道③ 峰入道はケモノ道でもあり入峰のときに先達が道標を立ててから進む。（愛媛県西条市）

る。接待の習俗が顕著にみられるのは四国八十八ヵ所の善根宿などがその好例である。しかし民間信仰においては巡礼だけでなく旅芸人などにも見られた。巡礼者などは定住する人々にとっては異人としてみなされ、福をもたらしたり、病気治癒をしてくれる存在でもあった。かつて村々には千人宿などと願をたてて旅人を泊めあういわば接待の習俗があり、漂泊する人々の助けになっていたのである。四国八十八ヵ所の1番札所霊山寺にみられる有田接待講などはその代表例である。 　　　　　　　　　　　　　　　　　　　（西海賢二）

徳丸の田遊び 新春や田植時期に豊作を祈り，稲作の過程を模擬的に行う予祝行事。田をうない，代かきと続いて牛が登場する。（東京都板橋区，萩原秀三郎氏提供）

21 カミとの交流

正月の清い火　清浄なる火とそれを生み出す木に注目して，日本人と民俗的カミとの交流という課題について考えてみる。火をコントロールすることが人類文化のはじまりの一局面であるように，火とは自然から文化への移行を媒介するものである。日本では火それ自体を神聖視する民俗事例は多くないが，正月と盆を中心に多くの火祭りが行われている。

　炉や竈，あるいは野外の焚き火で焚く薪，木の切端や枝，枯木などのことをある地方ではほた，ほだ，ほた木といい，榾，榾柮，榾木という字をあてる。ほたにはハレの時空における伝承があり，正月行事を中心としてほたが生み出す火に神聖性を見出す民俗が広く見られる。

新年のホタ　高野山のある和歌山県伊都郡では，新年の燃料のトシギ（年

カミへの祈り 神籤をカミとの縁を結ぶものとして巻きつけ、カミの願いを絵馬に託す。(神奈川県伊勢原市)

アエノコト 稲作の開始時と収穫後の2回、田の神をイエに迎えてもてなす。田の神があたかもそこにいるかのように、言葉をかけつつ案内し、応対する。㋑箸を作り田の神を迎える準備をする。㋺田の神をイロリに迎える。㋩ご馳走を食べてもらう。(石川県珠洲市)

木)をホタという。これは正月に際して、竈の前に立てる30センチほどの生木に注連を飾ったものである。これをつくると1年中、薪炭に不自由することがないという。炉に頼っていた時代は火をおこすことは一仕事であった。そのため毎晩寝る前に、太い薪を炉の火につぎ、灰や籾殻をかけて、次の朝までその火を保たせた。これをヒドメ(火留)といい、その火を消さずに保つことが主婦のつとめの一つとされた。「火種を絶やさぬ」ということには、「イエの生きる力の連続」という考え方がこめられていた。死人が出たりするとそのイエの火が穢れるとされ、炉の火を消し、炉の内を浄めて、新しい火をつくることも行われた。特に大晦日から正月の数日間、火種を消さずに保ちつづけることが重要とされる事例は、あちこちに伝承されていた。たとえば和歌山県の熊野か

21 カミとの交流　　221

オコナイ 年初に当たり，大きな餅を搗いて神仏に供えるオコナイ行事は，ムラの若者組によって担われる。彼らが年齢順に座り，儀礼を行う。（滋賀県余呉町）

オコナイの供物 オコナイに作られ，供えられるのは餅である。日頃は作らないような大きな餅が奉納される。（滋賀県米原市）

ら日高郡の山村にかけて，大晦日の晩には太い樫のほだを炉に入れる習俗があった。これをヨツギホダと呼んでいる。ヨという言葉は，戸主の世代を意味するとともに，年々の豊作をもいう。このヨツギは，前の年の平和と幸福を来る年もつづける「世継ぎ」の意味である。同県有田郡では，直径十数センチの太い松の薪を炉に入れることをセチホダ（節榾）と呼び，暮の煤払いの日に炉を清めて，新たにセチホダを入れる。その火を上手にあつかって，正月三箇日は絶やさぬようにした。同様の民俗は北陸や九州からも報告されている。大晦日の年取りの夜には，一家全員がその火をかこんで，年越しの膳についたのである。

田遊びの聖なる火 田遊びとは，新春に稲作の理想的な耕作過程を模擬的に演ずる予祝儀礼である。田遊びの発生は多様であるが，神仏習合期には，寺院の正月，2月における悔過行事の修正会，修二会（両者とも民俗語彙としてはオコナイの事例が多い）の結願芸能として田遊びが組み込まれる事例があった。田遊びは現在でも神社やお堂の行事として伝承されており，この芸能のなかにほたの伝承が組み込まれている。

静岡県相良町蛭ヶ谷の蛭児神社では2月11日の夜田遊びが行われる。人声の掛け声のみで楽器の囃子がなく，印象としては他所とくらべて静かな芸能である。『遠淡海地志』によると，「毎正月十三日」に「田植祭」があったという。行事は境内に篝火を焚くことからはじめ，この火はどんなに風が吹いても火

ニソの杜 福井県大飯町の大島には，30ほどの原生林の聖なる森があり，それぞれ特定の家々によって11月から12月にかけて祭りが行われる。(福井県大飯町)

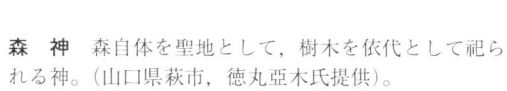

森　神 森自体を聖地として，樹木を依代として祀られる神。(山口県萩市，徳丸亞木氏提供)。

事にならないといわれる。氏子たちは篝火の薪を奉納し，自家の火伏せを祈願する。田遊びは17番の演目からなり，1番目が「ほた引き」である。境内いっぱいになるほど長い縄を輪状に置き，その一端にほた小僧(杉の葉の小枝を束ねて締めてくくった，直径30センチ，長さ70〜80センチの円筒型に近い人形)を結びつける。おおぜいの若者がその縄を持ち，輪の中心に田打ちの親方が1人で立つ。彼は綾笠を被って顔を隠し，茶色の上着に絣のような短い袴をはき，素足に藁草履という出で立ちで，手に入日扇をかざす。ゆっくりした速度でからだを回しながら「何を引く，ほーたー引く，西之宮大明神のほーたー引く」と大声で唱える。親方の唱えは西宮大明神から順次16の神々をお呼びするものである。この神々は蛭児神社とその付近の神々である。これは修正会における神名帳の読み上げに通じる。唱え終わると同時に，氏子の若者たちがワッと喊声を上げて，中心の親方の周囲を非常な勢いで走り巡り，ぐるぐる縄を引き回す。これを呼びあげた神々の数だけ，15回繰り返す。ほた引き開始と同時に柴燈に火が入る。

このあと，太刀振り芸や稲作模擬芸がつづき，すべてが終わると，ほた小僧は本殿脇の桜木のもとへ結わえられる。田遊びには早乙女と田の神が交わった子として多くの人形が登場するが，このほた小僧は珍しい伝承である。

21　カミとの交流

藤守の田遊び 正月にその年の稲作の全過程を模擬的に演じる田遊びは，東海地方から関東地方に顕著にみられる。（静岡県大井川町）

神楽 招魂・鎮魂の祭儀で奏する芸能で，生命力の強化をはかる祭祀であるが，死霊や祖霊を鎮めるためにも行われた。天狗とウズメの面をつけた2人による降臨御先猿田彦鈿女之段。（埼玉県鷲宮町，萩原秀三郎氏提供）。

田　楽　　静岡県浜松市西浦の所能山観音堂では，旧暦正月18日の夜を徹して修正会結願芸能が行われ，西浦田楽の名で知られている。行事は別当を中心に，上・中・下組ごとに選ばれた世襲の能衆によって担われ，別当の家における儀礼と観音堂における芸能からなる。観音堂の境内の庭が舞所となり，囃子を奏する楽堂と楽屋である幕屋が仮設される。当日夕刻，各家より2束ずつ持ってきた焚き木が境内に積み上げられる。観音堂に相対して築かれる大松明は，高さ約4メートルの北ダイと，高さ1メートル，幅5メートルほどの南ダイである。一方御船渡しの綱として，2本の綱が観音堂より北ダイに渡され，準備がととのう。芸能は33番の地能と11番（閏年は12番）のはね能からなる。地能は田遊びを中心に神楽・田楽踊り・仏の舞・三番叟など，はね能は田楽の能である。番外曲として，しずめと獅子舞など4番がある。

　地能の演目として9番目の猿舞から，ほた引き・御船渡し・鶴の舞が一連の構成の4番である。まず，雌雄の猿面をつけた能衆が出てきて，山に入り木を切る所作をする。背中に鋸と斧を差した雄猿が楽堂の前に出る。笛，太鼓に合わせて，両手を大きく輪にして腰をおとしゆっくり回りつつ舞う。これは今年切る木を決める意味を含んでいる。次に，斧を取り研ぐ真似や木を切る所作をする。一方赤い肩掛けに頭を包み，腰に女陰の形の木を吊るした雌猿が，見物衆の中を回る。雄猿は鋸で木を引くような振りを舞う。そのうち，道具をしま

荒神神楽 田畑や森に祀られている荒神を，豊作や無病息災・家内安全を祈り，家や仮設の神殿に招いて行われる神楽。比婆荒神神楽の猿田彦の舞い。(広島県庄原市，萩原秀三郎氏提供)

田楽 新春に予祝として五穀豊穣を祈って捧げる芸能で，田峯(だみね)田楽として有名なもの。(愛知県設楽町，萩原秀三郎氏提供)

った雄猿が扇を開き声を出して雌猿を呼ぶと，2人ははじめて顔を合わせ，狂言風問答をする。雄猿が木を切るところに女房の雌猿が昼食をとどけにきた場面である。つぎがほた引きであるが，2人の能衆が南ダイより火のついたほたをとり，その両端を藤蔓(ふじづる)で結び，「エーサ，オーサ」と藤蔓を持って3回引っ張り合う演出である。この時，上組の能頭が「明きの方角」に向って唱えごとをする。周辺の御神霊に松明(たいまつ)を奉納する意味である。これには蛭ヶ谷と同様に神名帳(じんみょうちょう)奉読(ほうどく)の意味があろう。その詞章の切れ目切れ目に「ヨーサ」の掛け声が入り，扇でほたを煽(あお)ぐ。このほたを観音堂の軒に準備した船につけ，綱をつたわせ，北ダイに点火させる御船渡しが行われる。御船渡しに際し，能衆が全員観音堂に集まる。能衆が綱を引き，御船はゆっくりと北ダイに向ってゆく。船には御幣(ごへい)と松明，観音と船頭の人形2体が乗っている。この行事の責任者は刀を腰に差し，2つの花笠(はながさ)を両手に持って，御船の下に控える。御船に松明がつけられると，本堂の別当(べっとう)が詞章(ししょう)を3度唱える。船が進むにつれて，責任者は下で花笠を持った手を大きく回して拝しつつ「でたいどうじ(出体童子＝十三番目の演目)」と繰り返して船の進行とともに進む。本堂でも綱を引く能衆一同

さんさ踊り 盆踊りの一種で，花笠をかぶり，笛・太鼓・鉦にあわせて輪になり踊る。(岩手県矢巾町，萩原秀三郎氏提供)

が，別当の音頭で「ヨイサー」の掛け声を繰り返す。船が北ダイにつくと，消防の者が梯子を掛け点火する。北ダイを支える太い竹は，火が燃えるにつれ爆発するが，この瞬間に観音の像が見えると伝えられている。北ダイに火がつくと，南ダイがすでに消えかけているので，ふたたび舞庭は明るさを増す。次に刀を差し，右手に鈴，左手に開き扇を持った別当が出，太鼓と笛の楽に合わせ，足を大きく交差させ，片足をあげ回って回り返す所作をする。これを四方と中央の五方で舞うのが鶴の舞で，両手を広げ片足立ちをしたところなど，いかにも羽根を広げた鶴の姿を思わせる。つぎに同じ所作を2人が順に繰り返す。鶴の舞は北ダイを正面に行う。

神楽 静岡市(旧本川根町)の田代神楽は，現在は3年に1度，9月14日前夜祭に公民館(以前は頭屋)，15日は大井神社で演じられている。これは，3年に1度のミサキ神楽と，毎年正月17日の田遊びが複合したものである。現在は14日にぼたきりが演じられる。老人の面をつけた1人の舞人が採り物の斧を

念仏けんばい① 盆に民家の庭先で行われる剣舞。(岩手県矢巾町,萩原秀三郎氏提供)
香取のお田植の田舞い② 神社で行われる豊作祈願の祭礼で御田植神事ともいう。8人の稚児による舞い。(茨城県香取市,萩原秀三郎氏提供)
成人式のさんばそう 20日祭り③ 成人を祝うもので,20日芝居といわれる年頭の地芝居の開幕の舞い。(栃木県日光市,萩原秀三郎氏提供)

左肩にかつぎ,鋸を腰にさげ,ほうかむりをして鉈を振りながら舞台を一周する。神前に向い,鉈と斧で立ち木を切る所作をする。翌15日には火伏・火の舞・柴燈踊りがある。柴燈踊りは神社境内に大きな柴燈が焚かれ,この回りを男女が取り囲み,唄を歌いながら踊る。田遊びの前半部にほたを曳く演目を置くことにより,ほたによって柴燈が焚かれることを象徴的に示しているのであろう。

聖火による交流 以上の3ヵ所は旧正月のオコナイの結願の芸能であると思われ,狭義の田遊びの導入部に行われる。この3芸能において,ほたが生み出す火は芸能の庭を清める柴燈となる。前2者ではほたをつけた綱や蔓を引きながら,地主神などを勧請する点が共通している。清浄なる火で照らされた芸能の庭に地主神を呼び出すのである。正月という新たなる時にほたによって起される聖火によって,カミとの交流がはかられるのである。 (福原敏男)

祭祀のため氏神に向かう集団　正装して祭祀を行う当屋の人たち。（滋賀県野洲市）

22　氏神と氏子

　日本のカミ祭祀　日本人はさまざまなカミを祭祀し，祭祀形態も地域や時代，社会構造によってきわめて多様である。日本のカミ祭祀については，基本的に祭祀されるカミの性格，祭祀者，および両者を媒介する媒介者に注目する必要がある。

　祭祀されるカミの性格，すなわち，神格には，農業神・漁業神・狩猟神など

氏　神　地域の守護神である氏神は，鎮守・産土神などとも呼ばれるが，近畿地方では単に宮さんと呼ばれる。(㋑住吉神社，兵庫県加東市。㋺八幡神社，埼玉県さいたま市)

屋敷神　屋敷の北側隅や屋敷続きに祀られている小祠であるが，関東地方や東海地方では，毎年秋にその年の新しい藁で葺き替えるところがある。近年は石の祠が一般的である。(栃木県市貝町)

高張り提灯　祭礼行事の行われる場所であることを示し，また行列の先頭にあって行事であることを示すために，提灯が高く掲げられる。(群馬県伊勢崎市)

人々の食料獲得方法に規制された神格や，神話上の人物や実在の歴史上の人物の場合もある。また，鎮守に代表される地域神としての性格や一族の先祖神もある。さらに，つねに特定の場所に滞在する滞在神と1年に1度，異なる世界から来訪する来訪神の別や，男神と女神の別もある。

　カミを祀る祭祀者・媒介者・信者などは祭祀組織の問題である。祭祀者が一定地域の住民である場合，祀られるカミは氏神と呼ばれるが，祭祀を実際に担当するのは，祭祀者を代表する氏子総代，あるいは祭祀者にかわる神職である。祭祀者の外延には広い意味での信者や崇敬者の問題も無視できない。また，祭祀者の問題として，これまで注目されてきたのが宮座である。中世以降，歴史的に変化してきた宮座をどのように理解するかは，日本のカミ祭祀の重要課題

22　氏神と氏子

お宮参り 産土神に誕生を報告し，健やかな成長を願う。(千葉県松戸市，萩原秀三郎氏提供)

七五三 11月15日に行われる生育儀礼で，男子は5歳，女子は3歳と7歳になったときに神社に詣でる。7歳になった女児の成長の無事を願っているところ。(千葉県東金市，萩原秀三郎氏提供)

宮　座 一定の資格を有する氏子が神前に一座して祭祀を行う組織が宮座であるが，その祭祀は当屋制で行われる。(㋑兵庫県加東市。㋺滋賀県米原市。㋩ドブロク祭り，大分県杵築市，白鬚田原神社。㋥芋くらべ祭り，滋賀県日野町)

である。

氏　神　　日本のカミ祭祀は，さまざまな祭祀者，祭祀単位によって祀られている。村落では，家族・一族・地域組・村落・村落連合などの祭祀単位があり，都市では，家族・一族・町内会・都市社会などがある。このほかに伊勢講・愛宕講のように，任意の集合体で祀られるカミもある。家族単位で祀られ

230　Ⅳ　カ　ミ

直会① 神事の後,神官とともに神事終了後に神酒・神饌をいただく。(千葉県多古町,萩原秀三郎氏提供)
祭礼のホウトウ② 山梨県の郷土食ホウトウは有名だが,祭礼に際して参加者にはホウトウを供することでホウトウ祭りと呼ばれる。(山梨県北杜市)
ドブロク祭り③ 祭礼にはさまざまな供物が作られ,カミに供えるとともに,氏子や参詣者に振る舞われ,共食される。ここでは供物がどぶろくで,そのためにドブロク祭りと呼ばれる。(大分県杵築市)

るカミである屋敷神は,家族を守護するカミである。先祖が稲荷や八幡などを勧請したものが多いが,神格が定かでない氏神もある。屋敷神が発展し,一族共同で祭祀される形態が一族神である。このうち,とくに村落単位で祀られるカミは氏神と呼ばれ,その祭祀者は氏子と呼ばれる。1村落におよそ1つの氏神を祀る祭祀形態が基本的に確立したのは,近世であったと考えられる。それ以前の中世においては,荘園を基盤とするカミ祭祀に代表されるように,近世以降の個別の村落を越える広範囲の祭祀形態が一般的であったと考えられる。今日でも,中世的な祭祀の名残りをとどめる広範囲のカミ祭祀が残存し,近世的な氏神祭祀と重層している例も少なくない。

　明治以降は,神仏分離や神社合祀などの国家政策が氏神祭祀に大きな変容をもたらした。神仏分離によって,氏神と神宮寺が分離されるとともに祭礼が大きく変化した。また,神社合祀によって村落内のいくつかの神社が統合さ

神輿巡行 カミが人格化にともなって貴族と同様に輿に乗り,神輿とされた。④御田植祭りで巡幸する神輿(熊本県阿蘇市,萩原秀三郎氏撮影)。回江戸三大祭りの1つに数えられた浅草神社の三社祭りの神輿(東京都台東区)。
ズイキ神輿 カミを迎えて巡幸する乗り物を毎年作り直すところは少ない。ここでは里芋の茎であるズイキを用いて毎年作る。その製作と奉納が祭礼の大きな要素となっている。(滋賀県野洲市)

れ,1村1氏神化が進行した。最近では,地域組が祭祀していたカミを氏神に合祀する例もあり,氏神の祭神の構成は複雑化している例もある。氏神の祭祀組織や境内配置には,こうした歴史的変遷が反映されている。

　氏　子　氏神を祭祀する氏子は,家族単位に規制されているが,氏子入りなどの手続きによって家族員は祭祀者となる。氏子入りの象徴的儀礼が,お宮参りである。生後30日前後に行われるお宮参りは,生児がはじめて氏神に参拝し,氏子の名前を氏神に告げて,氏子として承認を受ける儀礼である。結婚,養子縁組などによって転入した者も何らかの手続きによって氏子としての承認を受ける。逆に,結婚などによって村外に転出する者は,氏神に参拝してその旨を告げるのが例である。

　氏子内部には,氏子を代表する氏子総代・宮総代などの一定任期の役職者がおり,これらが交代で祭祀の中心となる例が多い。また,社家・祝(祝部)・太夫・神主・禰宜などの神職が特定の家筋によって決まっている場合も多かったが,今日では,これらが世俗化し職業神主に代わられる傾向も顕著である。さらに,最近,村落や町内会などの地域組織と氏神の祭祀組織を分離する傾向

山　車　祭礼にさまざまな飾り物をつけ曳き歩く屋台。地域によってはダンジリ・山笠・曳山・屋台などと呼ばれる。㋑は秩父の川瀬祭りの山車で、笠鉾4台と屋台4台がそろう。㋺は潮干まつりの山車で、5台の山車を神社前の浜辺に曳き下ろす。(㋑埼玉県秩父市、㋺愛知県半田市。㋑㋺萩原秀三郎氏提供)

オハケ　神社の祭礼に際し、カミの降臨を示し、また神祭りの場であることを表示するための装置。祭りの執行を担当する当屋の庭先や門口に作られる。(滋賀県八日市市)

当渡し　祭りの中心的役割をする当屋の期間終了の後に交代する儀式。(千葉県柏市、萩原秀三郎氏提供)

が顕著であり、村落においても神社崇敬会の組織化が進みつつある。これは氏子の変貌である。

　祭　礼　氏子組織を基盤として氏神の祭礼が行われる。祭礼は氏子総代が中心となって実行組織が編成される場合と、当屋(とうや)などの祭礼当番が交代で務める場合がある。後者は宮座の祭礼実施方法である。祭礼は基本的に、神迎え、神移し(お旅所(たびしょ)、神輿(みこし))、供物供進(くもつぐしん)、神人共食(じんにんきょうしょく)、奉納芸能・競争、そして神送(かんおく)りによって構成される。これらのうち、祭礼の中心は直会(なおらい)と呼ばれる神人共食

22　氏神と氏子　　233

お旅所 ㋑神輿などに乗ったカミが巡幸する際の遷座する場所，または神輿の休憩所（熊本県宇土市）。㋺ホシマツリといって，村々を巡るカミを1年間祭祀する。（熊本市，德丸亞木氏提供）

御上神社の供物 御上神社の祭礼の中心に位置する芝原神事に際して奉納される餅。（滋賀県野洲市）

である。直会は，人間が調製しカミに供進した酒や食物をカミとヒトが同じ場所でともに食する儀礼であり，この儀礼によってカミを祀るのである。神輿に移したカミを氏子の地域的範囲に巡行する神輿巡行・御神幸も重要である。地域によっては，その際に神輿に米や金を供え，神輿に接触することによってカミの加護を得ようとする氏子の行動も見られる。

祭礼では，お旅所において，巫女舞・田楽・猿楽などカミにさまざまな芸能が奉納される。また，相撲・綱引き・競走・船競漕・競馬などがカミに奉納される。これらの芸能や競走は，氏子組織とは別の組織によって行われる。都市の祭礼では，観客を意識して山車や屋台をにぎやかに曳きまわされるが，これもカミに奉納され，カミを喜ばすとされる。

宮　座　宮座はその内部構造に注目すれば，当屋制を原理とする神社祭祀組織である。一般的にいえば，特定のイエだけが参与できる株座の形態をとるにせよ，またムラの家々が参与できる村座の形態をとるにせよ，宮座は構成単位としての強固な家の独自性を基礎としながら，対内的な家相互の平等性・対

氏神の祭礼　福井県の三方五湖周辺の多くのムラが共同して宇波西神社を祭り、4月に祭礼が行われる。各ムラで神事を行った後、行列を組んで神社へ行き、供物を奉納し、神事を行う。その中心に位置するのは王の舞いである。㋑祭りの日の神社、㋺真箸の神事、㋩神社に供物を奉納する行列、㋥神輿、㋭王の舞い、㋬ササラ。（福井県美浜町）

等性と、対外的な封鎖性・排他性（ときには秘儀性）を特徴とする祭祀組織である。宮座の祭祀対象は一定の地域社会の神社が主体であるが、場合によっては寺や仏が対象になることもある。宮座は一般に、中世に形成されたが、長い歴史的経過のなかで、時代時代の社会構造の影響を大きく受けて変化し、なかには消滅したものも多い。最大の変化は、近世期のイエの成立であり、近世以降の宮座は、基本的にイエを単位として組織された。

　　当屋制　宮座のもっとも大きな特徴は、イエを単位として、祭祀者が交代

水垢離 神社の祭りを執行する担い手は，清浄でなければならない。祭りに入る前に川に行き，裸になり，水垢離を取り，身体を清める。（兵庫県加東市）

注連縄を張った家 祭りの中心的役割をする当屋に指名された家では，注連縄を張る。（埼玉県秩父市）

で当屋を勤めて祭祀する点にある。当屋は，年番神主・一年神主のようにカミと祭祀者である人間とを媒介する役割を果たす場合もあるが，祭礼の際の供物の調製や諸準備にあたる場合もある。いずれの場合にも，何らかの神聖性が付与されるのが一般的である。そのために，当屋は神田の耕作にあたり，カミの依代とされるオハケを設置してカミを迎える例も多い。また，当屋を勤めるにあたって水垢離を行ったり，屋敷の入口に注連縄を張るなど神聖性を強調する例もある。氏神の祭祀には多額の経費が必要であるが，当屋を交代で務めることによって，経費を分担し合い，長期的に対等に氏神祭祀を行う組織である。

宮座の諸形態 宮座は地域や村落によってさまざまな形態をもっている。宮座の基本原理は当屋制であるが，当屋をどのような順序で交代していくかによって，さまざまな形態があり，村落によって異なる。具体的には，年齢順，家並順，伝統的に決められた順序，前戸主死亡後一定期間経過順などがある。したがって，年齢階梯制や双分制は宮座の基本原理ではない。また，宮座には直接，家々の順序を規定する当屋制のほかに，まず，当屋を勤める地域組の順序を規定し，そのなかで家々の順序を決める当屋制もある。前者は滋賀県や奈良県をはじめとする近畿地方に多く，後者は中国地方や北部九州の宮座にしばしば見られる。

（上野和男）

大元神楽 大元信仰の島根県石見地方の山地で，晩秋に地区共同で行われる神楽。大元様を勧請して行われる神懸り託宣も含まれる。(島根県江津市，萩原秀三郎氏提供)

23　他界と結ぶもの

人の生死と犬　出産と育児をめぐる民俗には，しばしば犬が登場する。妊婦が腹帯(はらおび)をしめるのに，戌(いぬ)の日を選ぶというのは全国にみられる習慣である。北関東から東北地方南部にかけて，ムラの三叉路などにY字型の木が立てられているのを目にすることがある。これは「犬卒塔婆(いぬそとば)」と呼ばれるもので，「犬」の字が書かれることもある。「犬供養(いぬくよう)」といって，犬が難産で死んだときにムラの婦人たちが立てる場合や，妊婦が臨月になった際に安産を祈願して立てる事例もある。

このような習俗には，「犬は産が軽いから，それにあやかる」というような説明が付随している。また，イヌノコ・インノコなどと呼び，赤子の初外出に

沖永良部島住吉のクラゴウ① 地下100尺を流れるというクラゴウ（暗川）は、ムラの唯一の水源であった。大昔1匹の犬が猫を追い回していた。村人がみると2匹は濡れていた。こうして村人たちは、クラゴウをみつけたとされる。（鹿児島県知名町）
人に祟った動物たちの絵馬② ムラの日蓮宗祈禱所には数多くの動物を描いた絵馬が奉納されている。いずれも、病気の原因として、動物の祟りが指摘されたもの。（青森県むつ市）

際して、鍋墨を額につける習慣が各地にみられ、その名のとおり、額に「犬」の字を描く地方もある。すなわち、出産後も犬は、新生児を守護するものと考えられているのである。

　死者がでると、その枕もとに、枕団子を供えるが、これは、死者があの世へ行く途中に犬がたむろしており、無事通り過ぎるために、これを犬に与えるのだと説明する地方が多い。また、死者を埋葬した土饅頭の上に、イヌヨケ・イヌハジキなどと呼び、竹を細く割ったものを立てる習慣も各地にみられる。犬は、人の死に際しては人の誕生の際とは反対に、人の敵としてとらえられているようである。

　伝説に登場する犬　眠る主人に大蛇が近付くのを犬が知らせたなど、犬が主人を危急から救ったという伝説は数多い。また、「花咲か爺」にみるように犬が富をもたらすという昔話も多く、南西諸島各地には、犬が足を濡らしてきたのをみて、泉を発見したという伝説が伝えられている。一方、水の手を断たれながら、白米を水のように流して、敵を欺こうとしたが、城内の犬が水を飲みに降りたために、それが露見し落城したという、いわゆる「白米城伝説」では、犬が悪者になっている。

犬卒塔婆① 犬は安産を助ける動物として意識され、犬供養のため女性によって犬卒塔婆を立てる行事が行われている。出産適齢期の女性たちの十九夜講で祀る。（千葉県成田市、萩原秀三郎氏提供）

恐山のイタコ② 恐山は死者の赴くところとして有名だが、イタコはそこで口寄せを業とする巫女である。依頼者に囲まれたイタコ。（青森県むつ市、萩原秀三郎氏提供）

以上のように、犬は人間の生死に深くかかわり、人間の運命を決する力をもつものと考えられてきたのである。同様な信仰は、狐や鶏に対してもいだかれており、これらの動物の鳴き声は、何ごとかを告げるものとして、人々の注意するところとなっている。

霊的職能者の名称 神々や死者の言葉を伝え、病気治しなどを行う職能者が各地に存在する。地域により、名称や性格は異なるが、北海道のアイヌのトゥス、東北地方のイタコやゴミソ・カミサマ・ワカ、伊豆諸島などのミコ、南西諸島のユタ・モノシリ・カンカカリャーなどが挙げられる。「巫女」という総称がしばしば用いられてきたように、わが国の霊的職能者には、女性が多いが、男性も少数ながら存在する。

機能 彼らは通常、1つの、あるいは複数の守護神と呼ぶべきカミをもち、自宅の神棚などにそれを祀っている。彼らは、その守護神の導きのもと、カミやホトケ、死者、また動物霊などと交信し、ときには神懸りの状態になって、託宣や占いを行い、彼らをたよる多くの依頼者の相談に応えている。相談の大部分は病気に関するもので、彼らには地域社会の医師とでも呼ぶべき機能が認められる。息を吹きかけたり、身体を揉むなど患者に対して直接働きかけ

葉山ごもり 農耕神の葉山信仰の祭祀において，お籠りし神懸り状態となり，村落生活全般の神託を告げる。厳冬に山に籠り五穀の吉凶，天候，災いなどを占う。（福島市，萩原秀三郎氏提供）

ることもあるが，一般に，神秘的世界との交信により，病因を探ることが彼ら霊的職能者の本領とされている。たとえば，患者の祖先が死後の祀りが足りないことを不服として患者を病気にさせているなどと病因が指摘された場合，これにつづく祖先の供養，すなわち病因への対処が，そのまま治病の儀礼となる。なお，このような神秘的病因への対処は，必ずしも霊的職能者自らが行うとはかぎらず，僧侶など他の職能者に委ねられることもある。霊的職能者の一部は，病気を治す一方では他人を呪う能力もあると信じられ，恐れられる一面もある。

治病について重要な活動として，死者に関する儀礼があげられる。仏オロシなどといい，人の死後，特定の日数が経過すると，故人の遺言や死後の様子を聞こうと，霊的職能者を招いて，遺族や親族が集まる習慣も各地にみられる。

職能者となる過程 彼らが一人前の職能者になるまでの過程をみると，2つの形が認められる。1つは，生まれつき目が不自由で，幼いうちに師匠に弟子入りして修行をする東北地方のイタコのように，比較的修行が厳しく期間も長いもの。もう1つは，自らが重い病気を体験し，先輩たる職能者に診せると，その病気が職能者となって人助けをするようにというカミからの知らせであるとの診断を受ける。いわれるままにカミを祀ることにより，病気を克服し，特殊な能力を発揮するにいたるものである。後者は南西諸島や伊豆諸島によくみられ，特定の家筋や血筋をたどることが多い。

なお，このほか，職能者という用語は不適当であろうが，祭礼の際に，特別

賽の河原 死者が赴くところ。(㋑静岡県熱海市，㋺青森県むつ市)

に選ばれた人物がやはり神懸り状態となり，作柄などの託宣を行う地方もある。島根県山間部の大元神楽における託太夫，福島県などにみられる葉山ごもりにおけるノリワラなどがそれである。

つきものとは 狐に化かされ夜道をさまよい歩いたとか，狐火をみたなどという話をしばしば耳にするが，こういう類の話は，ややユーモラスに語られもする。一方で，犬や猫を殺して祟られたということもよく聞かれ，また，ある種の動物は，生きながらにして人間にとりついて災いするとも信じられている。さらに，人間がこれらの動物や殺した犬の霊を使役して，他人に危害を加えることもあるという。これらが，いわゆる「つきもの」と呼ばれる現象であり，人間にとりつくとされる動物には，狐・蛇・狸・犬のほか，「生霊」とよばれるように人間自身である場合もある。ほかに，カッパのように想像上の動物がとりつくこともある。これらの呼び名は地域によりさまざまであるが，イヅナ・オサキ・クダ・オトラ・ニンコ・ヤコ・トウビョウなどと呼ばれる狐，同じくトウビョウ，またトンボガミとも呼ばれる蛇，そして犬神などの名があげられる。

つきものもち 「イヅナ使い」などといい，動物を使って他人の様子を探らせたり他人を病気にさせるという特殊な宗教者が存在したが，ごく普通の農民の間にも，人間にとりつく動物を代々飼っているとされる家筋が主として西日本に存在し，「狐持ち」とか「犬神筋」などと呼ばれ特殊視されてきた。これらの家々では，家の者が他人を憎いと思うと，飼われている動物霊が主人の意を察して相手に災いするという。また，こうした家々は，比較的裕福であることが多いが，それは飼っている動物霊が富をもたらしたからだときまって噂

23 他界と結ぶもの

六地蔵 墓地の入口，寺院の山門脇にはしばしば六地蔵が祀られている。(㋑東京都新宿区，㋺滋賀県甲賀市)

されている。裏返して考えれば，こうした信仰の背景には人々の妬みの問題があるともいえよう。

　つきもの落とし　つきものにつかれると，その動物と同じような仕ぐさをしたり，奇妙なことを口ばしり狂乱状態におちいり，急に異常な食欲を示すものという。こうしたときには，つきものを落とさなくてはならないが，それには各地でさまざまな方法を伝えている。患者を威したり打ったり叩いたりする，煙でいぶしだすなどの乱暴な方法や，ついた動物の好物を，それが生息する所，あるいは飼われている家にもっていくなどの方法があり，前述の霊的職能者や祈禱師の活躍が期待されることになる。

　　　　　　　　　　　　　　　　　　　　　　　　　　　　（蛸島　直）

学校の廊下 生徒が帰ったあとの学校の廊下は，何か物寂しく，妖怪の話がよく似合う。（新潟県十日町市）

24 ふしぎな世界と空間

　異界　不思議な世界や空間をめぐる伝承(でんしょう)の多様性は，人間の豊かな想像力を物語っている。雲の上や海底・地中，あるいは死後の行方(ゆくえ)など，日常の時空間の外側の世界に対して，人々はこの世とはちがう不思議な世界（異界）を想い描いてきた。一方では，日々の生活空間のなかの特定の場所が，現実を超越した不思議なできごとの舞台として語られることも少なくない。場所によっては，そこが異界との出入口としての意味を帯びて民俗のなかで顕在化する例もみられる。

　異界との接点—辻・橋・井戸—　2つの道が交差した場所である辻(つじ)にはさまざまな民俗が集中している。辻に関する多様な伝承の特質の1つは，ここが

24　ふしぎな世界と空間　　243

辻 辻は，2本以上の道が交わる場所で，境界として他界への出入口と認識され，祖霊や妖怪との出会いの場ともされている。(ⓘ埼玉県白岡町，ⓞ茨城県つくば市)

橋 橋は，二つの世界を結ぶ場で，人やカミなど諸々が集まり，幽霊の出現など不思議な現象が語られている。(ⓘ埼玉県白岡町，ⓞ茨城県つくば市)

日常世界と異界とが接する境界の場としての性格をおびていることである。節分の豆を辻に捨てるという習俗は広くみられる。とくに，厄年の者は自分の歳の数だけの豆をもって辻に行き，後ろ手に捨てると厄が落ちるなどという。かつて，長野県諏訪地方では風邪を治すためにこんなことを行ったという。風邪をひいた者が寝ているときに，身内の者が紙に「風邪の大安売り」と書き，この紙に銭を包んで，それで病人の頭をさすりながら「風邪の神様，俺家ではご馳走ができないからご馳走のある家へ行っておくれ」という。それから銭の包みを辻または人通りの多い道に捨てて後を振り向かないで帰ってくる。もしこの紙を拾ったら倍にして返さないと大風邪を引くといわれていたという。夕方，辻に立ってそこを通る人の言葉から吉凶を判断する辻占も，ここがカミの声

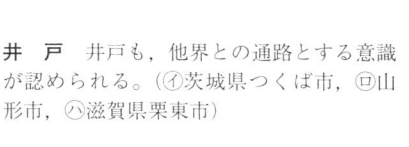

井　戸　井戸も，他界との通路とする意識が認められる。(㋑茨城県つくば市，㋺山形市，㋩滋賀県栗東市)

を聞く場所であったことを物語っている。また，辻はしばしば妖怪と遭遇する危険な場所でもある。沖縄では夜間に犬や豚の化物が辻にでることがあり，それに股下(またした)をくぐられると死ぬといわれている。それを防ぐためには足を交差させて歩くとよいという。

節分の豆は，橋のたもとに捨てるという土地もある。橋のたもとに立って通行人の会話から吉凶を占う橋占(はしうら)もはやくから行われており，ここが神意を汲み取るのにふさわしい場所とみなされてきた。また，橋のたもとに祀った女神である橋姫にまわる伝説をはじめ，幽霊の出没が語られるなど，川をまたいで2つの岸をむすぶ橋にも，この世と異界との接点としての性格が認められる。井戸を異界との出入口，あるいは通路とする意識もみられる。臨終(りんじゅう)の際に井戸のなかにむかって行われた魂呼(たまよ)びはその一例といえるだろう。もちろん，辻・橋・井戸ならどこでも境界だというわけではけっしてないが，こうした場所にまつわる多様な伝承の特質の1つとしてあげることができる。

妖怪のいるところ　柳田国男は『妖怪談義』のなかで，お化け(妖怪)と

24　ふしぎな世界と空間　245

旧家屋敷の長屋門・旧家の藁葺きの家・旧家の屋敷 旧家には，不思議な伝承を持つものも多い。（茨城県つくば市）

幽霊の違いについて3つの特徴を挙げて説明している。

(1)お化けは出現する場所がたいてい決まっていて，その場所を通らなければ出くわさずにすむ。しかし，幽霊はむこうからやってきて，逃げても追いかけてくると指摘している。

(2)お化けは相手を選ばないが，一方は相手を特定する。つまり，幽霊はこれぞと思う相手だけに思いを知らせようとする。

(3)幽霊は丑三つ時に現れるが，お化けはもっぱら宵と暁の薄明りのころに出現する。

現実の事例に照らし合わせてみると，必ずしもこの通りに分けられるわけではない。しかし，柳田がいうように幽霊は「特定の人」のもとに，妖怪は「特定の場所」に現れる傾向がみられるのも事実である。岩手県を中心に東北地方に伝承されているザシキワラシは座敷童子の意で，子どもの姿をしていて，おもに旧家の座敷や蔵などに出現していたずらをする妖怪である。クラボッコの呼称もある。天狗は山の妖怪の一種だが，方々に「天狗の止り木」とか「天狗松」などという木がある。天狗が棲むといわれるこうした木は，2股に分かれ

沼① 沼は，自然の窪地にできたもので人里離れたところにあり，妖怪・水の神などの伝説がある。（茨城県つくば市）
池② 沼とともにさまざまな伝説がある。（茨城県つくば市）
淵③ 淵は川の曲折点で，水が淀み深いところだが，それが底知れぬ神秘感を人に与える。（埼玉県寄居町）

た枝が上のほうでくっついた窓木と呼ばれる形をしているなど独特の樹形をしたものが多い。沖縄諸島の代表的な妖怪であるキジムナーは，ガジュマルの古木に棲んでいるという。川や池・沼では，人間の尻こだまを抜くという河童や，主である大蛇の存在が広く知られている。水辺には，夕方になるとシャキシャキと小豆を洗うような音を立てるアギトギババアも出没する。妖怪の呼称のなかには，出没する場所の特徴をあらわしている例もある。

昔話のなかの異郷 民話のなかには不思議な空間をテーマにした話が少なくない。なかでも，架空の物語世界を語る昔話には，さまざまな不思議空間（異郷）が登場する。「浦島太郎」で，主人公の若者が訪ねるのは海の底の竜宮城である。夢のような3年間を過ごしたあと地上にもどってみると700年の年月が経っていた。地上と異郷とのちがいが時間の流れ方の差として表現されている。「竜宮童子」では，貧乏な男が淵に薪を投げ入れると，女が現われて水底の竜宮に案内される。帰りには，なんでも望みのものが出るという不思議な小僧を土産にもらって帰る。「鼠浄土」では，爺が穴に転がりこんだ団子を追って地下に入っていくうちにネズミの楽園に行き着く。ネズミに歓待された

24 ふしぎな世界と空間

木造の小学校　平屋で木造の校舎は今ではほとんどなくなってしまった。この校舎も取り壊されて存在しない。(愛知県東栄町)

現在の小学校の教室　(長野県)

爺は宝物をもらって帰ってくる。「源五郎の天昇り」は，天まで伸びた植物をのぼって雲のうえの世界を訪ねる。そこで雨をふらす雷の手伝いをするが，足をすべらせて落ちる。気がつくと夢だったというオチがついている。海底・地中・雲の上に日常の世界とは異なる豊かな異郷が想像（創造）されている。ほかにも「天人女房(てんにんにょうぼう)」「舌切り雀」「見るなの座敷」など，異郷を語る昔話は多い。

学校の不思議空間　先に紹介した辻や橋などのほかにも，幽霊がでるとか，怪異現象が発生するなどとうわさされる不思議空間は私たちの身辺には少なく

学校の不思議空間　㋑トイレ，㋺音楽室，㋩理科室，㊁階段（長野県）

ない。ここでは学校を取り上げてみよう。「誰もいない音楽室から流れてくるピアノの音」「夜中の校舎を歩き回る理科室のガイコツ」「怪しい声がするトイレ」など学校にまつわる怪談は挙げればきりがないが，こうした話の多くは校内の特定の空間を舞台に繰り広げられる。それは，児童・生徒が1日の大半を過ごす普通教室よりも，音楽室・理科室・トイレといった特別教室や附属の施設に偏っている傾向がつよい。特別教室にただよう独特の匂いや音，色彩などが話のモティーフに組み込まれている。

　とくに，トイレは怪異現象が多発する空間といってよい。学校のなかでトイレは他の空間にくらべて相対的に不安のつきまとう空間といってよい。その原因はいろいろ考えられるが，基本的には，孤立した空間のなかで下半身を露出した状態でしゃがむという，動物としての人間の弱点をさらけだした姿勢が，絶えず抜き去りがたい不安を誘うのだろう。「便器から手が出る」という怪談が今も色あせない不気味さを訴えてくるのも，そうした生理的な不安と無関係ではないように思われる。

（常光　徹）

24　ふしぎな世界と空間

6月ウマチーのノロ，ネガミら女性神役　琉球王国時代に整備された公的司祭者ノロを中心に営まれる旧暦6月15日の稲の収穫祭。(1976年，沖縄県名護市)

特論　南　　　島

(1)　ヒ　　ト

南島の範囲　　1872年，琉球王国は琉球藩と改められ，1879年に廃藩置県により沖縄県となった。琉球処分といわれる過程であり，それまで清国に朝貢使，慶賀使を派遣し，冊封を受け，同時に薩摩藩の管轄下にあった状態から，47番目の県として日本の一地方に位置づけられた。ここで南島という場合には，1609年の薩摩藩の侵入以前に王国の版図であった道の島（奄美群島）から八重山諸島までを視野に入れておきたい。それは今日にいたるまで民俗を見る際に，琉球王国時代からの歴史を背景におく必要が感じられるためである。

身体を包む　　王国時代の成人男女の装束は琉装といわれる。和服よりも襟下が長く，広袖で風通しよく，丈はくるぶしくらいまでである。それに見合う髪型に男のかたかしら，女のからじ，幼少時の丸結といった型があったが，

門中墓 ムンチュウの成員が葬られる亀甲墓。(沖縄県読谷村)

屋根上のシーサー 悪い霊を退散させるために置かれる。(沖縄県竹富町)

八重山の民家 風除けのために樹木を巡らした民家。(1973年,沖縄県竹富町)

廃藩置県後,琉装とともにしだいになくなった。晴着は袖丈が長く,女性には帯を締めず大柄の文様が映えるが,表衣の両方の襟を手で持ち,両襟が開かないようにするなど着こなしには注意が必要である。昭和の初期から琉球舞踊の形を伝授するそれぞれの流派の教場が各地にあり,子供の情操教育を兼ねて習わせ,あわせて琉装の身のこなしを習得することもある。1972年の本土復帰以降,成人式などに和服を着る光景が見られるようになっている。しかし,身のこなしには違和感があり,極端な例では和装でビールのかけあいをする様子も散見された。逆に本土側で琉装すると,沖縄の人々には違和感がともなうのであり,服飾の背後にある歴史と文化に思いを馳せなければならないのである。

服飾の変化 気温の高い気候に適した芭蕉衣が階層を問わず広く用いられ,イトバショウの栽培から織り上げるまでを家庭でまかなうことができた。農民の間では農作業で動きやすいように袖の幅は狭く,膝くらいまでの身の丈であった。今次大戦後は減少し,沖縄本島北部の喜如嘉で自然の風合いを生かした布が生産される程度になっている。それに代わって,米国の施政権下の時

ムラのガスボンベを利用した報知器① 戦後,半鐘の代わりに使われたボンベ。(沖縄県読谷村)
沖縄の漁船サバニ② 波を切って進むのに適した漁船。

八重山の牛耕 水牛を使って鋤をひかせる。(1973年,沖縄県竹富町)
ウチカビの製造工場 霊界への金銭に相当するウチカビを製造する。(沖縄県読谷村) 

期(アメリカ世)に,女性用のムームーに似たワンピース型の服が広まった。箪笥に乾燥したヤマクニブ(野草の一種)を芳香剤としていれておくので,その香りとともに年配の女性に愛用されている。1972年の本土復帰直前に沖縄シャツが提案され,2000年の九州・沖縄サミットを機に,県産品で沖縄らしさを表現した「かりゆし(縁起がよい)ウェア」が普及するというように,服飾の変化は沖縄の置かれたそれぞれの時代の特性をよく表している。

身体を守る・身体に施す 兄弟が旅に出るときに,道中の安全のために姉妹が織ったティサージ(手ぬぐい)を持たせた。姉妹が兄弟を霊的に守護するというオナリ神の信仰によるもので,霊力をそれに織り込んだのである。ティ

沖縄本島北部の崖葬 海蝕洞を利用した二次葬地。

魔除け ススキをしばって屋敷の端にさす。（沖縄県読谷村）

サージには思いを寄せる男性に，思いを託して織るものもあった。沖縄本島と周辺および八重山では結婚の前に婚姻儀礼の一環として，奄美と宮古地方では成女儀礼として，女性が手に入墨をしていた。1899年には旧刑法に入墨を禁止する条項が盛られるが，昭和の初期まで一部では行われていた。専門に施術する女性もいて，これをしないと異国に連れて行かれるなどと由来が説明される。

ヒトの願い 奄美から沖縄本島と周辺にかけて，妊婦がいるときに新改築するならば，屋根の一部を葺き残した。産のある家を沖縄ではクヮナシヤー，宮古・八重山ではシラヤーと呼び，ジール（地炉）を設け，入り口に魔除けのための注連縄を張った。魚網を張ることもあるが，それは結び目が多いためである。サンといってススキなどで結び目を作り，供物や霊魂を悪霊から守ることと同様である。屋敷の拝みでは，四隅にさすこともある。また，奄美では出生直後にジールや軒端に竹串やはさみを突き刺し，悪運を生児に授けられないようにした。生後12年ごとの生年に厄にあうとし，特に49歳を大厄とみて厄除けを願い，親戚・知人を招いた。女性の13歳の祝いは，生家で行う最後の生年祝いであるため，盛大に行っていた。88歳のトーカチ，97歳のカジマヤーには，模擬的に葬式を行なう擬死再生儀礼が行なわれていた。1970年代でこの要素はほぼ消失し，現在は長寿を祝いあやかるため盛大に祝うようになっている。

ムンチュウの本家に祀られる神家
ムンチュウの総本家の位牌を祀る御堂。（沖縄県読谷村）

川拝みの儀礼の後，子供の欲しい人を担ぐ　子供を欲しい男性を担ぐと子授けになるといわれる（復原）。（沖縄県名護市）

(2) イエ

住生活の空間　王国時代には農村では80坪の屋敷が配当されていたとされ，自然災害を避けるために周りを石垣で囲んでいた。屋敷にはヤーンナー（屋号）がつけられ，母屋・家畜小屋・菜園などがある。屋敷の入り口と母屋の間にヒンプンという衝立状の塀を設ける。これは悪霊の侵入を防ぐためであるが，外からの視線をさえぎる役目も果たしている。母屋は田の字型が基本で，表側には民俗方位で東から一番座，二番座がある。一番座には福禄寿・千手観音などの掛け軸をかけた床の間があり，接客の空間である。ムンチュウの元家には遠祖を祀る棚や火の神を象徴する3つの石が置かれる。ここの裏座は一番奥まったところで，物置となったり貴重品を置くところであった。二番座には仏壇があり，家長の寝食の場である。死期が近づくと仏壇の前に寝かされ介護される。ここの裏座は若夫婦の寝室，子供部屋に使われ，かつては産室ともなった。台所は土間で，古くは南島一帯で居室とは別に分棟としていた。竈の上に火の神を表す3つの石が置いてあり，主婦は旧暦1日，15日にはここから願いをはじめ，つぎに仏壇にいたる。近年，火の神を設けていない家もあるが，主婦が歳をとってくると必要性に目覚める例もある。火の神からは諸方面の神々に遥

ムンチュウ単位で川拝みを行う 先祖の水の恩を感謝する年頭の儀礼。（沖縄県名護市）

ムンチュウの元家での拝み シーミーに本家の仏壇を拝礼する。（沖縄県名護市）

拝(はい)することもでき，これに対しては心情を吐露(とろ)するので，主婦にとっては精神の安定を得る装置でもあった。これを設置できない老人ホームでは，旧暦1日，15日になると徘徊行動をする老女もいる。

家族・親族　家族はヤーニンジュと呼ばれることもあり，長男の相続を優先する直系家族の形をとるが，次，三男も結婚してから屋敷内の別棟などに同居をつづけることがある。隠居制度はなく，家長の死によって家長権が譲られた。子供のころから跡継ぎとして育てられる長男は，発言力も大きいが，先祖祭祀などに対する責任は重く，近年では姑と同居し，親族が集まる行事のたびに準備にもあたることになるため，嫁に来るのを嫌われることもある。ただ，長男が優先されるのはそれほど古くからのことではなく，近代においても女性が相続した例があり，門中の普及との関連も考慮しなければならない。門中は中国の宗族と日本本土の家制度の両方の特徴をあわせもち，おおむね始祖を共通にし，シジといわれる父系の血縁で結ばれる集団で，王国時代には系図座が管理して，士族層を中心に維持されていた。それがじょじょに農村に広がったもので，沖縄本島南部で早く組織化が進み，周辺の離島部と本島北部では普及が遅れた。門中の成員は家譜(かふ)をもって共通の始祖から分かれたことを認識し，シーミーなどに門中墓で先祖祭祀を行い，跡継ぎがいなければ養子は門中成員の中からとり，長男が優先的に位牌(いはい)の祭祀を行うのを理想とする。近代になって系図を作る専門家が各地を回って王府に連続する家譜を作成したり，霊的職能者のユタが位牌継承のタブーを普及させる力になった。時代の大きな変革期に秩序を求めたいという人々の期待が，その普及に一役買っているともいえる。

特論　南　島

位　牌　上下二段で先祖をまつる位牌立て。（沖縄県読谷村）

女性神役の祀る火の神　ネガミという集落の最高神女が祀る火の神。（沖縄県名護市）

門中の成員は，村落の範囲を越えて分布し，シーミーなどには他の市町村からも成員が集まってくる。総本家（ウフムートゥ，大元）からの分れだけでなく，次三男を中本家（ナカムートゥ，中元）として，そこからの分れで集団をなす分節化が進む場合もある。

位牌継承をめぐって　門中が整備されてくると，位牌を継承する際の禁忌が重視されるようになった。禁忌には，(1)イナググヮンス（女子を位牌の継承者にする），(2)チョーデーカサバイ（兄弟の位牌を同じ位牌立てに祀る），(3)チャッチウシクミ（次男以下が継承する），(4)タチーマジクイ（男系の血縁者以外が継承する）がある。沖縄本島北部や宮古・八重山の農村では，もともとこうした禁忌は存在しなかった。1899年〜1903年の土地整理によって，不動産の私有権が認められ，位牌祭祀と結合したことや，明治民法の規定もこうしたタブーの民俗論理化を後押しした。1972年の本土復帰後，女性が継げないことが社会問題化し，広い分野で議論された。

(3)　ム　ラ

ムラの空間　村落をさす場合に，シマも用いられる。シマは内婚の比率が高く，閉鎖的で，聖地，祭祀組織，行事を持っていた。シマフサラーの行事では，シマの出入口に左縄でなった縄に豚の血を塗り，骨をはさむなどして，外部からの悪疫などの侵入を防いでおり，シマの信仰上の境界をみることができ

綱引き 雄綱，雌綱の結節地点で踊り，引き始める。（1975年，沖縄県名護市）

彼岸の供物 豚肉，かまぼこなど重箱に詰める。（沖縄県名護市）

る。村落の移動伝承を持ち，かつての集落の位置も伝承されている。1713年に王府で編纂された『琉球国由来記』には，各村落の御嶽(ウタキ)・祭神・祭祀者・年中祭祀が記載されている。それらの村落を古村とし，以降，士族が帰農するなどしてできた村落を屋取(ヤードゥイ)集落という。屋取集落には御嶽などはなく，散村の景観をなしている。御嶽(ウタキ)は，奄美ではオボツ山，沖縄ではウガン，宮古ではスク，八重山ではオンなどと呼ばれる。シマの守護神を祀る御嶽は，草分けの家の背後にあり，かつてそのシマの葬所であったと考えられる。村落移動伝承を持つ場合には，故地を拝するためウトゥーシ（遥拝）御嶽があり，海上かなたの聖なる邦ニライ・カナイにかかわる場合には山の頂や浜辺にある。

ムラの社会構成と暮らし シマは東西の2組，あるいはさらにそれぞれが2つに割れて4組に区分されている。綱引きは東西に分かれて行われ，どちらかが勝つと豊作がもたらされると言い伝えている。王国時代の地割(じわり)制度(せいど)が崩壊して，明治末から大正期にかけての農村では，ウェーキといわれる土地財産の所有者と，彼らからの借金の代償に労働を提供するシカマーの関係が見られた。借金の額と労働の対価を記した当時の証文が残されている。住み込みで働く場合もあり，それは前借金と引き換えに年季奉公させられた糸満売りや，辻売りされた遊女にも似ている。いずれも農村のひどい貧困の結果である。ハワイ，南米などへの移民や，本土の紡績工場などへの出稼ぎも盛んになっていった。また，シマには今次大戦後もしばらくは黒糖生産のための製糖場があり，砂糖小屋ごとに砂糖与(さとうぐみ)が作られていた。葬式組が砂糖与と一致する場合もあった。地域社会でほぼ一生を完結できた人々は，戦争によって他地域への移動を活発

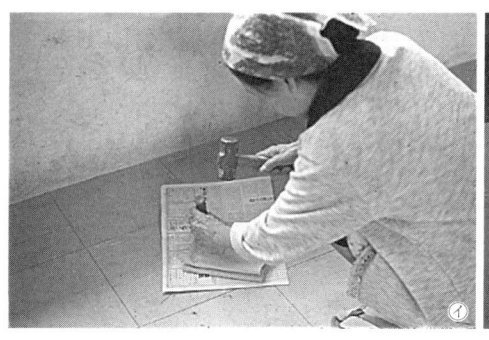

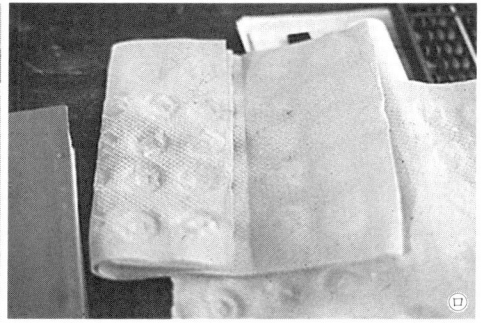

ウチカビ 先祖へ送られる銭で，①は銭の型を打ち付けている。②はできあがったウチカビである。(沖縄県名護市)

にしていった。特に沖縄本島中南部に人口が集中し，異質な思考・行動様式を持つ人々が集住するようになった。そうしたなかで同郷人が集まっていわば同質社会といえる郷友会(きょうゆうかい)が盛んに作られるようになった。母村との強固な紐帯(ちゅうたい)を維持し，本土復帰後の本土化に抗する文化活動が行われ，これを都市のなかのシマととらえることもでき，沖縄の都市の特性の一つといえる。

土地収用の影響 今次大戦後，米国は占領に必要な土地を軍用地として使用していたが，1952年の対日講和条約が発効すると，強制収用の手続きを布令として公布した。土地所有者は拒否できず，補償額について訴えを起こせるだけであった。接収されたまま移転せざるを得なくなった集落もある。賃貸借契約方式で軍用地の取得が進められ，農耕に支障が出るばかりか，聖地に立ち入れなくなった例もある。聖地を拝むときに，眼前を軍用ヘリコプターが横切るといった光景は日常的である。現在，県の総面積の10パーセントあまりが軍用地であり，米軍駐留の影響は計り知れない。

(4) カ　　ミ

カミとムラ 仲松弥秀によれば，御嶽(ウタキ)に祀られるカミと村人との間はオソイ（愛護）とクサティ（信頼し寄り添い身を任せる）の関係にある。御嶽の神はクサティ神，御嶽の森はクサティ森で，ムラの背後にあってその前方に根屋（草分けの家）とその分家が広がる。奄美ではナルコ・テルコ，沖縄ではニライ・カナイと呼ばれ，海上のはるかかなた，あるいは海の底，地の底にあるという理想郷の観念が認められる。八重山では数集落で旧暦6月の豊年祭り2日目に，

6月ウマチーの草分けの家の供物
3軒の旧家から持ち寄る新米を供物とする。（沖縄県名護市）

今帰仁村の神アサギ　軒の低いことが特徴のノロ・ネガミらが公的祭祀を行う祭場。（沖縄県今帰仁村）

海のかなたにあるニーラスクからアカマタ・クロマタという来訪神がムラを訪れ，豊作をもたらす。沖縄本島ではウフアガリジマなどともいい，アブシバレーという害虫駆除の儀礼ではムラの神女が海辺からそこに向けて害虫を送り出す。理想郷として豊作などをもたらす一方，災いをもたらすものも想定される。

神願いと神人　琉球王国で中央集権的な国家体制が整備され，国家儀礼を司る聞得大君を頂点とする祭祀組織がととのえられて，集落レベルではノロ，ネガミ（沖縄），ツカサ（八重山）らの職能者が今日でも御嶽などに対する村落祭祀を行っているところもある。人を代表してカミに祈る役回りである。男性は補助的な役目を負うが，儀礼の主体は女性によって担われる。

　一方，国家の祭祀組織がととのえられるにつれて制度からは排除され弾圧された職能者があり，ユタ・ウムリングァ・ムヌスーなどと呼ばれている。迷信を広め，ヒトを惑わすというので，昭和になってからでもユタ狩りが行われた。ノロなどの祭司に対するシャーマンという対比でとらえられたこともあったが，実態は二分しがたいものである。18世紀ころから行われている首里観音堂など十二支の本尊をめぐる十二箇所廻りに，こうした職能者が関与しており，外来宗教を取り込むことから彼らの世界観を豊かにして機能を果たすことも指摘されている。位牌祭祀の禁忌の普及に関しても，現在では伝統の擁護者と見られるが，そうしたイデオロギーの導入時点では新しい発想であった。そうした点で，ユタは外来文化の受容者ともいえる。

（古家信平）

索　引

あ　行

アイジ　64
哀悼傷身　13
アイヌ　18, 239
アイヤケ　88
アエノコト　206, 221
アカマタ　259
アギトギババア　247
秋　葉　208
秋葉山　207, 208
秋祭りの獅子舞い　140
アクト石（兵士の踵の疲れを癒す）　29
アゲボトケ（上げ仏）　39, 40
麻　6
麻糸を紡ぐ　170
浅草鷲神社西の市　180
浅草羽子板市　181
麻の葉模様の産着　8
朝婿に夕嫁　87
足入れ婚　84
足入れ婚の進行　84
足　半　9, 11
足半草履　171
網代笠　4
小　豆　150
愛宕講　230
愛宕神社　208
新しい橋　185
アトザン　77
跡継ぎ　255
跡取り　55, 56
アトミラズ　93, 99
穴掘酒　95
姉家督相続　56, 57
アブシバレー　259
海　人　18
海　女　160
雨乞い　32, 141, 155
雨乞い地蔵　34
雨乞いの神　214

雨乞いの山　213
雨乞いの龍　34
海女の姿　159
奄美群島　250
アマメハギ　200
アマ（潜水）漁　158
網の修理をする夫婦　159
網　漁　158, 159
雨降山　213
アヤツコ　16
アラキ　150
アラミタマ　196
有田接待講　219
アルジ（主）　47
アワイノキモノ　9
淡島さま　38
袷　6
アワの儀礼　156
粟　穂　151
暗渠排水　148
アンギン織り　164
安産祈願　73
安産の狛犬　74
あんばさま　208
イイツギ（言い継ぎ）　129
イエ　43, 54, 65, 109, 121
家　印　121, 125
家の解体　176
家の神　69, 206
イエの継承　55, 63
家の新築　135
イエの中にまつられる護符　36
イエの本質　55
家普請　71
異　界　200, 243, 244
藺　笠　4
筏流し　174
生　霊　192, 193, 241
藺　草　172
イ（エ）グリブネ　170
池　247
池掃除　135

イザリ機　170
石神の大家族　66
石神の大家族の家屋　59
石工（石屋）　173
石　鎚　210
石鎚講　215
石鎚権現　216
石鎚山　191, 215, 216
石鎚神社　216
イシノオカズ　77
出雲大社　207
伊勢講　207, 230
伊勢神宮　207
伊勢参り　207
磯　桶　159
磯手拭　28
磯の口開け　157
磯　漁　158
イタコ　239, 240
イタダキ　160, 174, 175
イタダキの人形　174
市　182
一族神　231
一族の墓　67
一人前　20, 24, 137, 139
一年神主　236
一家団欒の食事　61
五木村の集落　158
イッケ　64, 65
イットウ　64
イヅナ　241
イヅナ使い　241
一本（竿）釣　159
出立ちと葬列　95
出立ちの飯　93, 95
井　戸　243, 245
移動空間　186
移動空間の出現　187
移動販売車　186
イトコ　64, 66
イトバショウ　251
糸満売り　257

260

イナググヮンス 256	ウェーキ 257	噂　話 134, 135
稲作のサイクル 145	魚見小屋 160	運送人夫 172
稲　霊 206	宇加神様 202	エアロビクス 30
稲含様の市 179	ウガン 257	易 41
稲　穂 181	氏　神 15, 19, 77, 80, 127, 208, 229～231	易　者 41
犬 237, 238, 241, 245		枝つきの塔婆 95
犬　神 241	氏神祭祀 231	越前万歳 176
犬神筋 241	氏神の祭礼 235	越中富山の置薬 25
犬供養 237, 239	氏　子 19, 80, 125, 231, 232	エドシ 64, 65
犬卒塔婆 237, 239	氏子入り 232	エナ（胞衣） 77
イヌノコ 237	氏子制度 51	エナツボ 77
戌の日 73, 237	氏子総代 229, 232	エビス 155
イヌハジキ 238	丑の刻参り 193	エビス（蛭子・夷） 165
イヌヨケ 238	丑三つ時 246	恵比寿 207
稲刈り 71, 147, 149, 151, 156	臼 25	恵比寿講 207
稲のハザ掛け 148	御　嶽 258, 259	恵比寿・大黒 49
稲干し 148	ウチカビ 258	恵比寿を祀る祠 204
猪　飼 18	ウチカビの製造工場 252	家　船 160
亥の子 138	卯月八日 194, 195	エボシイワイ（烏帽子祝い） 138
位　牌 49, 55, 255, 256	ウッチャゲ 88	
位牌継承 255, 256	腕　香 34	烏帽子親 69
位牌祭祀 256	ウトゥーシ（遥拝）御嶽 257	エボシオヤ 138
位牌堂 55	うどん 21	烏帽子着 17
忌明け 94, 98, 99	姥　石 27	絵　馬 25, 35, 36, 184, 213
移　民 257	宇波西神社 235	絵馬に描かれた杣職人 7
鋳物師 169, 173	ウフアガリジマ 259	えみし 165
入会山 117, 119	産　神 75, 76	縁切り祈願 39
イルイ 54	産神様 77	縁　日 182
入　墨 13, 17, 18, 253	産神問答 77	役小角 213, 215
入れボクロ 12	ウブゴヤ（産小屋） 74	役小角座像 213
イロリ（囲炉裏） 43, 52～54	ウブサマ 75	エンルイ 64
イロリと家族 54	産土神 76, 229	大　字 108, 120
イロリと古老 43	ウブノカミ 75	大絵馬 35
岩　木 210	ウブメシ（産飯） 76, 77	大敷網船進水式 167
岩田帯 75	産　屋 74	大杉神社 208
岩舟山 193	産屋とその内部 76	大　戸 47, 49
隠　居 60	産　湯 78	大　峰 210
隠居制 60, 61	海の女 160	大元神楽 237, 241
隠居屋 60, 61	海の生活 165	大　山 213
姻　族 65	ウムリングァ 259	大山講 214
引　導 96	雨夜のモリ 29	大山信仰 214
引導渡し 93, 102	浦島太郎 247	大山詣り 215
インノコ 237	占　い 36, 39, 184, 239	オカマサマ 156
陰陽五行思想 45	売り出し 187	沖ことば 157
陰陽五行説 41, 42	ウルシ（漆） 161	掟 127
陰陽説 41	漆掻き 162	オキテヌグイ 4
ウェア 252	漆塗り 173	沖縄県 250

沖縄の漁船サバニ　252
沖縄本島北部の崖葬　253
沖永良部島住吉のクラゴウ　238
屋内神　200
送り火　45，198
送り盆　131
桶　171
桶　屋　168，171
オコナイ　222，227
オコナイの供物　222
オコモリ（お籠り）　213，240
オサキ　241
御　師　176，207，214
御師とマネキ　211
押し寄せる開発の波　53
オシラサマ　51，208
オシロイ　12，13
オソイ　258
恐　山　193
恐山のイタコ　239
御田植祭り　232
お旅所　234
お玉杓子　25
オテハンニャ様　18
オテハンニャの墨つけ　18
オトラ　241
オナリ神　252
オニンギョウサマ（お人形様）　16
小野小町　13，14
オハケ　233，236
お化け（妖怪）　245，246
お花市　182
お　囃　155
大原女　175
帯　8
オビイワイ（帯祝い）　49，72，75
お百度参り　33
お百度を踏む　34
オビヤケ　79
オボコダテ　79
オボツ山　257
お守り　30
お神酒　80
おみくじ　28

お宮参り　230，232
オモカルイシ（重軽石）　39
オモテ　49，50
表屋造り　45
母　屋　44，60，61
母屋の隠居屋　61
母屋の間取りと名称　47
親方（オヤ）　69
親方子方関係　69，70
親方取婚　84
オヤコ　64
尾張笠　4
オン　257
音楽室　249
陰陽師　28
陰陽道　42
怨　霊　193，197

か　行

飼馬安全の絵馬額　141
蚕の神　208
会　所　127
海上信仰　212
海上輸送　157
会葬者のかぶり物　5
怪　談　249
改築される家　185
垣　内　44
街頭の易者　42
垣内畑　151
カイニョ　108
回覧板　129
家　格　54，124，125
家格と階層　124
カカザ（嬶座）　48，50，54
踵当て　11
餓　鬼　196
餓鬼仏　24
角　袖　6
拡張する町　179
神　楽　224
カケイショウ　79
籠細工　168
笠　3
飾り藁　171
加　持　192
加持祈祷　210，218

鍛冶師　172，173
鹿島人形　111
カジマヤー　253
鍛冶屋　168，171
鍛冶屋のさまざまな道具　169
葛　橋　161
風　邪　26，244
風邪の大安売り　244
風祭り　141
火　葬　96
家相図　46
家　族　255
家族・世帯・イエ　55
かたかしら　250
形　代　35
形見分け　94
家畜小屋　44
家　長　55
家長権　59，255
学　校　249
学校の不思議空間　249
学校の廊下　243
カッチゲ　156
カッパ（河童）　16，27，241，247
カテメシ　21，22
カテモノ（かてもの）　22
カド（門）　45
家督相続　55
門付け　176
門入道　203
門　松　45，181，195，202
門守り　34
門守りの護符　36
門守りの呪物　37
香取のお田植の田舞い　227
金　屋　173
火難除け　208
鉄漿（お歯黒）　13，16，17
鐘　129
鉄漿親　17
鉄漿つけ　17
鉄漿つけ衣裳　17
カネツケイワイ（鉄漿付け祝い）　138
鉄漿つけ親（カネツケオヤ）　17，69，138

カネリ　160	カルサン　8	祈禱札　112
カ　ノ　150	家　例　55	木彫師　173
家　譜　255	カロウト　67	着物の図柄を描く　173
家　風　55	川拝みの儀礼の後，子供の欲しい人を担ぐ　254	規　約　127
カブウチ　64		キャクザ（客座）　48, 50, 54
歌舞伎の化粧　13	皮　沓　11	脚　絆　8
株　座　125, 234	厠　神　200	旧　家　125
掩　網　159	瓦屋根の屋根替え　136	旧家の屋敷　246
家父長的家族　54	川　漁　161, 162	旧家の藁葺きの家　246
株祭り　174	神送り　233	旧家屋敷の長屋門　246
かぶり物　3	灌漑用の溜池　114	救荒食物　22
火防の神　51	カンカカリャー　239	教会での結婚式　87
鎌　168, 171	願かけ　32	境界の場　244
カマス　154	願掛け地蔵　81	行　者　210
蒲製ハバキ　175	環濠集落　108	行商人　175
竈　48	元三大師　28	競　走　234
竈　神　200, 202	元三大師のおみくじ　28	兄弟同居　58
神移し　233	かんじき　11	兄弟餅　99
神懸り　239, 240	甘　藷　144	共同祈願　141, 155
髪飾り　181	勧請縄　111, 114	共同作業　129
髪　形　2	鉋　171	共同墓地　56, 110
カミ祭祀　228, 229	神無月　50, 207, 208	共同労働　135
カミサマ　239	灌仏会　194	行　屋　213
紙芝居　138	冠　3	郷友会　258
紙　漉　173	祇園祭り　198, 199	漁　業　157
神　棚　44, 51, 198	機械化される農業　186	居住空間　186
神棚と位牌　49	祈　願　31, 32, 184, 191	漁　村　159, 160
神棚に祀られたお札　207	聞得大君　259	漁村の景観　157
神に仕える子供　5	木小屋　44	漁撈具　171
神の降臨　233	椎　11	儀　礼　240
カミノマ（上の間）　49, 50	擬死再生儀礼　253	禁　忌　37
神　札　50	木地師　168, 173	金箔打ち　173
神への祈り　221	木地挽き　169	均分相続　55
神迎え　233	キジムナー　247	キンマ（木馬）　161, 174
家　名　55	木地屋　119, 161, 174	キンマ道　161
仮面仮装の来訪神　200	キジリ（木尻）　48, 50	近隣関係　133
家　紋　55, 69, 125	擬制的親子関係　69	近隣集団　188
粥　21	奇蹟譚　27	クサティ　258
粥　占　38	木曾御嶽　210	鎮禅定をする講社　213
カユツリ　204	北前船の絵馬　158	草分け　126
唐　傘　4	北　枕　91	草分七軒　126
からじ　250	忌中まげ　3	クダ　241
烏鳴き　91	亀甲墓　251	クダリ　207
カラムシの皮をはいで繊維を作る　163	狐　239, 241	熊狩り　168
	狐持ち　241	隈取り　13
刈　敷　151	祈　禱　192, 209	熊の巻狩り　175
かりゆし　252	祈禱師　242	クミ（組）　131

索　引　263

供物供進　233	健康食品ブーム　30	弘法大師願掛け守り納所　21
蔵　44	源五郎の天昇り　248	公民館　126
クライドリ　138	ゲンサイアソビ　83	高野山奥の院参道　193
クラボッコ　246	現在の小学校の教室　248	小絵馬　35
栗　144，150	研　歯　13	牛王宝印　205
刳　舟　170	県人会　183	蚕影神社　208
車　田　151	舷　側　170	子方（コ）　69
クルリ棒　153	現代の行商　174	五箇山の合掌造りの民家　58
クロツケグワ　152	現代の結婚式　90	狐狗狸さん　41
クロマタ　259	現代の結婚式場　89	ゴザボウシ　4
鍬　168，171	現代の葬儀場　103	古式の婚姻における進行プロセスと階層区分　83
鍬　柄　174	減反政策　147	コシマエダレ　5
鍬神様　154	検地帳　108	腰　巻　7，17
クヮナシヤー　253	元禄袖　6	小正月　16，122
鍬始め　154	ゴ（着物）　10	小正月の飾り物　50
卦　41	小石のおはじき遊び　138	小正月の訪問者　204
掲示板　129	鯉のぼり　63	小正月の繭玉団子　154
掲示板に掲げられた農事日程　129	コイマンノウ　152	互助共同作業　135
競　馬　39，234	公営火葬場　103	護身札　28，29
ケガチ（飢饉）　25	交　易　157	個人墓地　110
ケガレ　16	行疫神　198	牛頭天王　198
気枯レ（ケガレ）　25，27	後見役　69	ご先祖さま　194
化　粧　13	広　告　185	五銭玉（死線を越える）　29
化粧池　13	交　際　130	子育て祈願の絵馬　81
化粧坂　13，14	交際の場　134	小谷三志　212
化粧される仮面　16	高札場　129	コツラ　175
化粧地蔵　124	鉱　山　173	コトコト　204
化粧室　16	鉱山集落　162	金刀比羅宮　217
化粧清水　13	鉱山図　172	子供行事　204
化粧塚　13	江州穴太役　169	子供組　132
化粧とパフォーマンス　15	荒　神　207	子供組の祈禱　140
下　駄　9，10，171	荒神神楽（備中神楽）　42，225	子供たちの髪形　3
結願芸能　222	荒神神楽の託宣　42	子供のお籠り　35
血縁家族　66	庚申講の掛け軸　132	子供の獅子舞　206
血縁分家　67	荒神様　3	子供神輿　142
結婚祝い　132	庚申塚　113	コバ（焼畑）　146
結婚式　53	庚申塔　122	コビキ（木挽き）　161，162
結婚式場のパンフレット　90	楮　161	木挽きの服装　5
結婚式の席次表　65	広大寺池水分絵図　115	ゴミソ　239
結婚披露宴　88，90	耕　地　111，116，143	虚無僧笠　4
血　族　65	耕地整理　148	米の飯　21
血盆経　28	講　中　92	米の霊力　96
ゲートボール　130	講中と家並配置　100	米　櫃　24
ケヤミ（気止み）　25	交通事故保険　30	子守り　137
玄関入口のお札　23	香　典　95，132	御用大工　173
ケンケト祭りの化粧　15	香典帳　71	垢　離　216
	鉱　夫　172，173	

コリトリ 218
御　霊 197
御霊会 197, 198
コルセット型の腹帯 75
婚　姻 10, 65, 82
婚姻の開始 86
婚姻の完了 86
婚姻類型一覧 83
婚姻類型論 89
権現さんと加持 218
金光教 212
婚　舎 84, 86
コンニャク 165
コンニャク作りの様子 163
コンニャク畑 163
コンバイン 147
金毘羅 207, 208
金毘羅講 218
金毘羅権現信仰 217
金毘羅の絵馬堂 212
金毘羅参り 214
昆布干し 160
昆布を運ぶ籠 160
紺木綿 8
婚　礼 49

さ　行

菜園場 151
祭祀集団 141
祭祀組織 229
祭祀のため氏神に向かう集団 228
採草地としての林野 117
祭壇前の男性のみによる集合写真 69
紫燈踊り 227
サイト焼き 137
サイノカミ 16, 18
サイノカミの墨つけ 18
賽の河原 212, 241
債務保証 71
祭　礼 138, 141
祭礼の提灯 139
祭礼のホウトウ 231
塞　神 122
早乙女 6, 155, 223
サオリ 155

坂迎え 217
盛り場 184, 186, 188
左官屋 169
裂織り 6
裂織りの上衣 6
サクグワ 152
鮭供養塔 166
酒封じ祈願 38
酒封じの神 38
ササラ 155
刺　網 159
ザシキワラシ（座敷童子） 246
刺　子 6
指物師 168
サス 150
サツキ 154
雑穀を粉食にする 22
サツマイモ 152
里芋の植え付け 153
砂糖与 257
里帰り 62, 89
里修験 213
里山（端山） 202
サナブリ 155, 156
讃岐平野 113
さまざまな鍬 152
さまざまな願い 20
さまざまな墓上装置 97
さまざまな屋敷 45
侍　分 124
猿 211
猿　楽 234
サルボコ 74
産　院 74
サンカ 161
山岳信仰 209
山岳信仰とお札 215
三角布 102
３月の節供の雛人形 63
山菜採取 161, 162
さんさ踊り 226
三社祭り 232
三十三観音巡礼 216
三十三年忌 95
山上参り 138
山随祭り 35
散　村 112, 116

山　村 173
山村集落 113
散村の景観 108
山村の景観 158
山村の傾斜畑 116
散村の住居 108
山村の出作り小屋 52
山村の廃屋 167
山村の屋敷畑 152
産地直送販売 179
山頂でホラ貝を吹く行者 191
サンニチガエリ（三日帰り） 88
産　婆 72, 77, 79
三番叟 224
三宝荒神のお札 201
サンボンゴ 152
三混ぜ飯 21
産見舞い 49
山林原野 117
椎　茸 165
シイタケを干す 163
寺院での結婚式 87
寺院発行の護符 28
死穢忌避 103
塩断ち 34
シ　ガ 160
シカマー 257
直蒔き栽培 148
自家用の干物を作る 159
敷　網 159
敷　居 47
食行身禄 211
地下掟 127
四国八十八ヵ所 215
四国八十八ヵ所巡礼 216
四国札所 27
四国遍路 219
仕事着 6
仕事始め 154
資財供与 71
シ　ジ 255
猪　垣 116
死者と儀礼用具の移動 99
49 歳 253
四十九日 94, 99
四十九日忌 193

四十九日までの祭壇　98	集合住宅地　189	精進まげ　3
ジシンルイ（地親類）　136	十五夜綱引　155	上棟式　67
四十九院　98	十三ガネ　17	商人・職人の仕事着　8
四十九餅　94，95，98，99	13歳の祝い　253	常　畑　144，149
地　蔵　106，115	十七ガネ　17	しょうぶ　52
地蔵遊び　41	集　村　112	消防小屋　109，114
地蔵信仰　27	集村の甍　107	正法寺椀　171，173
地蔵憑け　41	集村の代表，環濠集落　108	常夜灯　112，121
地蔵盆　124，138，197	集村の一つ，街村　108	松例祭の火男の化粧　15
死体処理　96	シュウトノツトメ　89	鐘　楼　129
舌切り雀　248	姑　61	職域空間　186，189
寺檀制　51	集　落　111，112	触穢思想　103
七軒百姓　126	自由恋愛　83	職縁集団　189
七五三　10，62，230	修　行　215	職業神主　232
七年忌　95	修験者　28，210	食事のしきたり　24
七面山参り　214	修験道　209	食習慣　24
シチヤ（七夜）　78，79	呪術的儀礼　34	職住分離　189
シチヤ（七夜）の宴席　72	呪術的療法　27	食事用具　25
湿　田　148，149	修正会　222	食物禁忌　23
死出の旅　93	修正会結願芸能　224	女性神役の祀る火の神　256
自動車内のお守り　30	数　珠　93，110	女性の髪形　3
シトギ　123	取水堰　150	初七日　94
地主小作関係　68	出　棺　48，49	白川村の合掌造り集落　57
芝切り　126	出棺前の読経　94	白川村の大家族　57
地引網　137	出　産　62	白川村の大家族の家屋　58
慈母観音　80	修二会　222	シラヤー　253
シ　マ　256〜258	授　乳　78	死　霊　192，193
シマフサラー　256	主　婦　61，201	ジール（地炉）　253
シーミー　255，256	呪符（護符）　35	ジルイ（地類）　64，136
注連飾り　203，204	呪　法　32	印半纏　7，8
注連縄　171，236，253	首里観音堂　259	白装束　102
注連縄を張った家　236	狩　猟　161	陣　笠　4
下　肥　152	手労農具　153	心願成就の奉納鳥居　32
霜月神楽　210，211，213	巡　拝　216	寝　室　48
釈迦誕生会　194	巡礼者　218	神社合祀　231
錫杖と当番板　127	ショーウィンドー　187	神社祭祀　234
杓子渡し　61	小家族　57	神社での結婚式　86
社寺参詣　51	正　月　196，202	神社とお堂　110
シャーマニズム　39	正月飾り　202	神社の交通安全祓所　30
シャーマン　259	正月飾り売り　180	神　職　232
集会所　109，139	正月行事　197，220	人身供儀　19
収穫祝い　182	正月様　204	新精霊　196
収穫儀礼　156	正月の飾り物　50	シンセキ（親戚）　64
収穫の家族労働　61	生姜畑に立てられたお札　156	人前結婚　89
祝　儀　135	城下町　177	人前結婚式　88
宗教儀礼　33	城下町の化粧坂　14	神前で願をかける参拝者　32
十九夜講　239	障　子　50	神葬祭　49

親　族　64，65
親族関係と親等　65
親族集団　65
神田　236
神人共食　233
神秘的世界　240
神　符　207
神仏祈願　27
神仏習合　110
神仏の使いを描いた絵馬　38
神仏分離　231
神明水　27
親鸞上人二十四輩　217
親類（シンルイ）　64〜66，71
親類関係　66，70
親類関係と香典額　131
ズイキ神輿　232
水　車　143
水　神　200，201
水　田　143
水田稲作　143〜145
水田のひろがるムラ　144
スイミング・クラブ　30
水利慣行　147
菅　浦　110
鋤　171
杉塔婆　98
頭　巾　3
ス　ク　257
抄　網　159
ス　ケ　153
菅　笠　4
煤払い　222
頭陀袋　93
炭　窯　174
墨祝儀　16
墨つけ　15
炭　焼　161，174
炭焼がま　161
炭焼歩荷　172
住吉大社初辰参り　34
住吉のお田植の粉黛戴盃式　14
相　撲　39，234
諏　訪　50
製　塩　157
生　家　62
生活改善の告　128

生活感の変化　53
清浄なる火　220
成女儀礼　18，253
成人式　10，138
成人式のさんばそう　227
笠　竹　41
青年のおはやし　139
背負梯子　164
背負われた徳本座像　211
石　尊　214
石尊講　213
赤　飯　80
堰　番　147
セギ番表と鳶口　150
堰普請　149
世間話　135
世　帯　121
世田谷のボロ市　177，180
セチホダ　222
節　供　21，52
雪上の足ごしらえ　10
接　待　219
接待所　216
セッチンマイリ（雪隠詣り）　16，79
節　分　244
節分の豆　245
セド（背戸）　45
背戸山　113
銭丸袖　6
セブリ　161
1970年代の結婚式　71
善光寺　194
千垢離　33
善根宿　219
前　栽　151
千社参り　33
先祖神　201，206，229
先祖祭祀　69
先祖祭り　196，198，202
センタクガエリ　89
先　達　207
選定相続　55
千日詣り　208
千人針（千人の合力）　29
千人宿　219
善の綱　70

千歯扱き　53，153
千羽鶴　35
千羽鶴とよだれかけ　35
船　尾　170
ゼンマイ　161
ゼンマイを干す　163
惣　掟　127
葬　儀　49，53，70
葬儀社　103
葬儀場近くの葬斎会館と石材店
　の広告看板　103
葬儀の読経　94
葬具作り　92
葬家の設え　92
葬家のしるし　92
相互協力　70
葬　式　133
葬式の手伝い　133
雑　炊　21
葬送儀礼への関与と作業分担　101
惣　村　108
双体道祖神　122
贈　答　71
総本家（ウフムートゥ，大元）　256
草　履　9，10
草履捨て　88
草履と草鞋　9
ゾウリの祈願　141
葬　列　93，98
葬列の善の綱　91
疎塊村　112
俗　信　37
底抜け柄杓　74
祖先神　196
袖　7
袖ウダツ　52
袖　無　7
袖の種類　6
園　151
そば（蕎麦）　21，150
ソマ（杣）　161，162
杣　人　173
蘇民将来　23
蘇民将来の子孫　23
染物師（紺屋）　169，173

索　引　267

ソリコ　170
祖　霊　194, 195, 201, 209
祖霊神　109
祖霊信仰　195
揃え菜売り　176
村　落　120

た　行

田遊び　222, 223
大家族　57
大　工　168
太　鼓　126, 128, 129, 155
大　黒　155, 207
大黒柱　44
太鼓櫓　123
滞在神　229
代参講　207, 211
太子講の掛け軸　132
大神宮様　50
大　豆　144, 150
ダイドコロ（台所）　48〜50
大都市　178
大般若転読　215
堆　肥　148, 151, 152
代表的な漁村の景観　107
代表的な山村の景観　107
代表的な農村の景観　107
代表的な養蚕農家　44
大　麻　207
題目講　132, 215
大　厄　253
田　植　71, 144, 147, 148, 155
田植唄　155
田植の手伝い　60
田植をする女性　2
他　界　195
高張り提灯　229
宝くじ売場　184
たきぎとり　164
滝　行　34
託　宣　39, 239
託宣儀礼　41
竹皮笠　3
竹　串　253
竹細工屋　171
田下駄　11, 149, 151
竹の歯の千歯扱き　153

山　車　12, 233, 234
田仕事の婦人　5
ダシニンプ（出し人夫）　161
田代神楽　226
襷　8
たたき　53
たたき大工　172
畳　表　172
タタラ（踏鞴）　162
踏鞴師　172, 173
タチーマジクイ　256
タトゥーステッカー　19
脱　穀　53
脱穀具　153
脱　魂　39
タッツケ　8
建　網　159
建　具　171
七　夕　182
狸　241
種　籾　148
田の神　19, 155, 156, 195, 206, 221, 223
田の神様　155
田の神信仰　206
田の字型　46
煙　草　165
タバコの収穫・乾燥の互助共同作業　136
旅芸人　175
田　舟　149
食べ物と霊　24
タマ（魂）　192
魂祭り　196
魂呼ばい　91, 194
魂呼び　245
田峯田楽　225
溜　池　114, 148
袂　袖　6
団　子　21
断　食　34
男子の節供　71
誕　生　72
ダンジリ　233
鍛　造　168
団　地　189
檀那寺　55

断髪令　2
単墓制　103
地　縁　103
乳　親　69
力　石　39, 41
力だめし　138
乳祈願　78
秩父三十四所観音霊場　214
茅の輪　27
治　病　240
チミチ　64
茶　165
茶断ち　34
チャッチウシクミ　256
茶　堂　217
茶碗割り　88
兆　37
鳥獣供養塔　167
超世代的家族　55
町村制　120
提灯祭りの化粧　13
町内会　188, 189
町内会掲示板　189
長　男　255
長男相続　55, 57
庁　屋　125, 126
直系血族　65
チョーデーカサバイ　256
鎮　守　109, 229
鎮守社　113, 114
鎮守の森　106, 113
追善回向　198
追　放　128
通過儀礼　15
ツカサ　259
つきあい　130
月　見　182
つきもの　241
つきもの落とし　242
つきものもち　241
突　漁　158
辻　106, 243〜245
辻　占　244
辻売り　257
辻　堂　112
辻の地蔵尊　26
辻　札　114

268

筒粥の神事（粥占） 31, 40
筒粥表 40
ツツソデ（筒袖） 6, 7
綱引き 39, 234, 257
ツネギ（常着） 9
海柘榴市 178
爪掛け 11
爪掛けの付いた草鞋と脛巾 10
妻戸 47, 50
妻問い 59, 86
摘田 148, 151
ツメカンジキ 11
釣漁 158
ティサージ 252
蹄鉄 168, 171
出稼ぎ 183, 257
手形・足形の奉納 35
テゴ 170
テゴづくり 170
手仕事 168
手ぞりで山から材木を運び出す 172
出作り小屋での乾燥 164
手甲 8
手伝い 71
鉄砲袖 6
手釣 159
テナエ 155
手拭 3, 4
テマガワリ 153
テレビ 53
テレビの普及 185
田楽 224, 225, 234
田楽踊り 224
天気占い 39
電気炬燵 53
天狗 246
テングサ干しの共同労働 134
天狗の止り木 246
天狗松 246
天神祭り 140
天人女房 248
天理教 212
投網 162
弔上げ 94, 95, 194
トイレ 249
トーカチ 253

トウグワ 152
トゥス 239
同族 65, 67
同族神祭祀 69
同族の共同墓地 67
道祖神 106, 115, 120, 122, 124
道祖神祭り 122, 138
盗難除け 208
同年講 132
塔婆立て 94
トウビョウ 241
動物霊 241
唐箕 153
当屋 228, 233, 236
当屋制 230, 234, 235
動力田植機 147
動力農機具 153, 153
ドウロクジン（道陸神） 118, 122
当渡し 233
遠山霜月祭り 213
トギ 98
斎の膳 94, 95
読経 93, 94, 102
徳丸の田遊び 220
床の間 254
年祝い 10
年占 28, 38
都市化 183
年重ね 16
年神 196, 202, 204
年神棚 154
トシギ（年木） 220
年棚 204
歳徳神 196
トシドン 204
トシドンの行事 203
都市の祭礼 142
年餅 204
泥鰌売り 176
土葬 93
橡 22
土地神 109
礪波平野 112
トナリ（隣）関係 131
鳥総立て 174
ドブッタ 149

ドブネ 170
ドブロク祭り 231
土間 47
泊り宿 139
土饅頭 94
トモド 170
取上げ親 69, 79
トリアゲババ 77
鳥居に石を投げ上げる 40
鳥追い 138
鳥飼 18
ドンド 16
ドンド焼き 192, 204, 206
ドンド焼きの薪を集める子供たち 137
トンボガミ 241

な 行

直会 231, 233, 234
長着 6
流し樽 218
中本家（ナカムートゥ，中元） 256
ナカマ 64
ナカヤド（中宿） 49
長屋門 44
今帰仁村の神アサギ 259
ナギハタ 150
仲人親 69
仲人役 141
夏越 27
夏越の祓え 27, 35
鉈 168, 171
名付け 49
ナヅケオヤ（名付け親） 69, 79
名付け披露と産着 79
撫で仏 27
七草 182
七ツ目（北斗七星） 28
鍋墨 15, 16, 238
ナマハゲ 203, 204
楢 22
ナルコ・テルコ 258
苗代 144, 147, 148
ナンド（納戸） 48, 50
南島 250
納戸神 200, 202

索 引 269

南都七大寺巡礼　217
ニアイの儀礼　166
新墓へのお供え　97
荷　馬　175
2月1日　16
西祖谷の山村風景　105
西浦田楽　224
2種類のかんじき　11
ニソの杜　223
日蓮宗二十一ヵ寺めぐり　217
入　棺　94
女人禁制　216
入峰の対象となった山岳　210
ニライ・カナイ　257, 258
ニーラスク　259
ニワ（庭）　47, 50, 53
ニワ（土間）　154
鶏　239
ニンコ　241
妊娠祈願　73
布晒業　171
沼　247
塗　笠　4
塗師職人　173
ヌルメ　149
願いごと　33
ネガミ　259
ネコナカマ　139
根来塗り　173
ねじり鉢巻　5
鼠浄土　247
ネズミの楽園　247
根　屋　258
ネヤド（寝宿）　84, 139
寝宿婚　84
寝宿婚の進行　84
年忌の法事　95
年忌法要　61
年期婚　89
年行事が持つ提灯　128
年番神主　236
念仏けんばい　227
野位牌　97
農鍛冶　171
納　棺　93
農休日の表示　155
農漁民の仕事着　5

農耕儀礼　154, 156
農耕のサイクル　144
納　札　214
農村歌舞伎の化粧　1
農は人並　153
ノガミ（野神）　115, 123
ノガミ祭り　114, 123
鋸　171
ノボリ　207
幟　217
鑿　171
ノラ　107, 111, 114
野良仕事　44
海苔下駄　11
ノリワラ　241
ノロ　250, 259
呪い釘　193
呪い人形　193
呪　う　240

は　行

灰　148
配偶者　65
配置薬　27
延　縄　159
墓　55
墓穴の魔除け　93
墓穴掘り　92, 93
墓直し　94
ハカマ　8
墓見舞い　94
履　物　10, 171
麦作の儀礼　156
白山御師　176
白米城伝説　238
麦粒腫（モノモライ）　35
羽　黒　210
箱　膳　22
はさみ　253
橋　243, 244
橋　占　245
階上村の大家族　56
階上村の大家族の家屋　56
芭蕉衣　251
ハゼ（櫨）　161
機織り　60
畑　143

畑に立てた七夕飾り　33
畑の境木　115, 152
畑　作　143, 144, 149
畑作物の苗床　152
バタバタ　204
肌守り　34
機を織る老人　6
八十八歳の年祝い　21
八　幡　50
バチマンノウ　152
ハヅキ　18
罰　金　128
八卦見　41
抜　歯　13
初節供　62〜64
初田植　155
初田打ち　154
八丁注連　111, 114
初宮参り　10
初婚入り　87, 88
初　詣　181
花　籠　96
花咲か爺　238
花田植　155
花祭り　194, 210, 212
花嫁の通らない化粧坂　14
離れ座敷　45
ハバタ　152
ハバタマンノウ　152
ハブク　128
浜下駄　10
早　鐘　129
ハヤの飯鮨つけ　22
葉山ごもり　240, 241
ハライ　27
腹　帯　72, 73, 75, 237
腹　掛　7〜9
晴　着　6, 10
バレンタインデー　186, 187
板　木　126
ハンコタナ　4
半　鐘　123, 126
番　水　147
ハンソデ　7
ヒアケ　79
ピアス　19
稗　150

稗　穂　151	15	ヘコオヤ（褌親）　138
火踊り　196	輴　168	舳　先　170
皮革師　173	吹子師　173	臍の緒　77
簸川平野　113	風　名　158	別　火　74
彼　岸　195	笛　155	蛇　241
彼岸の供物　257	ふかぞぎ　17	ヘヤ（部屋）　46
彼岸花　22	藤　6	便　所　44
曳　網　159	富　士　210	便所神　49, 50, 76
曳網船　159	不思議空間　247	箒　神　76
曳　山　233	富士講　209〜212	望　郷　182
髯　篭　205	富士信仰　211	傍系血族　65
英彦山　210	富士塚　212	奉公人　60
引っぱり餅　95, 99	藤　蔓　175	奉公人家族　66
単　6	不二道　212	棒小屋　174
人　形　35	富士の行者　209	ホウトウ祭り　231
人神信仰　14	伏見稲荷　208	法然上人二十五霊場　217
人　魂　192	藤守の田遊び　224	奉納芸能　233
人に祟った動物たちの絵馬　238	不祝儀　135	豊漁を祈願する神　51
人　柱　13	婦人病　29	頬かぶり　5
ヒドメ（火留）　221	婦人病の祈願　38	穂掛け　156
雛人形　63	ふすま　50	ホクロ　12
火に神聖性　220	札　所　214	捕　鯨　159
火の神　47, 49, 50, 254	布多天神歳の市　179	保　険　30
檜　笠　3, 175	普段着　9	墓　参　94, 96, 98
火の見櫓　109, 114	淵　247	母子健康手帳　73
火伏せ　223	仏　壇　44, 48, 49, 51, 55, 62	ホシマツリ　234
火伏せの神　208	物理的療法　27	ほた（ホタ・ほだ）　220, 221
百姓分　124	不動様の祭り　18	ほた木　220
百度石　34	船大工　160, 169, 170	ほた小僧　223
百度石と千度石　24	船霊様　167	墓地の草刈り　134
百日百たらい　78	船霊信仰　166	歩　荷　172, 174
百万遍　110	船競漕　39, 234	仏オロシ　240
百万遍祈禱札　112	船小屋の林立する漁村　106	仏の舞　224
拍子木　128	冬の準備　183	ホトケを迎える　197
漂　泊　14	振り売り　174	穿　子　173
憑　霊　39	振り米　24, 95	盆　45, 182, 195, 202
平　笠　4	風　呂　44	盆踊り　183, 198
平　袖　6	分　家　66, 68, 125	盆行事　197
蛭児神社　222	分家独立　65	本　家　66〜68
拾い親　69	フンゴミ　8	本家・分家　65
広　袖　6	粉　食　21	ボンゴ　10
広間型　46	文　身　18	本　草　27
賓頭盧尊　27	褌　6, 7, 17, 73	本多忠朝　38
賓頭盧尊と撫で仏　26	米　寿　24	盆　棚　49, 197
びんそぎ　17	米寿の老人の手形　37	盆のお花市　182
ファッション・パフォーマンス	枇師（木羽割師）　173	盆の高灯籠　196
		盆の墓掃除　134

索　引　*271*

本分家関係　54，68
盆用品売り　182

ま　行

埋葬　96，99
埋葬墓地の入口　97
前掛　8
前神寺　215
前田と背戸山の畑・山林　113
まえら　50
マキ　64，65，136
旋網　159
蒔田　148
枕石　93
枕団子　92，95，238
枕直し　92
枕飯　92，95～97
マゴイワイ　79
呪い　31，32，34，36，37
混ぜ飯　21
マタギ　119，138，161，168，175
マタニティー専門店　75
マチ　177，178
マチのにぎわい　178
マチの虫送り　33
町場　173
町屋の造り　52
末期の水　91
末子相続　57
松迎え　202
マツリゴ　10
祭りのための子供の化粧　12
間取り　49，50
マネキ　216
招き猫　32
豆占　38
豆袋（マメでくらす）　29
マユダマ　211
魔除け　28，92，253
マルキブネ　170
マルタ　170
丸結　250
まわり地蔵　211
マンノウ　152
見合い　87
御上神社　234
御上神社の供物　234

水分の神　209
ミコ　239
巫女　14，239
神輿　139，232，234
神輿巡行　232，234
巫女舞　234
ミサキ　38
御射山祭り　35
ミジカギモン　5
水かけ着物　98
水子供養　29
水子地蔵　29，81
水子の祟り　29
水垢離　35，236
水の神　50
ミソギ　27
溝浚え　114
御嶽　213
道切り　34，115，141
道標　215
ミッカイワイ（三日祝い）　78，79
三日祝いの膳　78
見突き漁　158
三椏　161
三峯神社　50，208
三峯神社のお札　207
水口祭り　155
峰入道　219
箕帽子　3
御船渡し　224，225
見舞い　71
耳たぶの穴　18
耳ふたぎ餅　95
耳環　13
宮座　229，230，233～236
宮総代　232
宮大工　173
宮参り　15，80
宮参りの墨つけ　17
宮本の村落領域図　118
見るなの座敷　248
身を守る簑　5
民家　44
民家における人の動き　48
民間療法　27
民俗的病気観　25

無縁　102，103
迎え火　45
昔話　248
麦ぶち　153
ムコイリ（婿入り）　83
ムコイリ儀礼　83
婿入婚　84
婿入婚の進行　83
向う三軒両隣　188
虫売り　176
虫送り　32，33，141，155
無常講小屋　101
虫除け　33
虫除砂　219
筵編み　171
無尽講　135
結びつけられたおみくじ　39
娘組　17
ムヌスー　259
無墓制　103
ムラ　105～109，111，114，120，130，256
村　108，120
ムラ入り　122
村切り　108
村座　234
ムラザカイ（村境）　14，16，36，108，112，121
ムラザカイに立つ地蔵尊　110
ムラザカイの大草鞋　23
ムラザカイの鍾馗様　121
ムラザカイの石塔　113
ムラザカイの双体道祖神　111
ムラと村　120
ムラの洗い場　120
ムラの意志　127
家の入口の呪符　109
ムラのガスボンベを利用した報知器　252
ムラの規約　127
ムラの協定　129
ムラの景観　131
ムラの掲示板　129
ムラの公共施設　109
ムラの成員　121
ムラの惣門　110
ムラの提灯　126

ムラの鎮守　109	八重山の牛耕　252	山の神に捧げられた猪の心臓と
ムラの広場と太鼓櫓　123	八重山の民家　251	山の神幣　166
ムラのマチ　178	焼芋屋　183	山の神のオコゼ　199
ムラの寄合　127	焼　畑　119, 135, 150, 164	山の神への奉納物　199
ムラの領域　108	焼畑（切替畑）　144, 145, 149	山の口開け　157
ムラの領域模式図　107	焼畑のサイクル　146	山の暮らし　164
ムラハチブ（村八分）　128, 130	焼畑の火入れ　116	山の斜面に開かれた水田　144
ムラ表記の天井　124	厄　年　244	山の斜面の茶畑　144
ムラを訪れる伊勢大神楽　175	役に立たなくなった敷石　52	山の生活　165
ムンチュウ　251	厄払い　16	山の妖怪　246
ムンチュウ単位で川拝みを行う　255	厄払いの墨つけ　17	山　袴　7, 8
ムンチュウの元家での拝み　255	役屋制度　125	山　人　175
ムンチュウの本家に祀られる神家　254	厄除け　253	ヤーンナー　254
目のある笊　25	櫓　129	ユ　イ　135, 153
モガリ（殯）　101	ヤコ　241	結　納　49, 82, 87
木造の小学校　248	屋　号　9, 68, 121	結納の品々　86
木造和船　169	屋号で表示された地図　124	結納風景　71
もじり袖　6	屋号表札　68	遊　女　14
餅　21	屋　敷　44, 254	幽　霊　246
モチナシ正月　205	屋敷神　46, 50, 109, 229, 231	床張り　47
餅　花　154	屋敷の家屋配置図　46	湯　灌　49, 77, 93
餅撒き　67	屋敷墓　56	雪下駄　10
モトヤマ（柿）　165	屋敷畑　113	雪橇を利用した木材搬出　161
モトヤマの巻物　165	屋敷林　44	ユ　タ　239, 255, 259
モノシリ　239	屋　台　233	ユタ狩り　259
物怪（モノノケ）　193	谷津田　148	夢　占　41
木　綿　6	屋取集落　257	ユルリ　54
股　引　7〜9	ヤドオヤ　141	宵　246
喪　屋　98	梁　162	妖　怪　245, 247
モヤイ　135	ヤーニンジュ　255	洋　傘　4
モヤイ舟　137	屋根上のシーサー　251	養　蚕　53, 59, 175
モリアネ　137	屋根替え　71	養蚕農家　44
森　神　223	屋根の上の鍾馗さま　37	養蚕農家の造り　45
モロトの集まり　125	屋根葺き　135, 162	養蚕の神　172
門前町　177	屋根葺き職人　176	養子縁組　65
門　柱　44	屋根葺きの互助共同作業　136	養殖漁業　167
門　中　255, 256	ヤ　マ　107, 111	用水堰　149
門中墓　251, 255	山アテ　158	用水の分岐　150
門徒講　132	山入りの幣　165	用水普請　134
モンペ　8	山　笠　233	用水路の堰　114
	ヤマクニブ　252	ヨキタテ　174
や　行	山ことば　157	ヨコザ（横座）　43, 47, 48, 50, 53, 54
ヤウチ　64, 65	山仕事の身じたく　164	横峰寺　215
八重山諸島　250	山　寺　193	予　祝　182
	山の神　38, 76, 116, 119, 165, 174, 201, 206	予祝行事　154, 220
	山の神信仰　166	予祝儀礼　222

索　引　273

よだれかけ　35
ヨツギホダ　222
ヨトギ（夜伽ぎ）　92
夜番　128
夜番の太鼓　128
四間取り　46
嫁　60，61
ヨメイリ（嫁入り）　83
嫁入婚　84
嫁入婚の進行　85
嫁盗み（掠奪婚）　87
嫁の天国　60
よもぎ　52
寄合　121，122
寄合の座席　127
依代　204，236
四十八阿弥陀巡礼　217

ら　行

来訪神　204，229，259
理科室　249
陸稲　144
立願　32
琉球王国　250
琉球国由来記　257
琉球処分　250
琉球藩　250
竜宮童子　247
龍神　165
琉装　250
龍頭　96

両家の姓が刻まれた墓石　63
猟師　11
霊山寺　219
両墓制　102，103
両墓隣接タイプの両墓制　102
緑肥　151
旅行用心集　29
輪作　144
臨終　91
林野　111
霊験水　27
霊験譚　27
霊魂　192
霊魂が赴くとされる霊場　193
霊的職能者　240
霊の出入口　49
霊木　27
霊力　96
連鎖組織　129
炉　44
蝋細工　173
老人の普段着　8
労働着　5
労働奉仕　68
労力援助　71
労力交換（ユイ）　71
6月ウチマーの草分けの家の供物　259
6月ウマチーのノロ，ネガミら女性神役　250
六算除け　37

六地蔵　97，217，242
六十六部　216，217
轆轤　168，169

わ　行

ワカ　239
若者入り　139
若者組　17，132，138，139，160
若者組のハッピ　139
ワカン　11
和紙生産　161
和紙つくり　162
和船　170
綿入れのモジリバンテン　7
渡り　162
渡り職人　168
藁細工　171
藁細工の鶴亀　170
草鞋　9，10，171
ワラジオヤ　122
草鞋を脱ぐ　122
藁製のスリッパ　10
藁縄　171
藁の大蛇による道切りの祈願　140
蕨根　22
藁火を跨ぐ　88
ワラ蛇の道切り　140
椀　2

執筆者紹介（五十音順）

上野　和男　（うえの　かずお）　22 氏神と氏子
　　　　1944年東京都生　　現在 国立歴史民俗博物館名誉教授
植野　弘子　（うえの　ひろこ）　6 イエと家族
　　　　1953年兵庫県生　　元 東洋大学教授
大久根　茂　（おおくね　しげる）　1 身体を包む
　　　　1952年埼玉県生　　現在 埼玉県立川の博物館研究交流部長
小川　直之　（おがわ　なおゆき）　14 農と生活
　　　　1953年神奈川県生　　現在 国学院大学教授
倉石あつ子　（くらいし　あつこ）　8 出産と育児
　　　　1945年長野県生　　元 跡見学園女子大学教授
倉石　忠彦　（くらいし　ただひこ）　17 ムラとマチ
　　　　1939年長野県生　　現在 国学院大学名誉教授
小嶋　博巳　（こじま　ひろみ）　4 ヒトの願い
　　　　1953年静岡県生　　現在 ノートルダム清心女子大学名誉教授
小林　忠雄　（こばやし　ただお）　16 さまざまな職業
　　　　1945年石川県生　　元 北陸大学教授
佐野　賢治　（さの　けんじ）　3 身体を守る
　　　　1950年静岡県生　　現在 神奈川大学教授
新谷　尚紀　（しんたに　たかのり）　10 死の儀礼
　　　　1948年広島県生　　現在 国学院大学大学院客員教授
高桑　守史　（たかくわ　もりふみ）　19 イエを訪れるカミ
　　　　1945年石川県生　　元 大東文化大学教授　2018年没
蛸島　直　（たこしま　すなお）　23 他界と結ぶもの
　　　　1957年北海道生　　現在 愛知学院大学教授
常光　徹　（つねみつ　とおる）　24 ふしぎな世界と空間
　　　　1948年高知県生　　現在 国立歴史民俗博物館名誉教授
中込　睦子　（なかごみ　むつこ）　7 親類と本家・分家
　　　　1953年愛知県生　　元 筑波大学准教授
西海　賢二　（にしがい　けんじ）　20 カミを求めて
　　　　1951年神奈川県生　　現在 東京家政学院大学教授
野沢　謙治　（のざわ　けんじ）　2 身体に施す
　　　　1949年新潟県生　　元 郡山女子大学教授

畑　聰一郎　（はた　そういちろう）　　13 ムラの交際
　　　　　1947年東京都生　　元 都立中央図書館
福田アジオ　（ふくた　あじお）　　12 ムラの社会構成
　　　　　1941年三重県生　　現在 国立歴史民俗博物館名誉教授
福原　敏男　（ふくはら　としお）　　18 霊魂の行方と先祖　　21 カミとの交流
　　　　　1957年東京都生　　現在 武蔵大学教授
古家　信平　（ふるいえ　しんぺい）　　5 住まいの空間　　特論 南　島
　　　　　1952年熊本県生　　現在 筑波大学名誉教授
松崎　憲三　（まつざき　けんぞう）　　11 ムラの空間
　　　　　1947年長野県生　　現在 成城大学名誉教授
八木　透　（やぎ　とおる）　　9 結婚の祝い
　　　　　1955年京都府生　　現在 佛教大学教授
湯川　洋司　（ゆかわ　ようじ）　　15 海と山の生活
　　　　　1952年神奈川県生　　元 山口大学教授　2014年没

図説　日本民俗学

2009年（平成21）11月10日　第1刷発行
2020年（令和2）10月10日　第6刷発行

編　者　福田アジオ　　古家信平
　　　　上野和男　　　倉石忠彦
　　　　高桑守史

発行者　吉川道郎

発行所　株式会社　吉川弘文館
〒113-0033　東京都文京区本郷7丁目2番8号
電話 03-3813-9151〈代〉
振替口座00100-5-244
http://www.yoshikawa-k.co.jp/

印刷＝株式会社 平文社
製本＝ナショナル製本協同組合
装幀＝清水良洋・星野槙子

© Ajio Fukuta, Shinpei Furuie, Kazuo Ueno, Tadahiko Kuraishi,
Fumiko Takakuwa 2009. Printed in Japan
ISBN978-4-642-08027-9

JCOPY〈出版者著作権管理機構 委託出版物〉
本書の無断複写は著作権法上での例外を除き禁じられています．複写される
場合は，そのつど事前に，出版者著作権管理機構（電話 03-5244-5088，FAX
03-5244-5089, e-mail: info@jcopy.or.jp）の許諾を得てください．

日本民俗学概論

福田アジオ・宮田　登編

日本民俗学の全体像を意欲的な構成で示した本格的な概説書。旧来の固定的な構成や枠組にとらわれず、民俗の世界を総体として把握できるように再編成した。民俗学への理解を深めようとする人々への格好の入門書。

A5判・308頁／2,400円

新版 民俗調査ハンドブック

上野和男・高桑守史・福田アジオ・宮田　登編

民俗調査なくして民俗学なし。民俗学の研究を志す人はまず民俗調査に習熟しなければならない。近年の著しい進展とフィールドの急激な変化に対応して、旧版を全面改稿して内容を充実させた新版。

四六判・344頁／1,900円

日本の民俗学
「野」の学問の二〇〇年

福田アジオ著

民俗学はいかに形成され、発展してきたのか。近世文人の活動や、明治期の人類学にその萌芽を探る。明治末の民俗学の成立から第2次世界大戦後の進展までを社会の動向をふまえて描き、今後の方向性に指針を与える。

四六判・360頁／3,300円

現代日本の民俗学
ポスト柳田の五〇年

福田アジオ著

柳田国男が築いた民俗学は、1960年代以降研究体制を大学に移した。アカデミック民俗学として大きく飛躍し、都市・観光・環境など身近な課題も取り上げるようになる。細分化した学問状況を検証し、今後のあり方を問う。

四六判・366頁／3,500円

吉川弘文館　　価格は税別

精選 日本民俗辞典

福田アジオ・新谷尚紀・湯川洋司　編
神田より子・中込睦子・渡邊欣雄

民俗学の基本用語700余を精選し、最新の成果をふまえてわかりやすく解説する。社会のあり方から日常生活まで幅広い項目を収め、日本の「いま」を読み解く学問としての民俗学を一冊にまとめた、初学者にも最適な辞典。

菊判・上製・函入・704頁／6,000円

日本民俗大辞典　上・下

福田アジオ・新谷尚紀・湯川洋司　編
神田より子・中込睦子・渡邊欣雄

激動の現代、日本文化の「いま」をどう読み解くのか。民俗学の蓄積を生かし、歴史学などの成果も取り入れ、日本列島の多様な民俗文化を解明。総項目6300、沖縄・アイヌなども視野に入れた、最高水準の民俗大百科。

〈上〉あ～そ　本文1020頁／別刷68頁
〈下〉た～わ・索引　本文1138頁／別刷60頁

四六倍判・上製・函入／各20,000円

図解案内 日本の民俗

福田アジオ・内山大介・小林光一郎
鈴木英恵・萩谷良太・吉村　風　編

移りゆく社会の中で変貌し、言葉だけではイメージをつかむことが難しい日本の伝統的な生活文化。その具体的な姿を、1800点以上の豊富な図版で再現する。初めて学ぶ人にも最適な、「見て学ぶ」ユニークな民俗学入門。

Ａ５判・352頁／3,300円

吉川弘文館　　　　価格は税別